SOZIALE ARBEIT AKTUELL

Frühe Mutterschaft

Die Bandbreite der Perspektiven und Aufgaben angesichts einer ungewöhnlichen Lebenssituation

Herausgegeben von
Anke Spies

Soziale Arbeit Aktuell

Herausgegeben von Hans Günther Homfeldt, Roland Merten,
Wolfgang Schröer, Cornelia Schweppe

Titelbild:
Pressefoto des Films „Le enfant"
Deutsche DVD-Auswertungsrechte: Kinowelt Home Entertainment, Leipzig
Produzent und Herstellung des Originalfilms: Celluloid Dreams, Paris

Gedruckt auf umweltfreundlichem Papier (chlor- und säurefrei hergestellt).

Bibliografische Information der Deutschen Nationalbibliothek

Die Deutsche Nationalbibliothek verzeichnet diese Publikation in der Deutschen Nationalbibliografie; detaillierte bibliografische Daten sind im Internet über ›http://dnb.d-nb.de‹ abrufbar.

ISBN: 978-3-8340-0695-0 – **2. unveränderte Auflage**
Schneider Verlag Hohengehren, D-73666 Baltmannsweiler
Homepage: www.paedagogik.de

Alle Rechte, insbesondere das Recht der Vervielfältigung sowie der Übersetzung, vorbehalten. Kein Teil des Werkes darf in irgendeiner Form (durch Fotokopie, Mikrofilm oder ein anderes Verfahren) ohne schriftliche Genehmigung des Verlages reproduziert werden.
© Schneider Verlag Hohengehren, Baltmannsweiler 2013.
Printed in Germany. Druck: Digital Print Group, Nürnberg

Inhalt

Vorwort 7

Anke Spies
Frühe Mutterschaft – Eine pädagogische Herausforderung der besonderen
Art (Einleitung) 9

Barbara Thiessen
Jenseits der Norm: Lebenslagen junger Mütter 25

Claudia Wallner
Junge Mütter in der Kinder- und Jugendhilfe: Sanktioniert, moralisiert,
vergessen oder unterstützt? 47

Barbara Stauber
Unter widrigen Umständen – Entscheidungsfindungsprozesse junger
Frauen und Männer im Hinblick auf eine Familiengründung 76

Marianne Friese
Doppelanforderung Familie und Beruf: Work-Life-Balance in der
Ausbildung 101

Lalitha Chamakalayil
Rückkehr zur „Mütterschule"? – Anforderungen an die Familienbildung
angesichts der Situation einer vernachlässigten Zielgruppe 127

Anke Spies
Biografische Optionen und pädagogische Rahmungen von Ausgrenzungen
und Anerkennungen – Interdisziplinäre Lösungssuche zwischen
Babysimulator und Schülerfirma 147

Einstweilen: Eine vorläufige Collage zum Abschluss 168

Autorinnen 171

Vorwort

Frühe Elternschaft, jugendliche Mütter und deren Kinder, Fragen zu Familienformen mit und ohne Vater gehören fast schon immer und auch nach gültiger Rechtslage in den Zuständigkeitsbereich Sozialer Arbeit und sind zugleich emotional besetzte Themen der öffentlichen Aufmerksamkeit. Mythen und Emotionen sind aber wenig förderlich zur Einschätzung der Situation und Klärung der Aufgaben Sozialer Arbeit, deren Auftrag mit Marianne Friese als „doppelte Kindeswohlsicherung" beschrieben werden kann. Das ist keineswegs ein leichtes Unterfangen, denn die Mythen halten sich hartnäckig und die Maßstäbe zur Konzeption passgenauer Unterstützungsangebote erfordern großen Weitblick und ein deutliches Maß an Entemotionalisierung, sollen junge Menschen in der biografischen Situation der frühen Familiengründung umfassend und nachhaltig Hilfe finden.

Um also die Bandbreite der Perspektiven abzubilden und die Aufgaben Sozialer Arbeit angesichts der ungewöhnlichen Lebenssituation der frühen Mutterschaft zu klären, sind Lalitha Chamaklayil, Marianne Friese, Barbara Stauber, Barbara Thiessen und Claudia Wallner meiner Bitte gefolgt, aus ihrem jeweiligen Arbeitsschwerpunkt heraus, einen zentralen Aspekt rund um dieses äußerst vielschichtige und komplexe Thema zu bearbeiten. Ich danke den Kolleginnen, dass sie sich auf dieses ‚Strukturexperiment' eingelassen haben, und zur Klärung dieses hochanspruchsvollen pädagogischen Handlungszusammenhangs beitragen. Unser Ziel war ein Sammelband, der den ungebrochen dramatisierenden Darstellungen des öffentlich-medialen Diskurses sachlich und inhaltlich-pädagogisch argumentierend begegnet. Jeder Beitrag erläutert einen Betrachtungsschwerpunkt aus der fachlichen Expertise seiner Autorin und ist als Baustein eines *interdisziplinären* ‚Gesamtgebäudes' zu verstehen, denn es zeigt sich, dass die Lebenslage „Frühe Mutterschaft" keineswegs allein aus der soziapädagogischen Perspektive heraus erschlossen werden kann. Diese aber sehr wohl eines breiten Überblicks bedarf, um ihren Auftrag zu klären, konzeptionell angemessen zu reagieren und die Hilfebedarfe aller Beteiligten einzuschätzen. Dazu sei angemerkt, dass überall dort, wo sich in den einzelnen Beiträgen Wiederholungen finden, diese nicht nur unvermeidlich sind, sondern zugleich als Marker für die Schnittmengen und Überschneidungskontexte stehen, die in der Praxis ebenso wenig eindeutig zuzuordnen sein werden und also entsprechend ‚interdisziplinär' konzipiert sein wollen.

In der Reihe „Soziale Arbeit aktuell" richtet sich der Sammelband zwar in erster Linie an Fachkräfte der Sozialen Arbeit, die in ihrem Alltag mit den Anforderungen dieser Lebenssituation junger Frauen, Männer und ihrer Kinder ebenso wie mit deren medialer Inszenierung konfrontiert sind, aber auch an all jene, die innerhalb ihrer pädagogischen Arbeitskontexte mit der Gestaltung von angemessenen Bildungssettings und Fragestellungen von Bedingungen und Konsequenzen früher Schwangerschaften und Familiengründungen berührt sind.

An dieser Stelle geht mein ganz besonderer Dank an Andrea Schmidt, die an der Entstehung und Umsetzung dieses Buches mit Sachverstand und kritischem Blick maßgeblich mitgearbeitet hat.

Oldenburg im November 2009
Anke Spies

Anke Spies
Frühe Mutterschaft – Eine pädagogische Herausforderung der besonderen Art (Einleitung)

> Julia ist gerade 16 Jahre alt geworden. Seit kurzem wohnt sie zusammen mit ihrer zwei Jahre alten Tochter Mirjam in ihrer eigenen Wohnung, im betreuten Jugendwohnen für junge Mütter. – Endlich, denn einen Auszug aus der elterlichen Dreizimmerwohnung hatte sie sich schon lange gewünscht. Nach der Geburt hat Julia für ein Jahr die Schule unterbrochen. Nun besucht sie die 11. Jahrgangsstufe eines Gymnasiums. Ihr ohnehin guter Notendurchschnitt hat sich seit der Rückkehr zur Schule weiter verbessert. Wenn sie in der Schule ist, wird Mirjam im Kindergarten betreut.
> Obwohl Julia durch ihre Familie und ihren Partner, den Vater von Mirjam, viel Unterstützung erfährt, fällt es ihr manchmal nicht leicht, alle Herausforderungen des Alltags (Schule, eigener Haushalt, die Bedürfnisse der Tochter und ihre eigenen Bedürfnisse) zu meistern. Doch ihr größtes Problem ist keineswegs die Verantwortungsübernahme, sondern vielmehr das Gefühl, als junge Mutter von ihrem Umfeld nicht ernst genommen zu werden. Oft wird ihr die verantwortliche Versorgung ihres Kindes nicht zugetraut. Außerdem fehlt es ihr an Zeit, die sie gerne mit ihrer Tochter verbringen würde.

Julia und ihre Tochter Mirjam, der Vater von Mirjam und auch Julias Eltern befinden sich in einer außergewöhnlichen Lebenssituation, weil Julia deutlich früher, als es dem gesellschaftlichen Konsens entspricht, Mutter geworden ist. Angesichts ihrer Bildungsbiografie ist Julias Situation noch außergewöhnlicher, denn frühe Mutterschaft wird eher mit niedrig qualifizierenden Bildungsgängen, als mit jenen am Gymnasium (vgl. Thiessen in diesem Band) assoziiert. Aber Julia ist nicht alleine, denn ihre Geschichte ähnelt jener der achtzehnjährigen Katharina, die mit dem neunzehnjährigen Sascha und ihrer gemeinsamen dreijährigen Tochter Emily zusammen lebt, sich auf ihr Abitur vorbereitet, dank der Unterstützung ihrer Eltern und Freunde ihre ungewöhnliche Lebenssituation ebenfalls gut bewältigen kann und unter der Rubrik „Chancen" in der „Zeit" (vom 16.7.2009) als leistungsbereit, fleißig und hochkompetent in ihren anforderungsreichen Alltagsorganisationen portraitiert wurde.

Damit entsprechen Julia und Katharina allerdings nicht dem Bild, das in medialen Aufbereitungen und einer Reihe fach-sachlicher Darstellungen üblicherweise von jungen Müttern kommuniziert wird. Hier überwiegt das Bild der überforderten, wenig verantwortungsvollen Mädchen, die sich mit ihrer Familiengründung (mehr oder weniger) *bewusst* gegen Konsens und Normierungen biografischer Verläufe entscheiden. Für

Mädchen mit geringeren Bildungschancen als Katharina und Julia sie haben, reichen die Botschaften der medialen Dramatisierungen von Assoziationen zu zügelloser sexueller Aktivität, über Verantwortungslosigkeit bis hin zu Kindeswohlgefährdungen. Meist sind die Darstellungen mit Verweisen auf sozial benachteiligte Herkunftsmilieus, individuell problematische Biografieverläufe und einen niedrigen Bildungsstatus verknüpft, ohne dass dabei die strukturellen Bedingtheiten (z.B. Korrelationen zwischen Armutslebenslagen und Bildungsbiografien) genauer ausgeleuchtet werden. Wie die differenzierten Darlegungen von Thiessen (in diesem Band) allerdings belegen, ist es sehr wohl angemessen, biografische Verläufe junger Mütter und ihrer Kindern nach eben jenen Kategorien zu betrachten – allerdings nur, wenn die benachteiligenden Strukturen *hinter* diesen Biografien aufgedeckt werden und die letztlich verschwindend geringe Fallzahl entdramatisiert wird.

Die gängigen Mythen von Überforderung und Verhaltensabweichung verhindern den Blick auf die Heterogenität dieser Gruppe mit ihren sehr verschiedenen Ressourcen, kulturellen Hintergründen und Erfahrungsaufschichtungen. Grundsätzlich haben alle jungen Mütter gemeinsam, dass sie in ihrer biografischen Situation einer Minderheit innerhalb ihrer Altersgruppe angehören. Der von Kluge (2005) skandalisierte Anstieg der Fallzahlen ist nur ein vermeintlicher, der auf ein im Jahr 2000 verändertes Erfassungsdesign des Statistischen Bundesamtes zurückzuführen ist. Der Vergleich mit älteren Fallzahlen verbietet sich also: Seither werden auch die Mütter, die noch im Geburtsjahr volljährig werden, in der Gruppe der Geburten Minderjähriger erfasst[1]. Ihr tatsächlicher Anteil bewegt sich demnach im Verhältnis zu den gesamten Geburten in den Jahren 2000 bis 2007 zwischen 1,06% (2002) und 0,82% (2008) – wobei diese Werte wegen der geringen Fallzahlen nochmals relativiert werden müssen (vgl. dazu auch Thiessen in diesem Band und ausführlich Friese 2008, 39 f.).

---

[1] Die zuvor verwendete „Geburtsjahrmethode" zählte die zum Zeitpunkt der Geburt ihres Kindes noch 17-jährigen Mütter, die im Lauf des Berichtsjahres noch das 18. Lebensjahr vollenden, nicht zu den minderjährigen Müttern.

Anteil Geburten Minderjähriger an der Gesamtgeburtenzahl

	Lebendgeborene								
	2000	2001	2002	2003	2004	2005	2006	2007	2008
Geburten Minderjähriger gesamt (Altersmethode)	7126	7447	7595	7295	6969	6592	6163	5812	5613
Geburten insgesamt	766999	734475	719250	706721	705622	685795	672724	684862	682514
Anteil der Geburten Minderjähriger an der Gesamtgeburtenzahl	0,93 %	1,01 %	1,06 %	1,03 %	0,99 %	0,96 %	0,92 %	0,85 %	0,82 %

Tabelle 1: Quelle: Statistisches Bundesamt, Statistische Jahrbücher der Jahre 1996 – 2008 (Berechnung: Spies 2008)

Die einzig unzweifelhafte Begründung früher Schwangerschaft ist die sexuelle Aktivität. Ein jugendliches Erprobungsverhalten, das durchaus typisch für die von Verunsicherung und ambivalente Gefühlen, Suchbewegungen und Abgrenzung zu den Eltern geprägte Entwicklungsphase Adoleszenz ist. Diese wird im Fall von Schwangerschaft und Elternschaft insofern ‚gestört', als dass die für diese Phase typischen körperlichen Umgestaltungs- und sexuellen Reifeprozesse nun nicht mehr ausschließlich die *Möglichkeit* zur Fortpflanzung beinhalten, sondern diese zur biografischen Realität ohne optionale ‚Spielvarianten' wird. Es besteht nun nur noch die – wiederum nicht reversible – Entscheidung zwischen Schwangerschaftsabbruch oder Elternschaft (vgl. Fleßner 2008). Elternschaft ist dann nicht länger ein Adoleszenzthema der Abgrenzung (vom eigenen Elternhaus), sondern wird zum Identifikationsthema aus eigener Betroffenheit. Junge Mütter beschreiben diesen Vorgang durchaus auch als förderlich für die eigene Identitätsbildung und als Chance zur Unabhängigkeit (vgl. dazu ausführlich Stauber in diesem Band).

Es gehört zu den zentralen Entwicklungsaufgaben dieser Lebensphase, darüber nachzudenken, welche Familienoptionen für das eigene Leben wünschenswert sind. So ist es nicht weiter verwunderlich, dass jene Mädchen, die angesichts der Arbeitsmarktsituation ihre beruflichen Perspektiven als wenig aussichtsreich einschätzen, die Option (!) Mutterschaft eher (im doppelten Wortsinn) in ihre Lebensentwürfe einbeziehen, als jene, deren Bildungsbiografien an die gesellschaftlich akzeptierte Priorität der beruflichen Einmündung anschlussfähig sind. Es ist allerdings fatal, die grundsätzlichen und optionalen Überlegungen zum eigenen Kinderwunsch als sozusagen ‚subversives Planungsverhalten' zu deuten, dem über so fragwürdige Programmatiken, wie jenen der computergesteuerten Babysimulatoren begegnet wird (vgl. Spies 2008).

Auch Mädchen mit wenig anschlussfähigen Bildungsbiografien wünschen sich, nach Erwerb von Schulabschluss und Ausbildungszertifikat, Kindererziehung und Beruf existenziell und sozial abgesichert miteinander vereinbaren zu können (vgl. dazu ausführlich Stauber in diesem Band), damit sie tatsächlich ein „Wunschkind" haben können. Und auch jene, die darüber nachdenken ihre (grundsätzlichen) Kinderwünsche in schwierigen bzw. benachteiligten Lebenskontexten umsetzen (zu müssen), sind sich ihrer Verantwortung bewusst und bereit, selbige zum Wohle des Kindes zu tragen (vgl. dazu ausführlich Friese in diesem Band). Keineswegs aber steht es Sozialer Arbeit zu, wertend zwischen normgerechten „Wunschkindern" und jenen, auf die es ihre Mütter „ganz bewusst drauf angelegt" (vgl. Spies 2008, 173) haben zu unterscheiden! Unabhängig davon, ob eine Schwangerschaft „(nicht) geplant", „(nicht) gewollt", „billigend in Kauf genommen", „nicht geplant oder zunächst nicht gewollt, dann aber doch gewollt" und „zunächst geplant bzw. gewollt, dann jedoch nicht mehr gewollt" (vgl. Osthoff 2004, 5) ist, wird bei entsprechend anerkennender Unterstützung die Mutterschaft auch zur Chance, das eigene Leben in die Hand zu nehmen und berufliche und familiäre Perspektiven miteinander zu vereinbaren (vgl. dazu ausführlich Friese in diesem Band).

Der Mythos der „guten" Mutter ist mit mannigfachen Emotionen und schier unverrückbaren Normierungen und der Bestrafungstradition für das „gefallene Mädchen" (vgl. dazu ausführlich Wallner in diesem Band) verknüpft. Beides kommt besonders dann zum Tragen, wenn die Mütter jung und qua Ausbildungsstand und/oder Herkunftsmilieu von Armut und Ausgrenzungsverfestigungen betroffen oder bedroht sind. Ihnen werden die Eigenschaften einer sog. „guten Mutter" per se abgesprochen und darin liegt – auch für Julia und Katharina – (neben der medialen Reproduktion des Strafdiskurses) das größte Problem junger Mütter verborgen. Dabei sind ihre Schwierigkeiten in erster Linie in der beruflichen Integration und der wirtschaftlichen Abhängigkeit zu suchen. Das sind vor allem strukturelle Hürden und Benachteiligungen, die – sofern sie nicht durch ein familiäres oder soziales Netzwerk aufgefangen werden können – zu Überforderungen junger Mütter führen *können* (vgl. Friese 2008; Häußler-Sczepan et al 2005; Thiessen/Anslinger 2004) und dementsprechend durch ein unterstützendes Angebot seitens der Jugendhilfe aufgefangen werden müssen (vgl. dazu ausführlich Wallner in diesem Band). Zumeist ist nicht die frühe Mutterschaft, sondern die schon vor der Geburt vorhandene Armutslebenslage die Ursache für die benachteiligende Lebenssituation junger Mütter und ihrer Kinder. Und es ist mehr als fraglich, ob die jungen Frauen weniger arm wären, wenn sie zu einem biografisch späteren Zeitpunkt Mütter würden. Internationale Studien belegen, dass besonders dort, wo Armutslebenslagen bereits vorhanden sind, nicht psychosoziale Probleme, sondern vielmehr deren Lösung, mit Mutterschaft verbunden sein kann (vgl. Cater/Coleman 2006). Materielle Armut schränkt allerdings die individuellen Gestaltungsmöglichkeiten zur sozialen Teilhabe und insofern auch die Möglichkeiten der Mädchen, der Norm der „guten Mutter" zu entsprechen, erheblich ein. Denn auch ihre Kinder sind von den Risiken der Armut in Bezug auf Bildungsoptionen, instabile Lebenslagen, soziale Isolation und gesundheitliche Risiken betroffen und bedroht.

Junge Mütter schildern sich größtenteils selbst als mit ihrer Situation als Mutter zufrieden. Sie betonen zwar eingeschränkte Möglichkeiten aufgrund ihrer finanziellen Situation, sind aber bereit, ihre Lebensbedingungen zu akzeptieren, ihre Konsumgewohnheiten der wirtschaftlichen Situation anzupassen und stellen die eigenen Bedürfnisse zugunsten kindlicher Bedürfnisse zurück. Sie wägen Vor- und Nachteile von Fremdbetreuung unter den Aspekten von Bindungsstabilität und Bildungsmöglichkeiten ab und orientieren sich dabei am Wohl des Kindes (vgl. Cater/Coleman 2006; Friedrich/Remberg 2005, Friese 2008, Spies 2008). Damit ihnen dies so selbstbestimmt wie möglich gelingen kann, ist es nötig, strukturelle Voraussetzung und Unterstützungsansätze für Mütter und Kinder nachhaltig zu verbessern (vgl. dazu ausführlich Friese in diesem Band).

Wenn junge Frauen die biografische Herausforderung früher Mutterschaft bewältigen müssen, sind sie und ihre Kinder also einem erhöhten Risiko der sozialen Isolation ausgesetzt – wenngleich es auch Hinweise gibt, dass dieses Risiko möglicherweise überschätzt wird (vgl. Clark 2009). Ihre Lebenssituation unterscheidet sich von der ihrer Peergroup, während sie von älteren Müttern oft nicht anerkannt werden, weil sie gegen die gesellschaftlich anerkannte Statuspassagenabfolge (Schulabschluss, Berufsausbildung Familiengründung) verstoßen (vgl. Friese 2008, 24). Ein Normverstoß, der jungen Müttern in ihrem sozialen Alltag vielfach zum Vorwurf gemacht wird und sie, und folglich auch ihre Kinder, zusätzlich belastet. Junge Mütter, und ganz besonders jene unter ihnen, die keine Unterstützung vom Vater des Kindes und/oder aus ihrem sozialen/familiären Umfeld erhalten, sind sowohl vor Armutslebenslagen und den damit verbundenen Risiken wie sozialer Exklusion und deren Folgen zusammen mit ihren Kindern zu schützen!

Unzweifelhaft sind adoleszente Schwangerschaft und die Geburt des Kindes 'kritische Lebensereignisse' (vgl. Filipp 1981). Eine Klassifizierung, die sowohl die Kompetenzen, aber auch den möglichen Unterstützungsbedarf berücksichtigt. Denn das Konzept der kritischen Lebensereignisse schreibt jenen „nicht a priori eine potentiell pathogene Wirkung" (ebd., 8) zu, sondern betrachtet sie als notwendige Voraussetzungen für „entwicklungsmäßigen Wandel", die „potentiell zu persönlichem ‚Wachstum' beitragen" (ebd.) können. – Ein Problemverständnis, das über die Akzeptanz der biografischen Begebenheiten zur Normalisierung der Situation führen und so die Exklusionsrisiken von Mutter und Kind mindern kann: Frühe Schwangerschaft bzw. Mutterschaft ist dann nicht mehr die persönliche, gesundheitsbedrohliche Katastrophe (vgl. Plies/Nickel/Schmidt 1999), sondern ein Ereignis, das zunächst nur in einen neuen Lebenskontext führt, aber auch spezielle Anforderungen stellt (vgl. dazu ausführlich Chamakalayil in diesem Band). Eine entsprechend entemotionalisierte, wertneutrale Betrachtung früher Mutterschaft könnte dazu beitragen, sie als weibliche Bewältigungsstrategie (vgl. Böhnisch/Funk 2002) und als geschlechts- und milieuspezifische Handlungsweise (vgl. Dörr 2002) angesichts struktureller Bedingungen und individueller Wünsche *anzuerkennen*. Eine Deutung, die Barbara Stauber weiterentwickelt und im Kontext von „agency" als gestaltendes Handeln innerhalb struktureller Bedingungen darlegt (vgl. dazu ausführlich Stauber in diesem Band). Defizitdeutungen als Coping- bzw. Vermeidungsstrategie werden damit obsolet und die notwendige Unterstützung von positiven Haltungen gegenüber jungen Müttern (vgl. Fiechtner-Stolz/Bracker 2006) erleichtert. Was letztlich den sozialen Druck, den sie aushalten müssen, mindern würde. Es ist absehbar, dass von einem solcherart reduzierten Abweichungsdruck auch die Bindungsbedingungen zwischen Mutter und Kind profitieren müssten, die in der Praxis der Angebote für junge Mütter und ihre Kinder sehr differenziert reflektiert sein wollen, wie Friese (2008, 34) angesichts der problematischen, weil nicht passgenauen Strukturlösung der Tagespflege ausführlich erläutert und Chamaklayil mit Blick auf die Familienbildung als pädagogische Herausforderung darlegt (vgl. Friese und Chamakalayil in diesem Band).

Prävention?
Mit dem (auszubauenden) Angebot der Jugendhilfe (vgl. Wallner in diesem Band) und der sexualpädagogischen Vermittlungen von Kenntnissen zum Umgang mit der eigenen Fertilität und gesundheitlicher Konsequenzen von Verhütungsmitteln ist eine breite Palette präventiver Ansätze gegeben. Aber die Besonderheiten der biografischen Situation von jungen Familien lassen angesichts der Belastungsszenarien, denen sozialpädagogische Praxis in ihrem Alltag immer wieder begegnet, auch die Frage aufkommen, ob und wie es vielleicht möglich ist, die als zu früh *empfundenen* Familiengründungen per se zu verhindern.

So führt die engagierte Suche nach schützenden Möglichkeiten aktuell vielfach in die Irre der problematischen Programmatik von Babysimulatoren und sog. „Elternpraktika": Nunmehr beginnt der Schutz eines Kindes im Verständnis des Simulationsanliegens nicht mehr mit präventiven Maßnahmen *während* der Schwangerschaft, sondern bereits *vor* der Zeugung und mit Verweisen auf zuvor qua Lebensalter zu erwerbender pflegerischer und erzieherischer Kompetenzen. In bester Absicht und bemerkenswerter Kooperationseinigkeit zwischen Jugendhilfe und Schule(n) verbreitet sich mit dem Simulator und seinem Einsatz sowohl innerschulisch als auch außerschulisch ein negatives Lernsetting, das, statt auf Stärkung, Ermutigung, Sicherheit und Zuversicht in eigene Kompetenzen zu setzen, über Anforderungsdruck zu Entmutigung, Verunsicherung, Angst und Selbstbildschwächung führen kann. Auch dabei wird der Strafdiskurs gegenüber als problematisch deklarierter weiblicher Sexualität (vgl. dazu ausführlich Wallner in diesem Band) öffentlich wiederbelebt (vgl. kritisch dazu Lautmann 2005, 249) und mit Herkunftsmilieus verknüpft: Mädchen in gering qualifizierenden Bildungsgängen werden dezidiert mit möglichen Problemen des Mutterseins und der prozentual berechneten Vernachlässigungs- und Misshandlungsquote gegenüber einer computergesteuerten Puppe konfrontiert und sollen solcherart von als ‚zu früh' deklarierten Kinderwünschen abgeschreckt werden (vgl. Spies 2008).

Die Betrachtung der prekären Situation von jungen Müttern führt zur Einsicht, dass nicht Schwangerschaft und Mutterschaft das Risiko oder gar das „negative Entwicklungsergebnis" (Scheithauer et al. 2008, 25) ist, sondern soziale und ökonomische Ausgrenzungen die eigentlichen Risiken für Mutter und Kind bergen (vgl. dazu ausführlich Thiessen in diesem Band). Solange sie aber im (interdisziplinären) Diskurs mit der Problemdeutung des „abweichenden Verhaltens" (Scheithauer et al., 24) etikettiert werden und sexuelle Aktivität in der Adoleszenz sogar dezidiert als Normabweichung (vgl. ebd.) fortgeschrieben wird, solange sind Mutter und Kind ernsthaft bedroht, weil ausdrücklich ausgegrenzt! Erst die konsequente Normalisierung und Entdramatisierung auf individueller und institutioneller Ebene – die allerdings mit einer intensiven Veränderung der strukturellen Bedingungen einhergehen muss – verspricht tatsächlich langfristig eine nachhaltige Verbesserung der Situation.

Für die Praxis bietet sich als Richtschnur die Orientierung an der „doppelten Kindeswohlsicherung" (Friese 2008, 26) an. Sie setzt voraus, dass den strukturellen Benachteiligungen junger Mütter tatsächlich über passgenaue, bedarfsgerechte Angeboten und Maßnahmen begegnet wird. Das Netz der Einrichtungen mit kombinierten Angeboten der (Wohn)Hilfe, (Aus)Bildungsmöglichkeiten, Kinderbetreuung und Beratung gemäß der Vorgaben des SGB VIII ist nach wie vor ebenso unzureichend und entwicklungsbedürftig (vgl. dazu Wallner in diesem Band) wie es an entsprechenden Angeboten der Familienbildung (vgl. dazu Chamakalayil in diesem Band) fehlt. Ebenso sind im Schul- und Ausbildungssystem adäquate Förderansätze rar, obwohl hinlänglich bekannt ist, dass Schwangerschaft Mädchen in „bedeutendem Ausmaß" (Stamm 2007, 23) ihre Bildungsverläufe abbrechen lässt und die fehlenden schulischen und beruflichen Perspektiven für junge Mütter ihre schwierige ökonomische Situation verfestigen (vgl. dazu Friese in diesem Band). Das Anliegen dieses Sammelbandes ist nun – in Abgrenzung zum tradierten Fachdiskurs, der mit wenigen Ausnahmen in erster Linie Belastungsszenarien und individualisierende, defizitorientierte Deutungen betont – die Bedingungen und Ausgangslagen für künftige pädagogische Einschätzungen zu sondieren.

Die Zusammenstellung der Beiträge folgt dementsprechend der Logik, sich zuerst mit den Lebenslagen junger Mütter zu beschäftigen. Dafür fasst Barbara Thiessen aus der Perspektive der Familienforschung relevante Daten zusammen, die die Notwendigkeit der Entdramatisierung mit der Blickrichtung auf Entwicklungsbedarfe verknüpfen. Anhand der hier vorgelegten Häufigkeiten wird bereits deutlich, wie eng frühe Mutterschaft und die Entwicklung geeigneter Bildungs- und Ausbildungskontexte zusammengedacht werden müssen – auch wenn sich das Bild der in prekären Lebenssituationen und staatlicher Transferabhängigkeit längerfristig befindlichen jungen Mütter relativiert. Letztlich zentriert sich anhand der Daten der neuralgische Punkt zur Bedrohung durch Armutslebenslagen junger Mütter rund um den (i.d.R. noch nicht) erreichten Schulabschluss und die Notwendigkeit einer passgenauen Berufsorientierung, die inhaltlich und strukturell von der

Elternsituation ausgeht. An einem Beispiel aus der Projektpraxis zur beruflichen Orientierung für junge Mütter stellt Barbara Thiessen dar, wie eng die Fragen der beruflichen Perspektiven und erreichbarer Bildungszugänge zur individuellen Entwicklung der jungen Frauen mit der frühkindlichen Bildung und Förderung ihrer Kinder und damit indirekt auch mit präventivem Kinderschutz zusammenhängen. Hier wird die Notwendigkeit des Umdenkens in der Gestaltung von Maßnahmen, in welchen die jungen Mütter als erwachsene Frauen ernst genommen werden, deutlich. Sie zeigt, welche Rahmenbedingungen für die Ausgestaltung angemessener Bildungssettings zu berücksichtigen und zu schaffen sind – eine pädagogische Aufgabe, die angesichts der hochkomplexen Zusammenhänge ein Höchstmaß an Weitblick und Akzeptanz erfordert, weil sowohl Armutsprävention als auch Berufsbildung und kindliche Frühförderung nachhaltig zur Verbesserung der Lebenslage junger Mütter und ihrer Kinder zu vereinbaren sind. Will Soziale Arbeit die soziale Teilhabe jener Familien sichern, so muss sie sich dringend von der Idee, die Mütter mehr auf die Kinder und deren Bedürfnisse zu fixieren, lösen und ihnen stattdessen Lern- und Bildungssettings anbieten, die den Müttern eigene Lebensentwürfe und eine Erweiterung der Eigenständigkeit zur Verfügung stellen und zugleich die Entwicklungsbedingungen der Kinder verbessern – auch und gerade weil diese die Verbesserung der Mutter-Kind-Beziehung ermöglichen. Die bislang für pädagogische Settings gültige zentrale Ausrichtung an der Mutterrolle erweist sich also als kontraproduktiver Orientierungsrahmen.

Auch Barbara Stauber verfolgt in ihrem Beitrag die Perspektive der Anerkennung einer erwachsenen Lebenssituation. Sie betont die Subjektperspektive und betrachtet aus dieser die frühe Elternschaft als Resultat komplexer Entscheidungsfindungsprozesse in biografischen Übergangssituationen, die nicht nur bewältigt sein wollen, sondern auch aktiv gestaltet werden. Dafür kontrastiert sie zunächst den aktuellen Reproduktionsdiskurs mit der subjektiven Realität komplexer, gleichzeitig zu leistender Entscheidungen in Übergängen, mit denen junge Eltern diese gestalten. Sie legt dar, welche Simultanleistung junge Mütter und Väter in der Erfüllung von jugendbezogenen Entwicklungsaufgaben und mit der Elternrolle einhergehenden Anforderungen erbringen und welche Vereinbarkeitskonflikte sich daraus ergeben können. Hierbei möchte Barbara Stauber die Elternrolle jedoch als *mögliches* Entwicklungspotenzial verstanden wissen. Eine Ressource, die aber unbedingt förderliche und anerkennende Bedingungen voraussetzt, um zum Tragen kommen zu können. Dafür benötigen junge Menschen strukturelle Bedingungen, die ihnen

Ausbildung, Beratung und Begleitung bzw. Unterstützung so ermöglichen, wie der rechtliche Rahmen dies vorsieht. Im Verständnis der „agency"-Perspektive stellt sich der Übergang in Elternschaft als ein Zusammenspiel aus Rückgriffen auf (biographische) Erfahrungen und tradierte Normalitäten, aus Entwürfen auf eine Zukunft als junge Frau, junger Mann, junges Paar, junge Familie, und aus den Vereinbarkeitsanforderungen eines zumeist komplizierten gegenwärtigen Alltags dar, der zugleich von strukturellen Bedingungen wie Bildungsstand und ökonomischen Verhältnissen bestimmt ist. Die pädagogische Herausforderung, die sich entlang der Ausführungen von Barbara Stauber abzeichnet, ist groß, denn es gilt sowohl entlang der Differenzlinie Geschlecht die doing-gender Prozesse (speziell in der Übernahme der Mutterrolle) aber auch in der Ausgestaltung der Elternschaft zu reflektieren als auch den tradierten Deutungskontext des Risikos zu verlassen und die Problemfokussierung aufzugeben. Für pädagogisch motivierte Settings heißt ein solcher verstehend-biografischer Perspektivenwechsel, immer wieder die Ressourcen und Möglichkeiten des Individuums zu betonen, zugleich aber die strukturellen Risiken zu mindern und jegliche Handlungskonzepte hinsichtlich intergenerativer Deutungsfolien zu überprüfen und äußerst behutsam den jeweils weiteren Handlungsbedarf zu klären.

Die Mahnung zu Behutsamkeit und Umsicht gilt besonders für die Programmatik der Jugendhilfe, die in einer durchaus problematischen Tradition steht. Claudia Wallner erläutert die historischen Hintergründe, vor denen wir die aktuellen Angebote der Jugendhilfe einordnen müssen. Deren Ansatz war lange Zeit keineswegs helfend, sondern bestrafend und abschreckend-disziplinierend – also maßregelnd-erzieherisch – motiviert. Hier zeigt sich, dass die gegenwärtigen Dramatisierungen und Moralisierungen früher Mutterschaft durchaus nicht nur mediale Inszenierung sind, sondern bis in die jüngste Vergangenheit hinein auch fachlich-sozialpädagogisch vertreten wurden. Wenngleich zur Durchsetzung gesellschaftlicher Vorstellungen über weibliche Sexualität nicht mehr Maßnahmen wie geschlossene Unterbringung vertreten werden, so hilft die Erinnerung an die „gefallenen Mädchen", die Errungenschaften des SGB VIII zu würdigen, das den Leistungsbereich der Hilfen für junge Mütter/Eltern nunmehr in der Familienförderung ansiedelt. Claudia Wallner zufolge ist aber nach wie vor ein Fokus auf Belastungsszenarien im Zusammenhang mit früher Mutterschaft zu finden, der zudem tradierte Rollenzuschreibungen von Weiblichkeit weiter trägt. Es ist bemerkenswert, mit welcher Zähigkeit sich solche Perspektiven halten bzw. regenerieren können, und die errungene lebensweltbezogene Haltung gegenüber der biografischen Situation junger Mütter und ihrem Bedarf an Verselbständigungsmöglichkeiten und Kinderbetreuungsangeboten gefährden. Claudia Wallner zeigt, dass die Hilfeangebote – trotz der Verbesserungen und Modernisierungen – nach wie vor eine Reihe von Schwachstellen und durchaus auch eine bedenkliche Nähe zum tradierten Kontrolldiskurs aufweisen. Der Handlungsbedarf zur Ausdifferenzierung der Hilfen und Unterstützungsangebote und zur Reflexion der pädagogischen Zielsetzungen würde durchaus auch von einem Rekurs auf den Diskurs der parteilichen Mädchenarbeit ebenso wie jenen der Jungenarbeit profitieren, wenn neue Praxisansätze wie Teilzeitausbildung oder Familienhebammen umgesetzt werden und nunmehr auch die Väter in ihre Konzepte einbeziehen.

Bis hierhin verweist jeder der Beiträge in seiner Argumentation auf die Ausbildungsbedingungen und -notwendigkeiten, die im Kontext früher Mutterschaft zu berücksichtigen sind. Marianne Friese hat die Zusammenhänge unter der Frage nach der Vereinbarkeit von Familie und Beruf und den Bedingungen für die „Work-Life-Balance" vertiefend erörtert. Sei markiert dafür fünf unterschiedliche Ebenen des Handlungsbedarfs zur Verbesserung der Situation junger Mütter: es fehlen differenzierte empirische Analysen zu demografischen Entwicklungen, sozialen Situationen und Bildungshintergründen junger Mütter und zielgruppenspezifische biografische Klärungen für Konzeptionen sowie die strategischen Rahmungen von Förderkonzepten im berufsbildnerischen und sozialpädagogischen Zusammenhang stehen ebenfalls aus. Weiter fehlen politische Vernetzungen zur Absicherung solcher Konzepte und deren Einbindung in Organisationsentwicklungs- und Professionalisierungsprozesse.
Am Beispiel des auch von Thiessen, Stauber und Wallner zitierten Modellprojektes MOSAIK erläutert Marianne Friese das Zusammenspiel erforderlicher Unterstützungsbestandteile, die Beratung unter Berücksichtigung der biografischen Situation, Betreuung und Elternkompetenzen sowie beruflich relevante Qualifizierung miteinander vereinen. Sie beschreibt, wie mit einer solchen ‚Förderkette' die strukturellen Bedingungen junger Mütter und ihrer Kinder verbessert werden und die biografischen Risiken von jungen Frauen in prekären Lebenslagen gemindert werden können. Das erfolgreiche Modell belegt, dass frühe Mutterschaft keineswegs eine Barriere für den Anschluss an den Erwerbsarbeitsmarkt sein muss, sofern in der Konzeption von Unterstützungsmaßnahmen berücksichtigt wird, wie eng psychosoziale und organisationale Problemlagen junger Mütter zusammenhängen (können). Wenn in pädagogischer Absicht

künftig die Kompetenzen junger Mütter zur Situationsreflexion, ihre Ressourcen und Stärken besonders hinsichtlich Sozialkompetenz, Verantwortlichkeit, Zuverlässigkeit, Organisationsgeschick und Vernetzungserfahrungen gewürdigt werden können, ihr Berufswahlverhalten aber auch unter Berücksichtigung geschlechtlicher Segregation Berücksichtigung findet, muss Mutterschaft nicht länger ein „Strukturprinzip kumulativer Ungleichheit" (ebd.) sein. Insofern stellen die MOSAIK-Eckpunkte sozusagen Mindeststandards dar, die für aktuelle Entwicklungen und Situationsverbesserungsbestrebungen Gültigkeit haben müssen, wenn neue Formen der Benachteiligtenförderung und speziell der Teilzeitausbildung zur existenziellen Sicherung junger Frauen und ihrer Kinder zu implementieren sind. Die rechtlichen Rahmungen dafür sind mittlerweile gegeben, der Innovationsbedarf – auch hinsichtlich der curricularen Bedingungen und Reflexionen zu den Differenzlinien Gender, Race und Class ist aber für eine niedrigschwellige, an Anerkennung ausgerichtete, sozialräumlich orientierte Praxis – besonders zur Berufsorientierung – ungebrochen. Mit dem MOSAIK-Modell liegt ein umsetzbares pädagogisches Grundkonzept vor, das in der Lage ist, die biografische Situation früher Mutterschaft in das Regelsystem von Ausbildung, Beratung und sozialer Arbeit wertschätzend und hilfreich zu berücksichtigen. Die pädagogische Herausforderung an dieser Stelle ist die praktische Multiplikation und die theoretische Implementierung einer im Sinne des „Work-Life-Balance"-Leitbildes revidierten Deutung früher Mutterschaft, die auf Defizitzuschreibungen, Stereotypisierungen und Abwertungen verzichtet und stattdessen Vereinbarkeitsperspektiven vermittelt.

Eine solche Perspektive hat aber nicht nur im Berufsorientierungs- und Berufsausbildungsbereich ihren Platz, sondern ist zugleich auch in allgemeinbildenden und in familienbezogenen Bildungsangeboten zu berücksichtigen. Während sich die konzeptionelle und strukturelle Lücke in der Ausbildungsförderung dank der dort aktuellen Flexibilisierungs- und Modernisierungsprozesse über Modularisierungen und alltagstaugliche Teilzeitmodelle zu schließen beginnt, wird eine ähnlich grundlegende Lücke im Bildungssystem nunmehr überhaupt erst sichtbar. Die Erprobung von Konzeptionen geeigneter Familien-Bildungssettings scheint dagegen noch fern. So erkundet Lalitha Chamakalayil das aktuelle Potenzial der Familienbildung mit einem kurzen Rekurs in die Mütterschulen der 1960er Jahre. Wenngleich diese einst aus gesundheitspolitischen Erwägungen entstanden, sind sie doch die institutionelle Grundlage für eine Reihe von Familienbildungseinrichtungen, die erst langsam beginnen sich für junge

Mütter und ihre Belange zu öffnen. Neben den Möglichkeiten der Unterstützung und Stärkung junger Eltern durch Familienbildung und der öffentlichen Aufmerksamkeit, die Fragen so genannter ‚Elternkompetenzen' aktuell haben –und die letztlich auch zur Stigmatisierung junger Mütter und Väter beitragen – zeichnen sich erste zielgruppenorientierte Angebote ab, die einen Beitrag zur Entdramatisierung liefern können, in ihren Entwicklungen aber vielfach noch am Anfang stehen: Familienzentren nehmen junge Mütter als Zielgruppe explizit in ihre Programme auf, niedrigschwellige Familienbildungsangebote wie sie in Hebammenprogrammen oder aufsuchenden familienstützenden Diensten zur Zeit in der Praxis entwickelt werden, *können* entdramatisierend wirken, weil sie unbürokratisch und unabhängig vom Alter der Eltern Unterstützung in schwierigen Situationen bieten und die Beziehungen zwischen Eltern und Kindern fördern wollen bzw. können. Damit wird auch der Druck, der auf jungen Eltern lastet, reduziert und Elternschaft normalisiert – sofern die Haltungen und Deutungsweisen der in diesen Handlungsfeldern Tätigen adäquat anerkennend und wertschätzend sind. Lalitha Chamakalayil markiert die Familienbildung als eine zentrale primärpräventive Maßnahme der Jugendhilfe, mit großem Entwicklungspotenzial hinsichtlich der Zielgruppe der jungen Mütter und Väter, deren Lernbedarf sich mit Blick auf ihre spezifische Lebenslage von ihrer altersgleichen Peergroup wie auch von der situationsgleichen ‚Peergroup' älterer Eltern unterscheidet. Hier ist die pädagogische Herausforderung, die Schwierigkeit junge Mütter zu erreichen, zu überwinden, ansprechende Konzeptionen zu entwickeln und junge Mütter und Väter mit Blick auf ihre biografische Besonderheit einerseits zu stärken und andererseits für deren Integration zu sorgen. Mit anderen Worten: die jungen Eltern sind sowohl in ihrer erwachsenen Lebenssituation (außerschulisch) familienbildnerisch anzusprechen und ernst zu nehmen. Zugleich ist aber auch über die Inhalte und Ausgestaltungen von Bildungs*angeboten* der „doppelten Kindeswohlsicherung" (vgl. Friese in diesem Band) Rechnung zu tragen.

Wenngleich es grundsätzlich im Sinne der Anerkennung der biografischen Situation junger Mütter geboten wäre, auf die Frage nach der Vermeidbarkeit und Verhinderung jugendlicher Schwangerschaften zu verzichten, soll dennoch am Ende dieses Buches das Stichwort der ‚Prävention' aufgegriffen werden. Denn ungeachtet dessen, dass Prävention von Schwangerschaft als Frage der Kontrazeption grundsätzlich in einen sexualpädagogischen Kontext gehört, drängt sich angesichts der Emotionslastigkeit, die stets mit adoleszenter Schwangerschaft einhergeht, auch diese Perspektive im

Zusammenhang mit früher Mutterschaft als Lebenssituation auf. Auch, und gerade weil gegenwärtig eine problematische Entwicklung Fuß fasst: mit dem Versprechen präventiver Wirksamkeit etabliert sich als Kooperationsangebot seitens der Jugendhilfe die zweifelhafte Programmatik der sog. ‚Elternpraktika' mit computergesteuerten Babysimulatoren in schulischen Kontexten. Ein Instrument, dessen Anwendungsspektrum insgesamt aber nicht geeignet ist, die Belange junger Mütter und ihrer Kinder zu vertreten und ihre Situation zu verbessern. Über dieses Instrument findet das Lebensthema ‚Familiengründung' ebenso wie Fragen der Säuglingspflege Einzug im schulischen Bildungsangebot, aber um den Preis der Fortsetzung des pädagogischen Straf- und Diskriminierungsdiskurses junger Mütter. Zugleich ist damit ein Geschlechtsrollen reproduzierendes Curriculum und die schleichende Reintegration der Säuglingspflege in Lehrkontexte der öffentlichen Erziehung verbunden. Unter dem Anliegen der Berufsorientierung (!) wird sozial benachteiligten Mädchen die Vorbereitung auf den Beruf als unvereinbar mit Kinderwünschen vermittelt, ohne dass deren Vereinbarkeit ebenfalls zum Gegenstand gemacht würde. Frühe Schwangerschaft wird dabei stets als die sozial unerwünschte, biografische Katastrophe angenommen, die sämtlichen Plänen und Wünschen ein jähes Ende setzt und gegenüber dem Kind nicht zu verantworten sei. Sie wird – jenseits einer bislang gültigen ‚Schicksalhaftigkeit' – nunmehr als Konsequenz sexueller Aktivität mit persönlichen Versagensetikettierungen in Vergangenheit (Verhütung), Gegenwart (Verweigerung der Orientierung an beruflich abgesicherter ‚Normalbiografie') und Zukunft (Vernachlässigung) kommuniziert (vgl. Spies 2008).

Sofern man die bisherige Simulationspraxis als *Erprobungsphase* betrachtet, innerhalb derer erstaunliche Effekte der interdisziplinären pädagogischen Zusammenarbeit erzielt werden konnten, ist nicht das Thema, wohl aber das Instrument und seine Programmatik zu verwerfen. Auf der Basis des grundsätzlichen inhaltlichen Interesses der Mädchen, die sich mit ihren biografischen Familien*optionen* auseinandersetzen möchten, sind nunmehr wertschätzende und hilfreiche Lernsettings zu entwickeln, die auf der verbalen wie auch der nonverbalen Vermittlungsebene auf abschreckende Elemente verzichten. Mit der Ressource jener in vielfältigen Varianten praktizierten, sozialräumlich orientierten Projektpraxis wäre dafür ein pädagogisches Szenario zu entwickeln, das frühe Schwangerschaft als Lebensentwurf entdramatisiert und die hochemotionale Thementrias „Frühe Mutterschaft" – „Kinderschutzanliegen" – „Unabhängigkeit" ressourcenorientiert und nach dem Empowerment-Konzept zu bedienen sucht (vgl. dazu ausführlich Spies in diesem Band). Dafür entwirft Anke Spies das Modell einer thematisch ausgerichteten Schülerinnenfirma, die interdisziplinär der biografischen Option einen pädagogisch motivierten Rahmen im Kontext allgemeinbildender Schulen geben will, bevor der Sammelband mit einer kurzen Collage dessen schließt, was sich aus der Summe der Beiträge an Anregungen für den weiteren Forschungskontext summieren lässt.

Literaturverzeichnis

Böhnisch, Lothar/Funk, Heide (2002): Soziale Arbeit und Geschlecht. Theoretische und praktische Orientierung. Weinheim, München

Cater, Suzanne/Coleman, Lester (2006): „Planned" teenage pregnancy. Perspectives of young parents from disadvantaged backgrounds. Bristol, Great Britain

Clark, Zoe (2009): Wenn Kinder Kinder kriegen. Zur Problematsierung junger Mutterschaft. In: Neue Praxis, 39. Jhg. 2009/Heft 3. S. 219-232

Dörr, Margret (2002): Gesundheit und Soziale Differenz: Die Gender-Perspektive. In: Homfeldt, Hans Günther/Laaser, Ulrich/Prümel-Philippsen, Uwe/Robertz-Grossmann, Beate (Hrsg.): Studienbuch Gesundheit. Soziale Differenz – Strategien – Wissenschaftliche Disziplinen. Neuwied. S. 65 – 84

Fiechtner-Stolz, Irene/Bracker, Maren (2006): Lebenswelten minderjähriger Mütter. In: Cloos, Peter/Thole, Werner (Hrsg.): Ethnografische Zugänge. Professions- und adressatInnenbezogene Forschung im Kontext von Pädagogik. Wiesbaden. S. 117 – 138

Filipp, Sigrun-Heide (1981): Ein allgemeines Modell für die Analyse kritischer Lebensereignisse. In: dies. (Hrsg.): Kritische Lebensereignisse. München, Wien, Baltimore. S. 3 – 52

Fleßner, Heike (2008): Frühe Schwangerschaften. In: Scheithauer, Herbert/Hayer, Tobias/Niebank, Kay (Hrsg.): Problemverhalten und Gewalt im Jugendalter: Erscheinungsformen, Entstehungsbedingungen, Prävention und Intervention. (225-238)

Friese, Marianne (2008): Kompetenzentwicklung für junge Mütter. Förderansätze der beruflichen Bildung. Bielefeld

Häußler-Sczepan, Monika/Wienholz, Sabine/Michel, Marion (2005): Teenager-Schwangerschaften in Sachsen. Angebote und Hilfebedarf aus professioneller Sicht. Eine Studie im Auftrag der Bundeszentrale für gesundheitliche Aufklärung (BZgA). In: Bundeszentrale für gesundheitliche Aufklärung (BZgA) (Hrsg.): Fachheftreihe Forschung und Praxis der Sexualaufklärung und Familienplanung, Band 26. Köln

Kluge, Norbert (2005): Wider den allgemeinen Trend: Während die Gesamt-Geburten- und Schwangerschaftsabbruchzahlen in Deutschland fallen, steigen sie bei der Altersgruppe der Minderjährigen großenteils an. http://kluge.uni-landau.de/kluge_beitraege.html [Letzter Zugriff 15.03.2009]

Lautmann, Rüdiger (2005): ‚Gibt es nichts Wichtigeres?'. Sexualität, Ausschluss und Sozialarbeit. In: Anhorn, Roland/Bettinger, Frank (Hrsg.): Sozialer Ausschluss und Soziale Arbeit. Wiesbaden. S. 237 – 252

Osthoff, Ralf (2004): Ungeplante Schwangerschaften im Jugendalter. Ursachen –Folgen – Prävention. In: HAG (Hrsg.): Ich – und ein Baby?!. Schwangerschaft und Elternschaft von Minderjährigen. Möglichkeiten der Prävention und Unterstützung. Dokumentation. S. 5 -12

Plies, Kerstin/Nickel, Bettina/Schmidt, Peter (1999): Zwischen Lust und Frust. Jugendsexualität in den 90er Jahren. Ergebnisse einer repräsentativen Studie in Ost- und Westdeutschland. Opladen

Scheithauer, Herbert/Hayer, Tobias/Niebank, Kay (2008): Problemverhaltensweisen und Risikoverhalten im Jugendalter – Ein Überblick. In: Scheithauer, Herbert/Hayer, Tobias/Niebank, Kay (Hg.):: Problemverhalten und Gewalt im Jugendalter: Erscheinungsformen, Entstehungsbedingungen, Prävention und Intervention. Stuttgart, S. 11-33

Spies, Anke (2008): Zwischen Kinderwunsch und Kinderschutz –Babysimulatoren in der pädagogischen Praxis. Wiesbaden. VS-Verlag

Stamm, Margrit (2007): Die Zukunft verlieren? Schulabbrecher in unserem Bildungssystem. Zeitschrift für Sozialpädagogik, 5. Jg. H 1, 15-36

Thiessen, Barbara/Anslinger, Eva (2004): „Also für mich hat sich einiges verändert... eigentlich mein ganzes Leben". Alltag und Perspektiven junger Mütter. In: BZgA FORUM Sexualaufklärung und Familienplanung. Heft 4/2004. S. 22 - 26

Barbara Thiessen
Jenseits der Norm: Lebenslagen junger Mütter

Junge Mütter haben spätestens seit dem Gretchen in Goethes Faust stets Konjunktur in Kunst und Medien. Auch gegenwärtig wird erneut eine „moral panic" (Cohen 2002) geschürt, deren realer Hintergrund noch zu klären ist. Wie leben junge Mütter? Wie viele gibt es? Wie gestalten sie ihr Leben? Was sind Rahmenbedingungen, die sie benötigen, um für sich und ihre Kinder gute Bedingungen für Entwicklung zu haben? Meine These ist, dass der Diskurs um junge, insbesondere minderjährige Mütter im Zusammenhang mit ihren Lebensbedingungen steht und sich in diesem Verhältnis jugendpolitische und moralische Vorstellungen einer Gesellschaft spiegeln. Soziale Arbeit mit jungen Müttern muss sich (selbst)kritisch mit diesen Semantiken und Alltagsrealitäten auseinandersetzen.

Der Beitrag gibt zunächst einen Überblick über die Prävalenz jugendlicher Mutterschaft und die sozialen Lebensbedingungen junger Mütter in Deutschland. In einem zweiten Schritt werden Anforderungen aufgezeigt, denen junge, insbesondere minderjährige Mütter ausgesetzt sind sowie deren Handlungspotenziale und Ressourcen vorgestellt. Abschließend werden Herausforderungen und kritische Fragen an die Praxis Sozialer Arbeit mit jungen Müttern diskutiert.

1. Prävalenz junger Mutterschaft und soziale Lebensbedingungen junger Mütter

Frühe Mutterschaft liegt in Deutschland keineswegs im Trend. Im Durchschnitt steigt sogar das Alter der Erstgebärenden: Während noch in den 1980er Jahren das Durchschnittsalter bei Erstgebärenden 24 bis 25 Jahre betrug, liegt es heute bei etwa 26 Jahren, bei Männern liegt das durchschnittliche Alter, in dem sie zum ersten Mal Vater werden, zwischen 29 und 30 Jahren (vgl. Zerle/Krok 2008: 31f.). Immer häufiger schieben junge Frauen und Männer eine Familiengründung sehr lange hinaus. Dies ist oft gar nicht bewusst geplant, sondern ergibt sich daraus, dass es für Frauen und Männer immer wieder Gründe gibt, die zum aktuellen Zeitpunkt gegen ein Kind sprechen, obwohl eine Familiengründung „eigentlich" gewünscht wird (vgl. Gille 2006).

Hintergrund ist nicht zuletzt die Normalitätsfolie von Ausbildungsabschluss und Berufseinstieg, die einer Familiengründung vorausgehen sollte (vgl. Institut für

Demoskopie 2004: 25). Diese Auffassung vertreten 85 Prozent aller 18- bis 44-Jährigen. Viele Paare schieben gar die Realisierung ihres Kinderwunsches so lange auf, bis sich ihr Lebensstil derart verfestigt hat, dass Kinder nicht mehr passen oder die Beziehung schon beendet ist. Der Studie des Deutschen Jugendinstitutes zu "Wegen in die Vaterschaft" (Zerle/Krok 2008) zufolge geben Männer als Bedingungen für die Realisierung ihres Kinderwunsches neben einer stabilen Partnerschaft auch ein ausreichendes Einkommen und eine gesicherte Berufsperspektive an (vgl. ebd.: 45f). Inzwischen gibt es eine nicht unbeträchtliche Zahl von Frauen und Männern im mittleren Alter, die kinderlos geblieben sind, obwohl sie gerne Kinder gehabt hätten (vgl. Rupp 2005).

Daten zu jugendlicher Schwangerschaft
Entsprechend auffallend hebt sich jugendliche Elternschaft von diesem Trend ab. Trotz teilweise gegenteiliger Presseberichte hat Deutschland jedoch im Bereich der sogenannten „Teenager-Eltern" kein dramatisches Problem. Die Entwicklung der Anzahl von Kindern, die von jungen Müttern unter 18 Jahren geboren werden, nimmt sogar eher ab. Im Jahr 1991 hatten etwa halb so viele Lebendgeborene eine minderjährige Mutter wie 1980; die Anzahl Lebendgeborener mit unter 20-jährigen Müttern hat sich ebenfalls etwa halbiert; und die Anzahl der Lebendgeborenen mit Müttern zwischen 20 und 26 Jahren ist um rund 9% zurückgegangen. Der starke Rückgang der absoluten Zahl der Geburten bei den unter 20-jährigen Frauen ist im Wesentlichen auf den Bevölkerungsrückgang zurückzuführen und nicht auf ein verändertes Fortpflanzungsverhalten (vgl. Statistische Jahrbücher 1994-2005, Walter in Friese 2008: 38f.). Wenn wir hier über minderjährige Mütter sprechen, lassen sich beispielsweise für 2007 5.812 Kinder belegen, die von unter 18-Jährigen geboren wurden und 733 von unter 15-Jährigen (vgl. Statistisches Bundesamt 2009).
Diese relativ geringe Anzahl junger Mütter ist umso überraschender wenn in Betracht gezogen wird, dass heute bereits ein Viertel der 15-jährigen und knapp drei Viertel der 17-jährigen Mädchen Geschlechtsverkehr hatte (vgl. BZgA 2006). Zwar erweist sich die insbesondere medial geschürte Annahme, „Jugendliche fangen immer früher an", als ein Mythos (BZgA 2009: 15). Der Umbruch jugendlichen Sexualverhaltens fand vielmehr Ende der 1960er Jahre statt, also innerhalb der heutigen Elterngeneration (vgl. ebd.: 14). Eine leichte Zunahme koituserfahrener 15-jähriger Mädchen lässt sich jedoch seit den 1990er Jahren belegen (vgl. BZgA 2006). Da gleichzeitig auch ein Anstieg sicherer Verhütungsmaßnahmen beim „ersten Mal" nachzuweisen ist (1970 haben 40%, 2005 haben

80% beim „ersten Mal" sicher verhütet, BZgA 2006), wundert die eher geringe Rate an minderjährigen Müttern nicht.

Ebenso undramatisch ist die Entwicklung der Schwangerschaftsabbrüche bei jungen Frauen. Zwar zeigt sich in der letzten Dekade ein Anstieg der absoluten Zahlen, der jedoch auf die größere Teenagerpopulation und auf die veränderte Erfassungsmethode (vgl. Laue 2004) zurückzuführen ist. Bezogen auf die Raten der Schwangerschaften bei 1.000 Frauen unter 18 Jahren zeigt sich vielmehr in den letzten vier Jahren ein leichter Rückgang. Gegenwärtig werden jährlich sieben bis acht von 1.000 15- bis 17-jährigen Frauen schwanger, gut vier von 1.000 entscheiden sich für einen Schwangerschaftsabbruch, drei bekommen ein Kind (vgl. BZgA 2009: 19).

Im internationalen Vergleich befindet sich Deutschland mit der Schwangerschaftsrate weiblicher Jugendlicher am unteren Ende. Vergleichsfolie ist die Schwangerschaftsrate der 15- bis 19-Jährigen (vgl. Abb. 1):

Abb. 1: Schwangerschaften 15- bis 19-jähriger Frauen im internationalen Vergleich

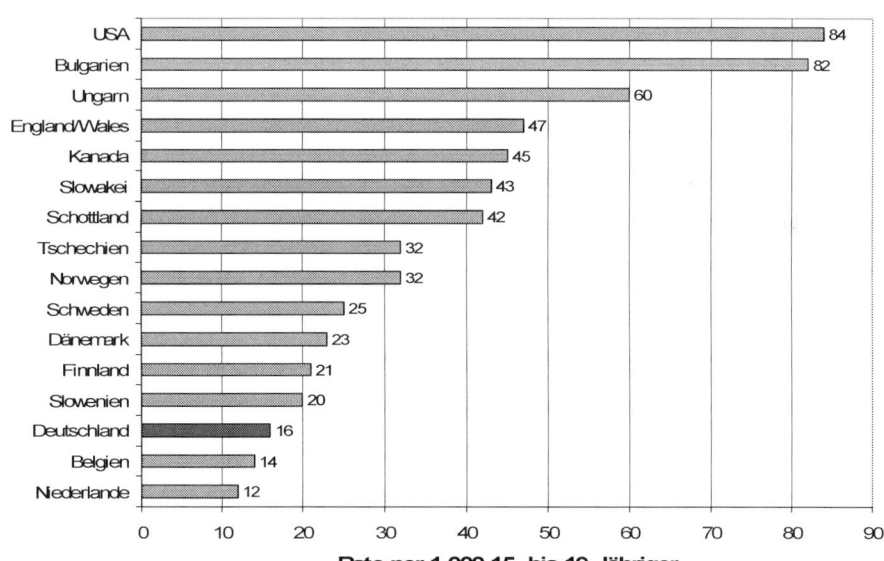

Quelle: BZgA 2009: 23

Als wesentliche Ursache der massiven Unterschiede im internationalen Vergleich wird in der BZgA-Studie das Verhütungsverhalten angegeben (vgl. BZgA 2009: 24). Hinzu kommen soziokulturelle Unterschiede: Je restriktiver der Diskurs um Jugendsexualität geführt wird, desto höher sind die Raten von sogenannten „Teenagerschwangerschaften". Ebenso sind soziale Lagen bedeutsam, die im Weiteren für Deutschland ausgeführt werden.

Psychosoziale Situation junger Mütter
Aufgrund der geringen Fallzahlen jugendlicher Schwangerschaften (7 bis 8 von 1.000 15- bis 17-Jährigen, s.o.) sind belastbare psychosoziale Merkmale kaum zu ermitteln, da bereits geringe Schwankungen der absoluten Zahlen dramatische Änderungen der Anteile bedeuten. Entsprechend vorsichtig werden daher auch die Befunde in der BZgA-Studie gedeutet (2009: 48f.). Im Mikrozensus werden minderjährige Mütter unter 16 Jahren aufgrund der geringen Fallzahlen gar nicht ausgewiesen.

In der BZgA-Studie wurde ermittelt, dass Hauptschülerinnen etwas früher mit dem Geschlechtsverkehr beginnen und häufiger nicht oder unsicher verhüten. Daraus wird gefolgert, dass dieses Verhalten der Hauptschülerinnen der wichtigste Faktor ist, um die schichttypischen Unterschiede der Prävalenz von „Teenagerschwangerschaften" zu erklären: Von über 700 befragten schwangeren Frauen unter 18 Jahren besuchten 56% die Haut- oder Sonderschule, dagegen nur 11% das Gymnasium. Noch deutlicher spiegelt sich dieses Verhältnis bei den Partnern der schwangeren Jugendlichen: Hier waren 59% auf der Haupt- oder Sonderschule und nur 9% auf dem Gymnasium. Resümiert wird: Das Risiko einer Hauptschülerin, minderjährig schwanger zu werden, ist etwa fünf- bis sechsmal so hoch wie das einer Gymnasiastin (vgl. BZgA 2009: 44). Der Befund sozialer Differenzen deckt sich mit internationalen Studien. Du Bois-Reymond fasst in einer europäisch vergleichenden Untersuchung zu Young Parenthood zusammen, dass das Risiko jugendlicher Schwangerschaften mit dem Mangel an Ausbildung und Erwerbsperspektiven korreliert (vgl. Du Bois-Reymond 2008: 165). Der Mangel an Perspektiven scheint ursächlich dafür zu sein, dass Jugendliche mit geringer Schulbildung ein weniger planendes und verlässliches Verhütungsverhalten aufweisen als Gymnasiastinnen (vgl. BZgA 2009: 48). In der BZgA-Studie wurden diese quantitativen Befunde durch die qualitative Befragung bestätigt. Hier zeigte sich, dass jene Befragten, deren Verhütungsverhalten als „desolat" eingeschätzt wurde, konflikthafte Familienbiografien, Heimaufenthalte, Erfahrungen mit Gewalt und Missbrauch und/oder brüchige Schulkarrieren schildern (vgl. ebd.: 89).

Resümiert wird, dass geringe Zukunftsperspektiven und eine geringe Zukunftsorientierung die Tendenz zu erhöhen scheinen, im Augenblick zu leben und Verhütung weniger ernst zu nehmen. Hirst et al. (2006) macht jedoch in einer britische Studie darauf aufmerksam, dass

„teenage mothers" mehr Erfüllung in ihrer Elternrolle finden als sie dies vor ihrer Mutterschaft erfahren haben, insbesondere im Vergleich zu ihren desolaten Bildungswegen. Auch die Befunde von Walter (2006) im Rahmen des Projektes MOSAIK bestätigen den Zusammenhang sozialer Lage und junger Mutterschaft (vgl. Abb. 2).

Abb. 2 Korrelation der Geburtenziffern unter 20 jähriger und 20- bis 24-jähriger Frauen mit ausgewählten Strukturvariablen auf Länder- und Regierungsbezirksebene (2002)

	Geburtenziffer < 20		Geburtenziffer 20-24	
	Korrelation*	Signifikanz p	Korrelation*	Signifikanz p
HLU-Empfänger %	,634	<0,0001	0,191	0,21
Schulabgängerinnen o. Abschluss %	,465	0,001	0,111	0,469
Arbeitslosenquote %	,672	<0,0001	,490	0,001
Sozialversich. Beschäft. %	-,520	<0,0001	-,306	0,041
Bev. je qkm	0,291	0,053	-0,171	0,262
Geburtenziffer insgesamt	-,461	0,001	-0,228	0,131

Quelle: Walter in Friese et al. (2006)

Die Korrelation mit der Arbeitslosenquote, dem Anteil der HLU-Empfänger und dem Anteil der sozialversicherungspflichtig Beschäftigten ist signifikant. Der Anteil der Schulabgängerinnen ohne Schulabschluss korreliert mittelmäßig mit der Geburtenziffer unter 20-Jähriger sowie mit der Bevölkerungsdichte nur noch schwach. Die Korrelationen dieser Strukturvariablen mit den Geburtenziffern der etwas älteren 20- bis 24-jährigen Frauen weisen zwar durchgängig in dieselbe Richtung, sind aber wesentlich schwächer. Junge Mutterschaft lässt sich auf Regierungsbezirksebene dort besonders häufig antreffen, wo der Anteil der Erwerbslosen und Transfergeldempfänger besonders hoch ist. Bemerkenswert ist, dass es keine Korrelation zum Migrationsanteil der Bevölkerung gibt. Junge Frauen mit Migrationshintergrund entsprechen mit ihrem Anteil an Schwangerschaften der Gesamtpopulation. Allerdings wird in der BZgA-Studie resümiert, dass Jugendliche mit Migrationshintergrund "auf andere Weise" schwanger werden: Sie fangen den Befunden der Studie zufolge zwar später mit dem Geschlechtsverkehr an, aber verhüten schlechter im Vergleich zur Gesamtpopulation, was im Ergebnis zu einer gleich hohen Schwangerschaftsrate führt (vgl. BZgA 2009: 49).

Schul- und Berufsausbildung junger Eltern
Die Datenlage zu Eltern in Ausbildung ist bislang nicht zufrieden stellend. Im Mikrozensus werden Eltern in Ausbildung nicht erhoben, da ihre Fallzahl zu gering ist. Beim Abschluss von Ausbildungsverträgen bei den Kammern wird Elternschaft nicht erfasst. Daten zu Eltern gibt es nur in Bezug auf Studierende. Einen kleinen Eindruck zur Lebenssituation vermitteln die Mikrozensusdaten von 2007 (Statistisches Bundesamt 2008c):
- Von den rund 346.000 Müttern zwischen 20 und 25 Jahren (davon 131.000 verheiratet, 64.000 in Lebenspartnerschaften und 75.000 alleinerziehend) sind zwei Drittel (197.000) Nichterwerbspersonen, 102.000 erwerbstätig und 47.000 erwerbslos. Wie viele dieser „Nichterwerbspersonen" in Ausbildung oder Studium sind, lässt sich nicht ermitteln.
- Von den 970.000 Müttern zwischen 25 und 30 Jahren (550.000 verheiratet, 123.000 in Lebenspartnerschaften und 148.000 alleinerziehend) sind ca. 40% (419.000) Nichterwerbspersonen, 111.000 erwerbslos und bereits 439.000 erwerbstätig.
- Bei den jungen Vätern sieht es folgendermaßen aus: In der Kohorte der 20- bis 25-Jährigen sind nur 73.000 Väter, davon rund die Hälfte verheiratet. Diese jungen Väter sind überwiegend (53.000) erwerbstätig, 6.000 sind Nichterwerbspersonen und 15.000 erwerbslos.
- Bei den 25- bis 30-Jährigen gibt es 377.000 Väter (überwiegend verheiratet, 288.000), davon sind über 80% erwerbstätig (311.000), 44.000 erwerbslos und 22.000 als Nichterwerbspersonen ausgewiesen.
- Junge Eltern sind im Vergleich der Gesamtkohorten bei den 20- bis 30-Jährigen deutlich in der Minderheit, lediglich bei den 25- bis 30-Jährigen machen Mütter einen Anteil von 40% aus. Vor allem die jungen Väter sind ganz überwiegend erwerbstätig; sie nehmen ihre „Versorgerrolle" ernst. Ob und inwieweit darunter Ausbildungschancen leiden, kann aus diesen Daten nicht ersehen werden (Statistisches Bundesamt 2008c).
Auch im Bildungsbericht (Konsortium Bildungsberichterstattung 2006, 2008) ist die Bildungs- und Ausbildungssituation junger Eltern nicht ausgeführt. Es finden sich allenfalls versteckte Hinweise. So findet sich in der Gruppe der 20- bis 26-Jährigen eine dramatisch hohe Quote an Nichterwerbspersonen bei der Gruppe der jungen Türkinnen (37%), von den

Jugendlichen ohne Migrationshintergrund betrifft dies nur 6%. Diese signifikante Abweichung zeigt sich so deutlich in keiner anderen Herkunftsgruppe als den Türkinnen. Sie sind als „Nichterwerbspersonen" weder in Ausbildung, noch erwerbstätig, noch arbeitssuchend gemeldet. Aber sie sind überdurchschnittlich häufig bereits verheiratet (vgl. Karakasoglu et al. 2009: 50f.). Es kann daher angenommen werden, dass unter diesen 37% ein erheblicher Anteil Mütter ist.

Im Forschungsprojekt MOSAIK, in dem junge Mütter vor dem Hintergrund der Reform der beruflichen Benachteiligtenförderung im Mittelpunkt standen (vgl. Friese et al. 2006, Friese 2008, Anslinger 2009), konnten vertiefte Erkenntnisse zur Bildungs- und Ausbildungssituation gewonnen werden. Walter (in Friese 2008) ermittelte für Deutschland - 51.800 junge Mütter unter 35 Jahren, die keinen Schulabschluss haben und keine allgemeinbildende Schule besuchen, dies sind 12% der Gesamtgruppe junger Mütter unter 35 Jahren (439.700) (vgl. Walter 2008: 50f.). Bei den jungen Müttern unter 25 Jahren ist der Anteil mit 16% noch etwas höher.

- Junge Mütter ohne Schulabschluss sind bzw. waren vor allem ein Problem der alten Bundesländer. In den neuen Bundesländern haben 98% der über 24-jährigen Mütter einen Schulabschluss (alte Länder: 81%). Mit dem Anschluss an die BRD haben die neuen Bundesländer dieses Problem importiert: von den unter 25-jährigen Müttern in den neuen Bundesländern haben nur noch 88% einen Schulabschluss (alte Länder: 74%).

- Die Untersuchung zeigt darüber hinaus, dass die Qualität der Schulabschlüsse bei Müttern unter 35 Jahren, insbesondere bei den Müttern unter 25 Jahren relativ niedrig ist: bei den unter 25-Jährigen haben 42% der jungen Mütter einen Hauptschulabschluss. Die Fachhochschulreife oder (Fach-)Abitur haben lediglich 4% der Frauen erwerben können. Mit dieser geringen Qualität an Schulabschlüssen verringern sich die Ausbildungs- und Berufschancen junger Frauen dramatisch. Diese Situation verschärft sich durch einen erheblichen Anteil von jungen Müttern ohne Schulabschluss.

- Die Hälfte der jungen Mütter hat keinen Berufsausbildungsabschluss und keinen (Fach-)Hochschulabschluss. Bei den unter 25-Jährigen ist der Anteil ohne beruflichen Abschluss mit drei Viertel noch erheblich höher. Da nur 9% der unter 25-jährigen Mütter eine berufliche Schule oder eine (Fach-)-Hochschule besuchen, ist zu erwarten, dass der Anteil junger Mütter ohne Ausbildung zunehmen wird (vgl. Mikrozensus 2000). Die Höhe der beruflichen Qualifikation der jungen Mütter entspricht ihren Schul- und Berufsausbildungswegen. Die meisten Mütter geben an, keine berufliche Qualifikation erworben zu haben (57%, unter 25: 79%). Nur ein Drittel der Gesamtgruppe der Mütter hat eine Berufsausbildung erworben. Von den unter 25-Jährigen haben nur 17% einen Ausbildungsabschluss. Alle anderen Abschlüsse bewegen sich im 0- bis 2- Prozentbereich (vgl. Abb. 3).

Abb. 3: Höchste berufliche Qualifikation junger Mütter unter 25 Jahren und unter 35 Jahren

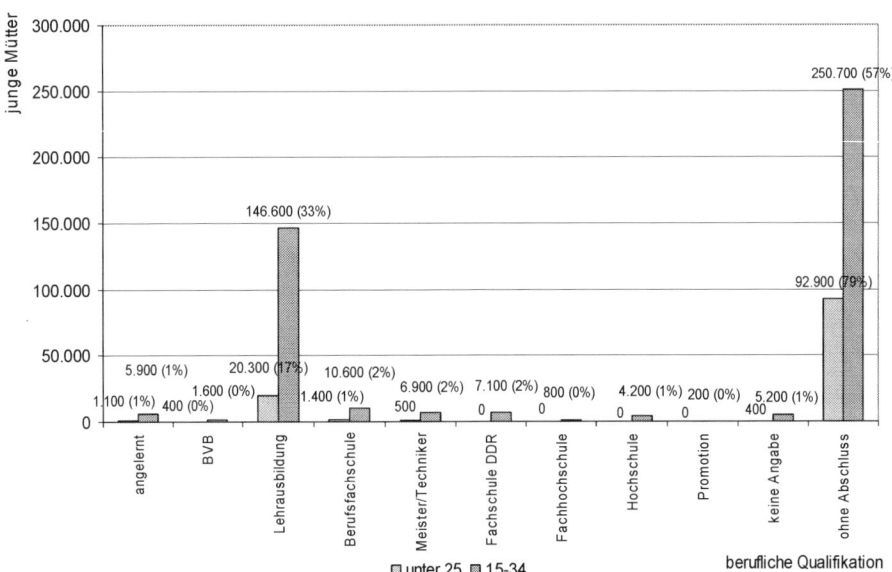

N: 439.800. Quelle: Mikrozensus 2000 sowie Auswertung Walter in Friese 2008: 53

Bemerkenswerte Ergebnisse konnten im Projekt MOSAIK durch eine Vollerhebung beim Amt für Soziale Dienste in Bremen über HLU-Empfängerinnen unter 25 Jahren mit Kindern unter drei gewonnen werden (vgl. Abb. 4): Hier wurde ermittelt, dass in der Gruppe der nichtschulpflichtigen jungen Mütter 30% nicht über einen Schulabschluss verfügten, 44% einen Hauptschulabschluss und 20% einen Realschulabschluss hatten, 4% waren Abiturientinnen (vgl. Walter 2004). Wenn ein Drittel der jungen Mütter im Sozialhilfebezug keinen Schulabschluss hat, werden diese auch kaum eine Chance auf eine Ausbildung haben.

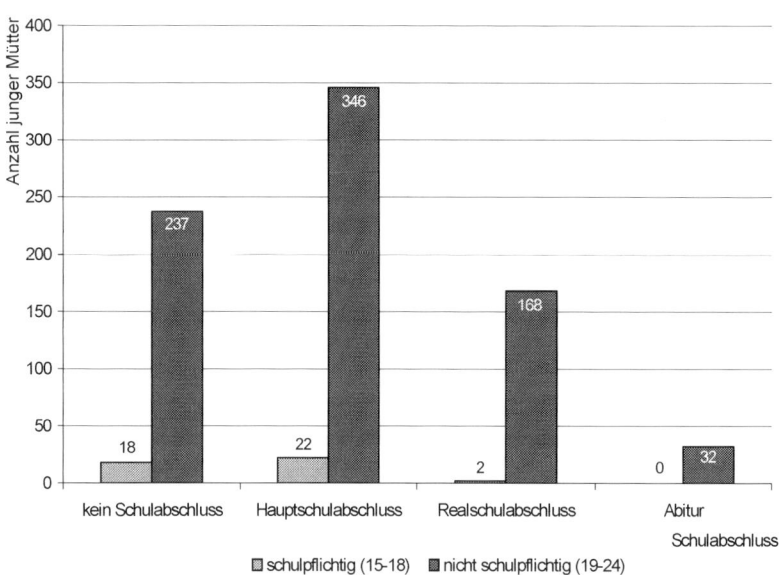

Abb. 4: Schulabschluss von 42 jungen schulpflichtigen und 783 nicht schulpflichtigen Müttern
N: 914 junge Mütter, 89 unbekannt. Quelle: Sekundäranalyse einer Vollerhebung des AfSD Bremen über HLU-Empfänger unter 25 Jahren, Walter in Friese 2008: 68

Die Schul- und Berufsausbildungssituation junger Mütter stellt sich in der Mikrozensusauswertung etwas günstiger dar als in der hier betrachteten Bremer Stichprobe. Dort hatten 16% der unter 25-jährigen Mütter keinen Schulabschluss und 72% keine Berufsausbildung. Ein Grund für diese Differenz liegt darin, dass die Bremer Stichprobe mit ihrer Eingrenzung auf Mütter im staatlichen Transferbezug eine Fokussierung auf sozial benachteiligte Gruppen vornimmt, für die eine unterdurchschnittliche Bildungsbeteiligung signifikant ist. Die Daten des Mikrozensus über die Bildungs-, Ausbildungs-, Erwerbs- und Einkommenssituation zeigen, dass eines der größten Probleme junger Mütter im Erlangen eines Schulabschlusses und/oder einer Berufsausbildung zu liegen scheint. Bedingt durch diesen marginalen Zugang bzw. durch einen frühzeitigen Ausschluss aus dem Bildungs- und Ausbildungssystem haben junge Mütter nur einen begrenzten Zugang zum Erwerbssystem und entsprechend wenig Chancen, unabhängig für ihren Lebensunterhalt aufzukommen. Prekär ist, dass junge Mütter zwar überwiegend mit steigendem Alter der Kinder einer Beschäftigung nachgehen können, diese aber im Niedriglohnsektor angesiedelt ist (vgl. Walter in Friese 2008: 67f.).

Junge Eltern im Studium
2006 hatten 7% der Studierenden in Deutschland ein Kind (vgl. DSW/HIS 2008: 11). Von den kinderlosen Studierenden konnten sich zudem 2% vorstellen, noch während des Studiums ein Kind zu bekommen (vgl. Middendorf 2003: 15). In den ostdeutschen Bundesländern lag der Anteil der Studierenden mit Kind Anfang der 1990er Jahre noch deutlich höher. 13% der Studenten und 10% der Studentinnen hatten Kinder. Schon wenige Jahre nach der Wende war die Elternquote der Studierenden in Ostdeutschland fast auf Westniveau gesunken (vgl. Middendorf 2004: 130, DSW/HIS 2008: 12). Die meisten studierenden Eltern haben nur ein Kind (58%). Die übrigen haben zwei und mehr Kinder (vgl. Isserstedt u.a. 2004: 316).

Fast die Hälfte der Kinder Studierender im Erststudium sind unter vier Jahre alt (vgl. DSW/HIS 2008: 15). Sehr viele studierende Eltern haben also einen hohen Betreuungsbedarf selbst abzudecken oder sie müssen sich eine außerfamiliale Betreuung organisieren und finanzieren. Fast alle Kinder (98%) sind noch unter 16 Jahren (vgl. ebd.). Die Kinder verlangen also fast alle geregelte Präsenz von Erwachsenen im Haushalt oder außerfamiliale Betreuung.

Studierende mit Kind leben viel häufiger als die Studierenden ohne Kinder in dauerhaften Paarbeziehungen. Zusätzlich sind von denjenigen mit Kind auch deutlich mehr verheiratet. Ohne feste Paarbeziehung leben 8% der studierenden Väter und 17% der studierenden Mütter. Leben die studierenden Eltern getrennt vom anderen Elternteil, so wohnt das Kind ganz überwiegend bei der Mutter. Insgesamt sind 15% der studierenden Väter von ihrem Kind getrennt. Dies gilt nur für 2% der studierenden Mütter (vgl. ebd.: 16). Gut zwei Drittel der Studierenden mit Kind leben mit Partner bzw. Partnerin in einer gemeinsamen Wohnung. In diesen Fällen ist eine gemeinsame Verantwortung für das Kind am ehesten gewährleistet, auch wenn die geteilte Elternschaft in ihrem Alltagsarrangement nicht selten geschlechtstypische Züge trägt (vgl. Cornelißen/Fox 2007).

Einkommenssituation junger Mütter
Die meisten jungen Mütter unter 35 Jahren (38%) können den Lebensunterhalt hauptsächlich durch ein eigenes Erwerbseinkommen decken (vgl. Abb. 5). Weitere 36%

beziehen ihr Einkommen hauptsächlich aus Unterhaltsleistungen eines Partners oder anderer Angehöriger. Auf Sozialhilfe (Hilfe zum Lebensunterhalt) als Haupteinkommensquelle sind 14% der Mütter angewiesen und 8% beziehen zum Erhebungszeitpunkt (2000) Arbeitslosengeld oder -hilfe. Die Einkommenssituation junger Mütter unter 25 unterscheidet sich davon erheblich: Der Anteil junger Mütter unter 25 Jahren mit einem Erwerbseinkommen ist nur halb so groß wie bei der Gesamtgruppe und die Anteile der jungen Mütter, die hauptsächlich Unterhaltsleistungen oder Sozialhilfe erhalten, sind jeweils etwa 10%-Punkte höher. Die Unterhaltsleistungen werden vermutlich im Gegensatz zu den Müttern über 25 Jahren öfter von den Eltern geleistet. Der weitaus größte Teil der jungen Mütter schafft es demnach, unabhängig von staatlichen Transferleistungen den Lebensunterhalt zu finanzieren.

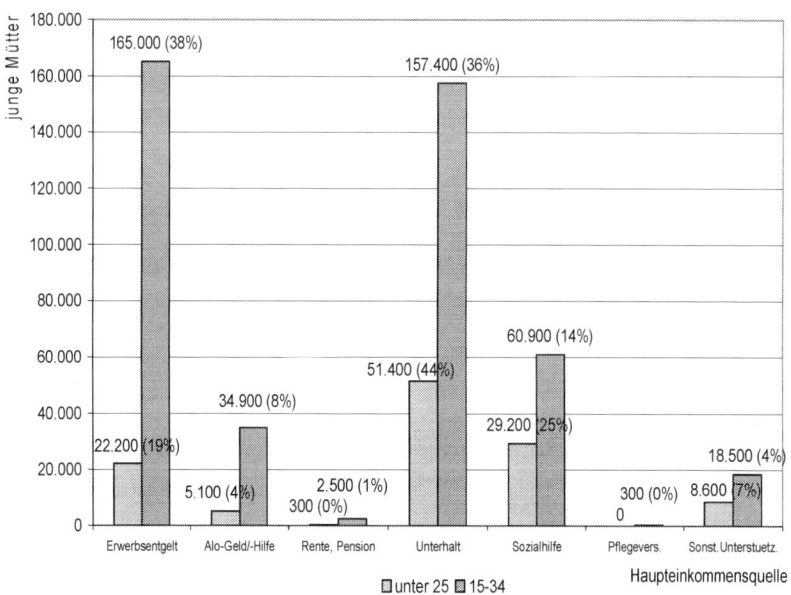

Abb. 5: Haupteinkommensquellen junger Mütter (BRD, 2000)
N: 439.700. Quelle: Mikrozensus 2000, eigene Auswertung. Alo-Geld/-Hilfe: Arbeitslosengeld/-hilfe; Unterhalt: Unterhalt durch Eltern, Ehemann/Ehefrau oder andere Angehörige; Pflegevers.: Pflegeversicherung; Sonst.Unterstuetz.: Sonstige Unterstützungen, z.B. BAFöG, Vorruhestandsgeld, Stipendium), Walter in Friese 2008: 55

Das Haushaltsnettoeinkommen pro Kopf liegt bei den jungen Müttern zu jeweils etwa einem Viertel unter 750 Euro, unter 1.000 Euro bzw. unter 1.500 Euro. Die Angaben von geringerem und sehr geringem Einkommen unter 300 Euro kommen vermutlich dadurch zustande, dass nicht sämtliche geldwerten Leistungen (beispielsweise Wohnraum) als Einkommen berücksichtigt werden. Im Vergleich mit dem Nettoprokopfeinkommen aller Haushalte in der BRD ist die Einkommenssituation junger Mütter erheblich schlechter (vgl. Walter in Friese 2008: 55).

Zwischenresümee
Nach den Ergebnissen der Sonderauswertung des Mikrozensus im Forschungsprojekt MOSAIK hat die ‚typische' junge Mutter in Deutschland zwei Kinder, die deutsche Staatsangehörigkeit, einen Hauptschulabschluss, keinen beruflichen Abschluss oder, wenn doch, eine Lehrausbildung, lebt mit ihrem Ehegatten zusammen und finanziert ihren Lebensunterhalt durch Unterhaltsleistungen ihres Partner oder durch eigene Erwerbsarbeit. Je jünger sie ist, umso wahrscheinlicher ist es, dass sie keinen Schulabschluss und keinen beruflichen Abschluss hat, dass sie nicht verheiratet ist und über kein eigenes Erwerbseinkommen verfügt.
Damit korrigiert sich ein wenig das Bild der jungen Mütter als ein in prekärer Lebenssituation gefangener und langfristig auf staatliche Transferleistungen angewiesener Personenkreis. Dennoch belegen die Daten dringenden Handlungsbedarf in Bezug auf Schulabschluss und berufliche Bildung junger Mütter. Auch mit einem Schulabschluss – in der Regel allerdings nur einem Hauptschulabschluss – ist die Entscheidung für ein frühes Kind sehr häufig mit dem Verzicht auf eine berufliche Qualifikation verbunden. Qualitative Interviews mit jungen Müttern in verschiedenen Forschungsprojekten deuten darauf hin, dass jugendliche Mutterschaft oft bewusst gerade von denjenigen Schülerinnen gewählt wird, die für sich keine Chancen auf dem Ausbildungs- und Erwerbsarbeitsmarkt sehen (vgl. Zybell 2003, Thiessen 2007, Anslinger 2009, Friese 2008).
Damit zeigt sich, dass die Entscheidung für eine junge Mutterschaft allzu häufig mit prekären Lebenslagen, Armut und fehlender beruflicher Qualifizierung verbunden ist. Die Gefahr besteht, dass dies als kulturelles Erbe an die nächste Generation weitergegeben wird. Ist diese Entwicklung zum einen eine Folge der sozial- und familienpolitischen Versäumnisse, die schon im Jahre 1994 im 5. Familienbericht als „strukturelle Rücksichtslosigkeit" (BMFSFJ 1995) bezeichnet wird, stellt zum anderen das Schul- und Ausbildungssystem keine adäquaten Förderansätze für die Vereinbarkeit von (Aus)Bildung

und früher Mutterschaft bereit (vgl. dazu ausführlich Friese in diesem Band). Der Beginn von „Sozialhilfekarrieren" wird also nicht unwesentlich durch sozial- und bildungspolitische Regelungen unterstützt: Mütter mit Kindern unter drei Jahren, die ALG II-Leistungen beziehen, sind von der Verpflichtung zur eigenständigen Existenzsicherung ausgenommen. Zwar mag es auch eine Entlastung und Erweiterung der Entscheidungsfreiheit von jungen Müttern sein, zwischen ausschließlicher Familientätigkeit oder Doppelbelastung in Familie und Ausbildung wählen zu können. Für junge Frauen beinhaltet die Konsequenz einer dreijährigen Unterbrechung von Schule und Ausbildung allerdings eine kaum wieder einzuholende Lücke in ihrer Bildungsbiografie. Werden sie dann abrupt nach drei Jahren zur Sicherung ihres Lebensunterhaltes herangezogen, fehlen den Frauen die entsprechenden Voraussetzungen für eine qualifizierte und Existenz sichernde Erwerbsarbeit. Der Verbleib in der Transferkarriere wird damit wahrscheinlicher (vgl. Thiessen 2007, Friese 2008).

Durch fehlende materielle Unterstützung und schlecht aufeinander abgestimmte Förderinstrumente sind die Hürden zum Ausstieg aus der Sozialhilfe zudem für diejenigen jungen Mütter sehr hoch, die den Schritt in eine Berufsbildungsmaßnahme planen: Ist die wirtschaftliche Situation junger Mütter im ersten Jahr nach der Geburt des Kindes aufgrund von staatlichen Transferleistungen, Kindergeld und Elterngeld noch tragbar, wird sie besonders kritisch mit der Aufnahme einer beruflichen Qualifizierung oder Ausbildung. Die Befunde von MOSAIK zeigen, dass insbesondere jungen Müttern in Berufsorientierungs- und Berufsvorbereitungsmaßnahmen weniger Geld zur Verfügung steht, als wenn sie staatliche Transferleistungen beziehen würden. Viele junge Mütter treten bei der Aufnahme einer Qualifizierung in die Schuldenfalle; zum Teil ist das geringe Einkommen der Grund für den Abbruch einer begonnenen Qualifizierungsmaßnahme oder Ausbildung (vgl. Anslinger 2009).

Junge Mütter mit Kindern über drei Jahren haben vielfältige Erfahrungen mit Jobs und geringfügigen Beschäftigungen. Hierbei handelt es sich vor allem um geringfügige Beschäftigungen, die den Lebensunterhalt der Familien ergänzen. Über die Hälfte der jungen Frauen, die einem Nebenjob nachgehen, geben eine Tätigkeit als Reinigungskraft bzw. als Aushilfe in einem Hotel an; sie leisten Tätigkeiten in der Kinderbetreuung und Altenpflege, in der Prämienarbeit, am Kiosk oder als Servicekraft im Kino. Diese Last der Sicherung des Familieneinkommens verschärft sich vor dem Hintergrund der zum Teil auch erwerbslosen Partner. Somit sind die Mütter nicht nur für die Versorgung des Alltags zuständig, sie tragen aktiv zur Sicherung des Familieneinkommens bei und sind nicht selten

Alleinernährerin der Familie. Diese Kompetenzen, die Mütter dabei entwickeln, werden bislang noch nicht konsequent für berufliche (Wieder-)Einstiege genutzt obwohl Instrumente hierfür bereits entwickelt wurden und in anderen europäischen Ländern eingesetzt werden (vgl. Thiessen/Schuhegger 2009).

Problematisch sind nicht zuletzt finanzielle Anreize für junge Mütter, informelle Arbeit innerhalb der Familie insbesondere im Bereich der Kinderbetreuung und Pflege älterer Angehöriger langjährig zu übernehmen. Denn diese finanziellen Unterstützungsleistungen reichen bei weitem nicht zur Existenzsicherung aus. Dagegen erleichtern sie Ausstiege aus Bildung und Erwerb, die in familialen Umbrüchen (Scheidung, Krankheit des Partners) zu erheblichen Armutsrisiken werden.

2. Handlungspotenziale und Ressourcen junger Mütter: Praxisbeispiel Berufsorientierung

Sozialpädagogische Maßnahmen fokussieren – nicht zuletzt vor dem Hintergrund der Sicherung des Kindeswohls – insbesondere die Entwicklung der Erziehungsfähigkeit bei jungen Müttern. Festzustellen ist dies sowohl in den Einrichtungen der Erziehungshilfe als auch in der sozialpädagogischen Familienhilfe, nicht immer mit nachhaltigem Erfolg (vgl. Uhlendorff et al. 2006, siehe auch die Beiträge von Stauber und Wallner in diesem Band).

Ein modellhafter Berufsorientierungskurs für junge Mütter in Bremen-Vahr verfolgt einen alternativen Weg, der stärker auf die Anerkennung der Kompetenzen zielt und Zukunftsoptionen eröffnen helfen soll. In diesem Stadtteil leben besonders viele junge Mütter im Sozialhilfe- bzw. ALG II-Bezug, die aufgrund ihrer frühen Schwangerschaft Bildungs- und Ausbildungswege unterbrochen haben. Auf Anregung der sozialpädagogischen Leitung einer Familienbildungseinrichtung, die „die Verelendung von Müttern in den Frühstücks- und Spielkreisen" (Pregitzer/Thiessen 2005) ändern wollte, haben wir gemeinsam einen sozialräumlich orientierten niedrigschwelligen Berufsorientierungskurs mit Kinderbetreuung für unter Dreijährige in Kooperation mit freien Trägern und Behörden entwickelt (vgl. ebd.). Der neunmonatige Kurs umfasst drei Module, die inhaltlich aufeinander aufbauen. Ziele des Berufsorientierungskurses sind v.a. die Hinführung junger Mütter in Ausbildung/Qualifizierung, u.a. durch ein mehrwöchiges Praktikum, sowie die Schaffung von Kinderbetreuungsangeboten im Stadtteil. Der biografische Lernansatz irritierte die Teilnehmerinnen zwar zunächst, schaffte jedoch die Voraussetzung für nachhaltige Veränderungen. Ausgehend von einer Selbstreflexion der eigenen Lebenssituation, der Stärken und Wünsche wurden Berufsinteressen und Weiterbildungsbedarfe im (interkulturellen) Gruppenprozess ermittelt. Im Mittelpunkt standen die Auffrischung von Basiswissen und Allgemeinbildung. Ebenso wurden PC-Grundlagen erarbeitet. Die häufig langjährigen und massiven Bildungsdefizite der jungen Frauen waren im Rahmen dieser Maßnahme nicht zu kompensieren. Für die Teilnehmerinnen war es besonders wichtig, Anschlussperspektiven zu erhalten. Hierzu wurden Bewerbungstrainings sowie Stilberatung und Kommunikationstechniken angeboten. Eine Kursteilnehmerin resümierte: „Also es ist schon interessant gewesen am Anfang zu erfahren wie man ist, man denkt ja nicht jeden Tag darüber, was kann ich am Besten, was will ich." Gerade Frauen mit negativen Schulerfahrungen benötigen neue Lernformen und Bildungserfolge: „Wir machen in dem Sinn keinen richtigen Unterricht hier...Die Atmosphäre ist auch ein bisschen anders als in der Schule. Hier sind *erwachsene Frauen.*"

Die Kinder der Teilnehmerinnen wurden, je nach Bedarf, im Rahmen einer Großtagespflegestelle, die an das Projekt angebunden werden konnte, gefördert und betreut. Angestrebt wurde eine Verstetigung im Rahmen einer Kinderkrippe, da ein entsprechendes Angebot in diesem Stadtteil bislang noch nicht vorhanden war. Die Mütter, die sich zu Beginn der Maßnahme oft schwer damit taten, die Kinder loszulassen, stellten nach kurzer Zeit fest: „Seit dem Kurs hat sich viel verändert. Mein Kind kann jetzt Zähne putzen und alleine essen, es ist viel selbständiger geworden."

Mit dem Berufsorientierungskurs „Ich gehe meinen Weg...mit Kind und Beruf" ist es gelungen, junge Mütter zu erreichen, die von den üblichen Förderinstrumenten der Agentur für Arbeit bislang nicht profitieren konnten. Für dieses niedrigschwellige und sozialräumlich orientierte Angebot war es erforderlich, verschiedenste Stadtteilakteure einerseits und Sozialadministration andererseits zusammen zu bringen. Deutlich wurde der Bedarf einer kontinuierlichen Kooperations- und Transferstelle für die Belange junger Mütter (vgl. Friese 2008). Die Bildungsmaßnahme versteht sich als ein Baustein für den Einstieg in ein selbstständiges Leben und einer nachhaltigen Armutsprävention (vgl. Thiessen 2007).

Auffallend war die beobachtbare positive Veränderung des Mutter-Kind-Verhältnisses, das zunächst nicht im Mittelpunkt der Maßnahme stand. Ganz im Gegenteil sollten die jungen Mütter als Frauen mit Bildungs- und Erwerbsinteressen angesprochen werden. Ziel der Berufsorientierungsmaßnahme war es gerade, dass sie ihre Stärken und Wünsche jenseits der Familienaufgaben entdecken und einen eigenen Weg für sich entwickeln. Der biografische Lernansatz war hierfür die Voraussetzung. Langjährige Erfahrungen in der Arbeit mit jungen Müttern (Jamba Hessen, vgl. Zybell 2003; Projekte BeLeM und Spagat Bremen, vgl. Friese et al. 2006) haben gezeigt, dass gerade für Frauen aus bildungsferneren Schichten der Schritt in die eigene Berufstätigkeit sehr schwierig und ohne Hilfe kaum zu bewältigen ist. Gleichwohl brachten die Teilnehmerinnen eine hohe Motivation mit. Entscheidend für die Teilnahme am Kurs war für alle die Möglichkeit etwas zu lernen und den Wiedereinstieg in Ausbildung oder Beruf zu erhalten. Im Interview stellte ein junge Mutter fest: „Das ist eine zweite Chance für mich, weil ich noch jung bin.", eine andere erzählte: „…und ich dachte auch, anstatt zu Hause rumsitzen, mach ich lieber diesen Kurs". Denn zu Hause ist zwar der gesellschaftlich anerkannte Status als Mutter sicher, aber er bedeutet für sie auch Ausschluss von sozialem Leben. Eine Teilnehmerin erklärte: „Ja, erst mal wieder einen anderen Ablauf kriegen, wieder mit anderen Leuten zu tun zu haben." Hier wird deutlich, dass die alltäglichen Routinen Einsamkeit bedeuten. Die Kinder sind meist der einzige Bezugspunkt. Falls hier Erziehungsschwierigkeiten auftauchen, fällt es den jungen Müttern meist sehr schwer, Hilfe in Anspruch zu nehmen, da ihr einziger Bezugspunkt (Mutter-sein) damit ins Wanken gerät.

Durch den Kurs konnten dagegen neue Erfahrungen mit sich und der Welt gemacht werden. Eigene Stärken und Vorlieben wurden entdeckt, Fähigkeiten wiederbelebt und in Praktika ausprobiert. Die Frauen haben sich in Stadtteilen bewegt, in denen sie noch nie waren und haben Orte erkundet, die ihnen bislang verschlossen schienen. Dies konnte in den Interviews rekonstruiert werden. Es zeigte sich jedoch noch ein weiterer Effekt. Die Erfahrung der Kleinkindbetreuung veränderte die Mutter-Kind-Beziehung. Die tägliche Trennung vom Kind für die Dauer des Kurses fiel einigen Frauen zunächst sehr schwer, ebenso wurde die Arbeit der Kinderbetreuerinnen sehr aufmerksam und kritisch wahrgenommen. Gleichwohl erlebten die Kursteilnehmerinnen, dass ihre Kinder durch neue Anregungen in der Kinderbetreuung deutlich profitieren konnten und hinsichtlich ihres Spracherwerbs, ihrer Motorik und Eigenständigkeit erhebliche Fortschritte machten (vgl. auch Friese in diesem Band). Die Mütter wurden von den Kinderbetreuerinnen als Kursteilnehmerinnen mit Kindern wahrgenommen, nicht als Mütter, die etwas über Erziehung lernen sollten. Ebenso nahmen sich die Mütter selbst neu wahr, als erwachsene Frauen auf der Suche nach einem eigenen, neuen Weg. Dies erweiterte ihr Selbstkonzept, das bislang auf das Mutter-sein verengt war. Durch diese Erweiterung war es ihnen möglich, ihre Mutterrolle zu reflektieren ohne ihr Selbstkonzept vollständig in Frage stellen zu müssen (vgl. Thiessen 2007).

3. Herausforderungen und kritische Fragen an die Praxis

Das Beispiel der niedrigschwelligen Berufsorientierung für junge Mütter zeigt, dass das Festhalten an traditionellen Rollenmustern weder für die Betroffenen noch ihr Umfeld hilfreich ist. Die häusliche Erziehungssituation in sozialen Brennpunkten gestaltet sich bemerkenswerter Weise dort besser, wo Mütter auch einen *eigenen Lebensentwurf* verfolgen. Integrierte Ansätze zur Bekämpfung von Armut (vgl. Schmals et al. 2002) brauchen daher sozialpädagogische Fachkräfte, die Beteiligungs- und Aushandlungsprozesse auch gendergerecht initiieren und voranbringen können.

Die zentrale Herausforderung in der Arbeit mit jungen Müttern ist es, sowohl die vielfältigen Bedürfnisse und Entwicklungsthemen der jungen Mütter als auch ihrer Kinder wahrzunehmen und in Ausgleich zu bringen. Gerade unter dem gegenwärtigen – auch medialen – Druck im Bereich des Kinderschutzes ist eine Fokussierung des Mutter-Kind-Verhältnisses nahe liegend. Mit der Vernachlässigung der Bildungs- und Ausbildungsperspektiven werden jedoch dauerhafte Armutskarrieren verstärkt und dem bei jungen Müttern vergleichsweise unterdurchschnittlichen Bildungsniveau nichts entgegengesetzt. Die Projekterfahrungen mit niedrigschwelliger Berufsorientierung (s.o.) konnten darüber hinaus zeigen, dass gerade die Erweiterung der Kompetenzen und höhere Eigenständigkeit für die Mütter auch hilfreich für die Verbesserung der Mutter-Kind-Beziehung sein kann. Umso problematischer sind die institutionellen Beharrungstendenzen, die Mutterrolle zu betonen. Gerade auch mit Blick auf die Bildungschancen der Kinder junger Mütter ist es wesentlich, der Schul- und Berufsbildung einen höheren Stellenwert beizumessen.

In diesem Sinn zeigt sich Veränderungsbedarf auch bei der Schulpflicht, von der sich minderjährige Mütter befreien lassen können. Denkbar wäre hier zwar die Ermöglichung einer Auszeit, jedoch der Einführung einer Schulpflicht, die sich auf *erfolgreich abgeschlossene* Schuljahre bezieht und im Anschluss an eine Elternzeit nachgeholt werden könnten. Auch von den besonderen Fördergrundsätzen, die für 15- bis 25-Jährige nach SGB II gelten (vgl. Schruth 2005), sind junge Mütter mit Kindern unter drei Jahren ausgenommen. Praxiserfahrungen zeigen, dass Fallmanager in den Job-Centern ausbildungswilligen jungen Müttern keine Plätze in Maßnahmen vermitteln, solange deren Kinder unter drei Jahre alt sind, weil die Gesetzgebung hier keine Verpflichtung vorsieht. Mit Verweis auf traditionelle Aufgabenmuster werden Jugendliche ohne Kinder vorgezogen. Die nach wie vor mangelnde Ausstattung mit Kinderbetreuungsangeboten insbesondere für unter Dreijährige verschärft diese im ganzen für alle Beteiligten unproduktive bzw. hinderliche Beratungspraxis.

Ein Blick in die Geschichte der Sozialen Arbeit zeigt, dass die Orientierung am traditionellen Mütterideal in der Arbeit mit jungen Müttern deutliche Bezüge zur Fürsorgepolitik und dem Umgang mit dem „verwahrlosten Mädchen" aufweist (vgl. Gehltomholt/Hering 2006). Als Verwahrlosungskriterien galten in der Nachkriegszeit etwa „aufreizende" Kleidung, sexuelle Aktivität als Minderjährige, minderjährige Schwangerschaft aber auch Erleben von Vergewaltigung und Missbrauch (vgl. ebd.: 123). Wesentlicher Bestand der Heimerziehung war die Orientierung auf die (zukünftige) Mutterrolle als Hausfrau mit entsprechender hauswirtschaftlicher Unterweisung und Familienbildung (vgl. ebd.: 114f.). Deutlich wird hier ein Zusammenhang zwischen dem Umgang mit sozialpädagogischem Klientel und der Konstruktion von Normalität, der nur vor dem Hintergrund spezifischer sozialer Wandlungsprozesse verstehbar wird. In der Nachkriegszeit galt es in Westdeutschland, die im Krieg „zurückgelassenen" Frauen, die neben Familienarbeit auch alle Männerarbeitsplätze besetzen (mussten), wieder zurück an Herd und zum Kind zu bringen. Die Figur des „verwahrlosten Mädchens" steht nicht zuletzt für das außerhäusliche Vergnügen, für Selbstbestimmung und Eigensinn. Dieses gilt es zu disziplinieren und exemplarisch zu „versittlichen und verhäuslichen" (Gehltomholt/Hering 2006: 25), ebenso sollten „Unbescholtene" abgeschreckt werden (ebd.) (vgl. dazu ausführlich Wallner in diesem Band).

Gegenwärtig verändert sich erneut das Leitbild für Mutterschaft im Kontext einer Neujustierung des Sozialen (vgl. Thiessen/Villa 2008). Der Arbeitsmarkt setzt neue Rahmenbedingungen für die Praxen von Mütterlichkeit und Väterlichkeit, die nicht notwendigerweise mit den Bedürfnissen oder Intentionen von Müttern und Vätern einhergehen und auf diese Weise spezifische Ungleichzeitigkeiten von Leitbildern und Praxen bewirken. Gefordert sind heute vollmobile, flexible Mütter und Väter, die beide dem Arbeitsmarkt zur Verfügung stehen und ebenso Familie und Beruf zu vereinbaren wissen. Dabei verstehen sie es, ihre Kinder optimal zu fördern und als Humankapitalressource der Gesellschaft gebrauchsfertig zur Verfügung zu stellen. Die medial inszenierten „Sozialschlampen" widersetzen sich den neoliberalen Vermarktungs- und Selbstoptimierungspraktiken. Bemerkenswert ist, dass in den nachmittäglichen Fernsehshows – unter Titeln wie „Unterhaltsvorschuss: von wem sind meine Kinder?" oder „Schwanger trotz Pille: warum kannst Du nicht richtig verhüten?" – das Recht auf Kinder diskutiert wird. Hier wird emotional und hochgradig polarisiert Mutterschaft verhandelt.

Denn, so zeigt diese hier nur kursorische Betrachtung, wer „seinen Kindern nichts bieten könne, der dürfe sie auch nicht haben". Seinen Kindern etwas zu bieten, das heißt aber nunmehr etwas sehr spezifisches: Nicht Liebe, Geborgenheit noch Freude sind gemeint. Vielmehr sind es gesicherte ökonomische Verhältnisse, eine gute Ausbildung und materielle Teilhabe seitens der Eltern, die das Recht auf ein Kind begründen. Perfide werden die einschlägigen Inszenierungen in diesen Formaten vor allem auch dadurch, dass es überwiegend strukturell deutlich benachteiligte Menschen sind, die in individualisierender Weise für ihre Lebenssituation verantwortlich gemacht werden. Junge Mütter und Väter aus bildungsferneren Schichten, die erwerbslos oder prekär beschäftigt sind, werden durch Publikum und Moderation für ihr eigenes Schicksal haftbar gemacht und immer mit dem moralisch guten Rat bedacht, sich um sich zu kümmern, um den eigenen Kindern was bieten zu können. Nur so, das heißt erwerbstätig, eigenverantwortlich und vor allem ohne dem Staat „auf der Tasche zu liegen", könne man eine gute Mutter oder ein guter Vater sein. Das „unternehmerische Selbst" (Bröckling 2007), das sich vollkommen autonom auf der sozialen Landkarte optimal zu platzieren weiß und muss, wird hier in seiner ganzen diskursiven Wucht inszeniert (vgl. Thiessen/Villa 2008: 282f.).

Die bildungsferneren jungen Mütter werden – und das gilt nicht nur für die mediale Inszenierung, sondern allzu oft auch für den sozialpädagogischen Fachdiskurs – nicht vor dem Hintergrund ihrer Lebensbedingungen wahrgenommen, sondern durch ihre Einstellungen und Verhaltensweisen. Klein (2009) sieht in dem Diskurs um eine „Kultur der Armut", in der ein als defizitär klassifizierter Sozialcharakter sichtbar wird, eine Verbindung zum Diskurs um „sexuelle Verwahrlosung", den sie im Anschluss an Cohen als „Moralpanik" kennzeichnet (ebd.: 25).

Bezeichnend ist, dass in jenen Staaten, die ihre Wohlfahrtspolitik einer konsequenten neoliberalen Wirtschaftslogik untergeordnet haben, nicht nur die dramatisch hohe (Kinder-)Armutsraten, sondern die höchsten Raten von „Teenagerschwangerschaften" aufweisen. Der politische Umgang damit lässt jedoch keine Umsteuerung erkennen, sondern vielmehr eine Stigmatisierung der „welfare moms" oder gar „welfare queens". Sozialstaatliche Transferleistungen werden dabei sogar ursächlich für einen sexuell ausschweifenden Lebensstil und Entfernung von der „respektablen" Moral der Arbeiterklasse kommuniziert (vgl. ebd.: 26 mit Bezug auf Murray 1984).

Auch in dem gegenwärtigen Diskurs um Kinderschutz zeigt sich ein auffallender Widerspruch zum oben skizzierten Leitbildwandel von Mutterschaft. Mit den Methodensets der Frühen Hilfen sollen sogenannte „Hochrisikomütter" – und damit sind insbesondere minderjährige Mütter gemeint – lernen, ihr Kind ins Zentrum ihrer Aufmerksamkeit zu rücken. Eigenständige Bildungs- und Erwerbswege sollen – ganz im Gegensatz zum Diskurs über Mütter der Mittelschicht – hinter ihrer primären Aufgabe, der Hingabe an das Kind, zurückgestellt werden. Auch Bauer und Wiezorek (2009) sehen in der sozialpädagogischen Kernaufgabe – der Sorge um das Wohl eines Kindes –, die verknüpft ist mit der Notwendigkeit, die Erziehungsfähigkeit von Müttern (Väter bleiben bemerkenswerter Weise meist außen vor) einzuschätzen, eine „Einfallschneise für mehr oder weniger unreflektiert an die KlientInnenfamilien herangetragene Wertvorstellungen" (ebd.: 183).

Dass minderjährige Mütter darüber hinaus auch für sozialpädagogische Professionelle eine Provokation darstellen können, die zur Projektion für scheinbar unbedenklich ausgelebte Bedürfnisse, für ein Leben im Hier und Jetzt stehen, für nicht aufgeschobene Kinderwünsche, für das Einfordern von Hilfe und damit entgegen einem Ideal von Autonomie und Unabhängigkeit agieren, macht deutlich, dass die Arbeit mit jungen Müttern einen breiten Raum für die Reflexion eigener Ideale, Weiblichkeits- und Familienvorstellungen und der eigenen professionellen Haltung bedarf.

Literaturverzeichnis

Anslinger, Eva (2009): Junge Mütter im dualen System der Berufsbildung. Potenziale und Hindernisse, Bielefeld: Bertelsmann
Bauer, Petra; Wiezorek, Christine (2009): Familienbilder professioneller SozialpädagogInnen. In: Paula Villa; Barbara Thiessen (Hg.), Mütter – Väter: Diskurse, Medien Praxen, Münster: Westfälisches Dampfboot, 173-193
Bier-Fleiter, Claudia; Grossmann, Wilma (1989): Mutterschaft in der Adoleszenz. Biographien jugendlicher Mütter, Frankfurt a.M.: Institut für Sozialpädagogik und Erwachsenenbildung
Bröckling, Ulrich (2007): Das unternehmerische Selbst. Soziologie einer Subjektivierungsform, Frankfurt a.M.
Bundesministerium für Familie, Frauen, Senioren und Jugend (BMFSFJ) (1994): Fünfter Familienbericht, Berlin
Bundeszentrale für gesundheitliche Aufklärung (BZgA) (2006): Jugendsexualität – Repräsentative Wiederholungsbefragung von 14- bis 17-Jährigen und ihren Eltern, Köln.
Bundeszentrale für gesundheitliche Aufklärung (BZgA) (2009): Forschungsbericht Schwangerschaft und Schwangerschaftsabbruch bei minderjährigen Frauen, Köln.
Cohen, Stan (2002): Folk Devils and Moral Panics, Routhledge.
Cornelißen, Waltraud; Fox, Katrin (2007): Studieren mit Kind. Die Vereinbarkeit von Studium und Elternschaft: Lebenssituationen, Maßnahmen und Handlungsperspektiven, Wiesbaden: VS-Verlag.
Deutsches Studentenwerk/Hochschul-Informations-System (DSW/HIS) (2008): Studieren mit Kind. Ergebnisse der 18. Sozialerhebung des Deutschen Studentenwerks

durchgeführt durch HIS Hochschul-Informationssystem, herausgegeben vom Bundesministerium für Bildung und Forschung

Du Bois-Reymond, Manuela (2008): Young Parenthood in Six European Countries. In: Sociological Problems, Bulgarian Academy of Science, 158-173.

Friedrich, Monika; Remberg, Annette (2005): Wenn Teenager schwanger werden. Lebenssituation jugendlicher Schwangerer und Mütter sowie jugendlicher Paare mit Kind, Studie in Auftrag der BZgA, Köln.

Friese, Marianne (2008): Kompetenzentwicklung für junge Mütter. Förderansätze der beruflichen Bildung, Bielefeld: Bertelsmann

Friese, Marianne; Eva Anslinger, Dorothea Piening, Sabine Pregitzer, Barbara Thiessen, Michael Walter (2007): Abschlussbericht des Praxisforschungsprojektes MOSAIK, Universität Bremen, Bremen

Gehltomholt, Eva; Hering, Sabine (2006): Das verwahrloste Mädchen. Diagnostik und Fürsorge in der Jugendhilfe zwischen Kriegsende und Reform (1945–1965). Obladen: Verlag Barbara Budrich.

Hirst, J; Formby, E.; Owen, J. (2006): Pathways into Parenthood. Reflections from three Generations of Teenage Mothers and Fathers. Sheffield: Sheffield Hallam University

Institut für Demoskopie (2004): Einflußfaktoren auf die Entwicklung der Geburtenrate, Allensbach. http://www.ifd-allensbach.de/pdf/akt_0407.pdf, 23.7.2008

Isserstedt, Wolfgang; Middendorf, Elke et al. (2004): Die wirtschaftliche und soziale Lage der Studierenden in der Bundesrepublik Deutschland 2003. 17. Sondererhebung des Deutschen Studentenwerks durchgeführt durch HIS Hochschul-Informations-System vom BMBF. Berlin.

Karakasoglu, Yasemin; Bandorski, Susanne; Harring, Marius; Kelleter, Kai (2009): Der Mikrozensus im Schnittpunkt von Geschlecht und Migration, Baden-Baden: Nomos

Klein, Alexandra (2009): Die Wiederentdeckung der Moralpanik – „Sexuelle Verwahrlosung" und die „neue Unterschicht". In: Soziale Passagen, H. 1, 23-34.

Konsortium Bildungsberichterstattung (2006): Bildung in Deutschland. Erster Bildungsbericht, Bielefeld: Bertelsmann.

Konsortium Bildungsberichterstattung (2008): Bildung in Deutschland 2008. Zweiter Bildungsbericht, Bielefeld: Bertelsmann.

Middendorf, Elke (2004): Studierende mit Kind in der Bundesrepublik Deutschland. In: Günther Vedder Hg.), Familiengerechte Hochschule. Analysen, Konzepte, Perspektiven. Frankfurt a.M.

Pregitzer, Sabine; Thiessen, Barbara (2005): „Ich gehe meinen Weg mit Kind und Beruf". Neue Wege der Berufsorientierung für junge Mütter. In: Berufsbildung 59 (93), 22-23.

Rauschenbach, Thomas; Pothmann, Jens (2008): Im Lichte von „KICK", im Schatten von „Kevin". Höhere Sensibilität, geschärfte Wahrnehmung, gestiegene Verunsicherung. In: KomDat, H. 3, 2-3.

Rupp, Martina (2005): Kinderlos trotz (stabiler) Ehe. In: Zeitschrift für Familienforschung, H. 1, 21-40.

Schmals, Klaus M.; Schmidt-Kallert, Einhard; Lange, U.; Wolff, Anette (2002): Studie „Die Soziale Stadt", Dortmund: Universität Dortmund

Schruth, Peter (2005): Was soll Jugendsozialarbeit unter Hartz IV? In: Schmidt, Andrea/ Musfeld, Tamara (Hg.), Einmischungen. Beiträge zu Theorie und Praxis Sozialer Arbeit. Frankfurt a.M., 229-243.

Spies, Anke (2009): Wunschkinder mit guten Müttern? Der Babysimulator als Medium der Verunsicherung benachteiligter Mädchen. In: Paula Villa; Barbara Thiessen (Hg.), Mütter – Väter: Diskurse, Medien Praxen, Münster: Westfälisches Dampfboot, 275-289.

Statistisches Bundesamt (2006): 11. Koordinierte Bevölkerungsvorausberechnung – Annahmen und Ergebnisse. Wiesbaden.

Statistisches Bundesamt (2008a): Statistiken der Kinder- und Jugendhilfe. Einrichtungen und tätige Personen, Wiesbaden.
Statistisches Bundesamt (2008b): Daten, Fakten, Trends zum demografischen Wandel in Deutschland. Wiesbaden.
Statistisches Bundesamt (2008c): Familienland Deutschland. Wiesbaden.
Statistisches Bundesamt (2009): Natürliche Bevölkerungsbewegung. Wiesbaden.
Stucke, Cordula (2004): Minderjährige Mütter und ihre Kinder. Hilfebedarfe und Hilfeangebote in Hamburg, Freie und Hansestadt Hamburg: Hamburg, http://www.hamburg.de/contentblob/117804/data/minderjaehrige-muetter.pdf.
Thiessen, Barbara (2007): Eigenständige Lebensperspektiven junger Mütter. Interventionen auf der Basis von Fallrekonstruktion. In: Miethe, Ingrid; Fischer, Wolfgang; Giebeler, Cornelia; Goblirsch, Martina; Riemann, Gerhard (Hg.), Rekonstruktion und Intervention. Interdisziplinäre Beiträge zur rekonstruktiven Sozialarbeitsforschung, Reihe Rekonstruktive Forschung in der Sozialen Arbeit, Band 4. Opladen: Barbara Budrich, 259-269.
Thiessen, Barbara; Anslinger, Eva (2004): „Also für mich hat sich einiges verändert ... eigentlich mein ganzes Leben": Alltag und Perspektiven junger Mütter. In: Forum Sexualaufklärung und Familienplanung, H. 4, 22-26.
Thiessen, Barbara; Schuhegger, Lucia (2009): Kompetent durch Familienarbeit? In: Weiterbildung, Heft 2, 14-16
Thiessen, Barbara; Villa, Paula Irene (2008): Die „Deutsche Mutter" – ein Auslaufmodell? Überlegungen zu den Codierungen von Mutterschaft als Sozial- und Geschlechterpolitik. In: José Brunner (Hg.), Tel Aviver Jahrbuch für Deutsche Geschichte 2008, Wallstein, 277-292.
Uhlendorff, Uwe; Cinkl, Stephan; Marthaler, Thomas (2006): Sozialpädagogische Familiendiagnosen. Deutungsmuster familiärer Belastungssituationen und erzieherischer Notlagen in der Jugendhilfe. Weinheim: Juventa.
Walter, Michael (2004): Demografische Strukturen und soziokulturelle Entwicklungen. In: Marianne Friese, Kompetenzentwicklung für junge Mütter. Förderansätze der beruflichen Bildung, Bielefeld: Bertelsmann, 37-72.
Zerle, Claudia; Krok, Isabelle (2008): Null Bock auf Familie? Der schwierige Weg junger Männer in die Vaterschaft. Gütersloh: Verlag Bertelsmann Stiftung
Ziegenhain, Ute ;Wijnroks, Lex; Derksen, Bärbel; Dreisörner, Ruth (1999): Entwicklungspsychologische Beratung bei jugendlichen Müttern und ihren Säuglingen: Chancen früher Förderung der Resilienz. In: Günther Opp et al. (Hg.), Was Kinder stärkt: Erziehung zwischen Risiko und Resilienz. München: Reinhardt: 142-165.
Zybell, Uta (2003): An der Zeit. Zur Gleichzeitigkeit von Berufsausbildung und Kindererziehung aus Sicht junger Mütter. Reihe: Dortmunder Beiträge zur Sozial- und Gesellschaftspolitik Bd. 47, Münster.

Claudia Wallner
Junge Mütter in der Kinder- und Jugendhilfe: Sanktioniert, moralisiert, vergessen oder unterstützt?

„Mutterschaft ist schön! Sie ist die Erfüllung jedes weiblichen Lebens: Mutterschaft ist Ausdruck von Weiblichkeit und: Kinder sichern die Zukunft unserer Gesellschaft und unseres Landes." So oder ähnlich lauten die gängigen Bilder zur Mutterschaft.

Jugendliche Mutterschaft hingegen ist offenbar nicht so schön, sondern ein Problem, auf das reagiert werden muss. Hier finden sich ganz andere Mutterschaftsassoziationen:

- ➢ Die jungen Frauen sind zu jung, wie sollen sie sich jetzt mit ihrer eigenen Adoleszenz auseinandersetzen?
- ➢ Sie sind selbst noch nicht „erzogen", wie sollen sie sich dann um ein Kind kümmern?
- ➢ Sie scheinen mehrheitlich aus benachteiligten Milieus und Schichten zu kommen, was soll dann aus den Kindern werden?
- ➢ Sie haben oftmals keine Schulbildung, keine Ausbildung, keine Erwerbsarbeit, wer finanziert sie und ihre Kinder dann?

Jugendliche Mütter sehen sich nicht nur einer Menge Probleme gegenüber, die sich faktisch ergeben, sie sehen sich auch einer nahezu ausschließlich negativen öffentlichen Debatte ausgesetzt, die sich zwischen Vorwürfen und Vorurteilen bewegt.

Wenn diese jungen Mütter keine (ausreichende) Hilfe in ihren Herkunftsfamilien oder vom Kindsvater erhalten, ist für sie die Kinder- und Jugendhilfe zuständig. Das ist in vielen Fällen notwendig, denn die jugendlichen Schwangeren und Mütter sind, auch wenn sie nicht alleine gelassen werden, entwicklungsbedingt mit sich widersprechenden Aufgaben beschäftigt: „Sind sie einerseits auf Grund ihrer Entwicklung mit Fragen der Identitätsfindung und Ablösung beschäftigt, so verlangen Schwangerschaft und Mutterschaft andererseits eine enge Bindung an eine andere Person und oft genug, eigene Bedürfnisse zurück zu stellen" (Weber 2001, 3).

Anders als Schwanger- und Mutterschaft im Allgemeinen waren und sind junge Mütter ein Thema, das seit jeher moralisch aufgeladen und deshalb immer schon ein sehr besonderes war. Das hat sicherlich damit zu tun, dass Schwanger- und Mutterschaft im Jugendalter zu vermehrten Bewältigungsaufgaben führen. Die Jugend mit ihren notwendigen

Suchbewegungen auf dem Weg zu einer eigenständigen Identität wird hier gekreuzt von einer sehr frühen Verpflichtung, verlässlich Verantwortung zu übernehmen und erwachsen zu sein. Das ist eine schwirige Aufgabe, und insofern ist verständlich, dass die so genannten „Teenagermütter" die öffentlichen Diskussionen immer wieder entfachen. Aber es erklärt nicht, warum die Diskussionen so dramatisiert und eng geführt werden. Junge Mütter sind ein öffentlicher „Aufreger". Das hat historische Wurzeln und moralische Ursachen und wirkt sich letztendlich auch darauf aus, welche Hilfen und welche Unterstützung den jungen Müttern im Rahmen von Maßnahmen der Kinder- und Jugendhilfe angeboten werden.

Der folgende Beitrag beschäftigt sich mit dem Umgang mit und den Angeboten der Kinder- und Jugendhilfe für diese Zielgruppe. Dabei soll zunächst dem Phänomen der Dramatisierung innerhalb der öffentlichen und Jugendhilfediskurse nachgegangen werden. Im Anschluss wird beleuchtet, wie die Jugendhilfe mit jugendlichen Schwangeren und jungen Müttern im historischen Verlauf umgegangen ist. Dabei wird insbesondere herausgearbeitet, in welchem Zusammenhang der Umgang mit jungen Müttern mit dem vorherrschenden Rollenverständnis von Weiblichkeit stand und welche Auswirkungen dies auf das Handeln der Jugendhilfe hatte. Im dritten Schritt werden die strukturellen Bedingungen innerhalb der Jugendhilfe beleuchtet: Was sind die gesetzlichen Rahmenbedingungen und fachlichen Vorgaben für die Zielgruppe jugendlicher Mütter, welche Formen von Angeboten gibt es heute, welche Ziele und Aufgaben haben sie, was bieten sie den jungen Frauen und ihren Kindern, und in welchen Leistungsbereichen sind die Hilfen angesiedelt? Auch hier wird der Frage nachgegangen, von welchen Frauen- und Geschlechterbildern die Hilfen getragen sind. Das führt zu der Fragestellung, wo sich die Angebote der Jugendhilfe im Spannungsfeld zwischen Ressourcenorientierung und Risikobewältigung bewegen. Anschließend wird der Handlungsbedarf formuliert, der sich perspektivisch zur Unterstützung jugendlicher Mütter ergibt. Dabei wird es von Bedeutung sein, auch und gerade über den Tellerrand der Jugendhilfe hinaus zu blicken. Zum Schluss werden offene Fragen formuliert, die es zukünftig noch zu bearbeiten gilt.

1. Zur Dramatisierung und Moralisierung des Phänomens jugendlicher Mutterschaft

Zwei Phänomene beeinflussen den Umgang mit jungen Müttern und die öffentlichen Debatten seit jeher wesentlich: Dramatisierung und Moralisierung. Weder die Tatsache an sich, dass Jugendliche schwanger werden, scheint akzeptabel, noch die zwangsläufige

Voraussetzung, dass Mädchen in diesem Alter schon Sex haben und dann noch offensichtlich ungeschützt.

Nicht erst seit kurzem heißt es: Das Problem der jungen Mütter würde zunehmen: „Das Thema junge Mütter ist in den letzten Jahren in der Heimerziehung wieder sehr aktuell geworden, da die Zahl der Schwangerschaften wie auch der Wille der Mädchen und jungen Frauen, Mutter zu sein, zugenommen hat" (Wagner-Kröger 1991, 222). Würde das Erscheinungsjahr des Zitats nicht verraten, dass es bereits 18 Jahre alt ist, könnte es auch aus der aktuellen Debatte um junge Mütter oder so genannte „Teenagermütter" stammen. Das ist insofern interessant, als offenbar nicht erst seit Neuestem oder seit nur wenigen Jahren eine öffentliche Diskussion um einen deutlich zu verzeichnenden Anstieg von Schwangerschaften und Geburten im Jugendalter geführt wird, sondern dieses angebliche Phänomen die Jugendhilfe und die Öffentlichkeit immer wieder und schon sehr lange beschäftigt. Trotzdem wird zu jeder Zeit behauptet

➢ es handele sich um ein neues Phänomen und
➢ die Situation sei gerade besonders dramatisch.

In dem oben zitierten Buchbeitrag heißt es weiter: „Wir beobachten seit einigen Jahren in der Heimerziehung bundesweit eine Zunahme von Schwangerschaften, die quantitativ allerdings noch nicht genau beschrieben werden kann." (ebd.). Aus Einzelbeobachtungen und Willensbekundungen von Mädchen und jungen Frauen in der Heimerziehung wurde also damals ohne Datenbasis geschlussfolgert, dass das Problem jugendlicher Mütter ansteigen würde.

Diese Behauptung hält sich konstant über die Jahrzehnte: Immer ist ein Anstieg von Schwangerschaften im Jugendalter zu verzeichnen, immer wird mit dramatischen Bildern einer „Explosion" in diesem Bereich gearbeitet (auch wenn die statistischen Daten das Gegenteil belegen; vgl. Spies in diesem Band) und immer wieder werden diese vermeintlichen Tatsachen als Begründung heran gezogen, um neue Maßnahmen zu ergreifen. Bedeutsam erscheint dabei, dass diese vermeintliche Expansion herangezogen wird, um Maßnahmen der Abschreckung einzuführen: Abschreckung, nicht Aufklärung, oder aber die Aufklärung hat zumindest einen deutlichen Abschreckungscharakter. Und hier kommt der moralisierende Aspekt ins Spiel: Es geht nicht nur um das „Drama" früher Schwangerschaft, es geht im Subtext auch um das moralische Bewerten des Verhaltens der Mädchen. Das war schon immer so und wird auch heute so gehandhabt. Verändert haben sich lediglich die Mittel, nicht aber die ihnen zugrunde liegende Botschaft.

Dafür gibt es aktuell eine Vielzahl von Beispielen in Form von Dokumentationen und Realityformaten im TV sowie die in der Öffentlichkeit erregt geführte Diskussion um Babysimulatoren. Letztere werden in der Kinder- und Jugendhilfe, aber auch in vielen Sexualberatungsstellen, u. a. mit der Begründung eingeführt, eben diesem (vermeintlichen) Anstieg jugendlicher Schwangerschaften etwas entscheidend Wirksames entgegen setzen zu müssen (ausführlich hierzu Spies 2008). Würde die Einführung dieser aus den USA stammenden Abschreckungsinstrumente nicht flankiert von der proklamierten Dramatik einer schier explodierenden Frühschwangerschaftsentwicklung in Deutschland und der moralischen Empörung über jugendliche Mütter, sie wäre wohl nicht halb so erfolgreich. Insbesondere Mädchen sollen mit Hilfe der anstrengenden, weil computeranimiert schreienden und Versorgung fordernden Puppen von frühen Schwangerschaften abgehalten werden, schrieb bspw. der STERN: „Nadine ist eines von vielen jungen Mädchen, die sich viel zu früh ein Kind wünschen - die Babypuppe sollte der Abschreckung dienen. (Stern online 2008)

Ähnlich wird die Funktion der Babypuppen auch in Jugendhilfeeinrichtungen gesehen: „Es ist sinnvoll, Jugendliche zu ermutigen, darüber nachzudenken, was auf sie zukommt, wenn sie Eltern werden. Mit dem Babysimulator erleben sie, wie sich ihr komplettes Leben verändert und dass sie an ihre physischen und psychischen Grenzen gebracht werden. ... Der "moralische Zeigefinger" erübrigt sich" (KRIZ e.V. 2009). Offenkundig ist, dass der mediale und der Jugendhilfediskurs hier Hand in Hand gehen.

Um Abschreckung geht es also, die als wirksamer angesehen wird als der „moralische Zeigefinger". Und es geht um Abschreckung von Mädchen! Jungen werden zwar grundsätzlich mit den Versuchsbabys auch angesprochen, doch zeigen die Praxis und die mediale Verarbeitung des Themas, dass die Puppen für Mädchen gemacht und bei ihnen auch mehrheitlich in Einsatz kommen. Spies fand in ihrer Untersuchung über Babysimulatoren in der pädagogischen Praxis heraus, dass unter den jugendlichen NutzerInnen 86% Mädchen und 14% Jungen waren (vgl. Spies 2008, 101). Das ist eine deutliche Aussage und zeigt zusammen genommen mit der medialen Diskussion, dass Mädchen die Verantwortung für die Verhinderung von Frühschwangerschaften zugeschrieben wird. Ein uraltes und tradiertes Rollenbild weiblicher Zuständigkeit für Verhütung wird hier im modernen Mantel fortgeführt – und wenn es dann doch passiert, trifft die Mädchen die Schuld.

Ein anderes Beispiel zur Abschreckung Jugendlicher ist die Reality-Serie „Erwachsen auf Probe". Der private Fernsehsender RTL sorgte im Juni 2009 für große Aufregung insbesondere in der jugendhilfe/-politischen Öffentlichkeit, in dem er die vermeintliche Dramatik eines Anstiegs jugendlicher Schwangerschaften zum Anlass nahm, eine achtteilige Reality-Soap auszustrahlen, in der jugendliche Paare für mehrere Tage ein lebendes Baby bzw. Kleinkind zu versorgen und betreuen hatten. So wollte man die Jugendlichen und auch die jugendlichen ZuschauerInnen der Sendung - von als verfrüht erklärter Elternschaft abschrecken, denn, so die Begründung für das Sendeformat: „Immer mehr Teenager-Paare wünschen sich ihr eigenes Familienglück und wollen ein Kind bekommen" (RTL 2009). Denn:, so die Behauptung des Senders, „'Erwachsen auf Probe' ist eine einzigartige Möglichkeit für die beteiligten Jugendlichen mit Kinderwunsch, Familienkompetenz zu erlernen und praktische Verantwortung für Kinder, den Partner und sich selbst zu übernehmen. Gleichzeitig macht die Doku den Jugendlichen vor den Bildschirmen klar, welche Verantwortung darin liegt, 'Eltern zu sein'" (RTL 2009).

Auch diesem Konzept liegt also sowohl eine Dramatisierung des tatsächlichen Phänomens zu Grunde als auch ein deutlich moralisierendes Konzept. Denn: weder würde sich eine solche Sendung auf der statistischen Realität begründen lassen, die belegt,

- ➢ dass die Gesamtzahl der jährlichen Geburten Minderjähriger sogar leicht rückläufig ist und
- ➢ dass der prozentuale Anteil der Geburten Minderjähriger an der Gesamtgeburtenzahl konstant um 1% liegt und eher eine Tendenz nach unten aufweist (vgl. Spies in diesem Band),

noch würde sie sich auf einen akzeptierenden Ansatz zurückführen lassen, der frei ist von Negativzuschreibungen und unterschwelliger Verurteilung des Verhaltens junger Mädchen.

Ebenso wie das Konzept der Babysimulatoren vermitteln die Fernsehbeiträge die Botschaft: Als Jugendliche schwanger werden und ein Kind bekommen ist auf keinen Fall in Ordnung. Kein Gedanke wird daran verschwendet, warum Mädchen schwanger werden, ob die frühe Mutterschaft nicht auch stabilisierende Wirkung im Leben von Mädchen haben könnte und welche Unterstützungen sie für mögliche Unwägbarkeiten brauchen.

Fazit: Die Diskussionen über die Zielgruppe junger Mütter sind dramatisierend, ausschließlich auf die schwierigen Aspekte und Belastungen gerichtet, sozialpolitisch aufgeladen und hochgradig moralisch. Zudem geraten weiterhin nahezu ausschließlich die Mädchen und jungen Frauen in den Fokus der Kritik. Die ebenfalls beteiligten Jungen und jungen Männer werden nicht annähernd mit den gleichen moralischen Zuschreibungen konfrontiert und weiterhin aus der Verantwortung gelassen und die klassischen weiblichen

Rollenzuschreibungen reproduziert. Diese konservative Gemengelage ist Teil der Realität, in der auch die Kinder- und Jugendhilfe ihre Angebote für junge Mütter (und Väter) entwickelt und anbietet.

2. „Gefallene Mädchen": Rückblick auf den Umgang der Jugendhilfe mit jugendlichen Schwangeren und Müttern

Bereits zu Beginn des vorigen Jahrhunderts gab es in christlicher Trägerschaft[1] so genannte Versorgungshäuser für gefallene Mädchen, in denen die Frauen von ihren „Fehltritten" entbunden wurden (vgl. Anspach 2005). Als „gefallene Mädchen' wurden solche Mädchen und jungen Frauen bezeichnet, die den Moralauffassungen der bürgerlichen Gesellschaft nicht genügten. Dazu gehörte es, als Frau Geliebte eines Mannes zu sein, unverheiratet schwanger oder auch vergewaltigt zu werden. Immer stand die Zuschreibung „gefallen" in direktem Zusammenhang mit Sexualität und war abhängig vom sozialen Status der Mädchen und Frauen. Fallen konnte nur, wer nicht sowieso schon „ganz unten" war, d.h. diese Zuschreibung betraf in erster Linie Frauen und Mädchen der beginnenden sozialen Mittelschicht.

Die Unterbringung in Heimen für „gefallene Mädchen" war einerseits für viele dieser jungen Frauen die einzige Möglichkeit, sich und ihr Kind durchzubringen, andererseits war damit der gesellschaftliche Abstieg und die Etikettierung als triebhaft, lüstern, unbeherrscht und unsittlich besiegelt.

Diese Verbindung von Hilfe und moralischer Verurteilung ist auch in der Jugendwohlfahrt nach dem 2. Weltkrieg weiter zu beobachten. Der Umgang mit jungen Schwangeren und Müttern kann nicht abgekoppelt vom Umgang mit Mädchen insgesamt gesehen werden. Beiden gemein war eine Vorstellung von Weiblichkeit, in der Reinheit, Jungfräulichkeit, Schamhaftigkeit und Sittlichkeit oberstes Gebot waren und jede Abweichung davon in Richtung (sexueller) Freiheit oder auch nur Selbstbestimmung hart sanktioniert wurde. Und schwangere Jugendliche waren das sichtbare Sinnbild weiblicher Verwahrlosung, wie es damals hieß: „Während der Besatzungszeit stand die Sorge um die Sittlichkeit der weiblichen Jugend im Vordergrund. Die Zahl der aus ihrem Elternhaus weggelaufenen geschlechtskranken jungen Frauen stieg rasch an. Die Mädchen hofften, einen heiratswilligen Soldaten zu treffen, um ihrem Elend in der Heimat zu entfliehen. Sie

---

[1] Berta Pappenheim hat zur gleichen Zeit eine Einrichtung für jüdische Mädchen und ihre Kinder geführt, dort aber sehr strikt einen Antidiskriminierungskurs verfolgt (vgl. Spies 2005).

wurden aufgegriffen und in die alten Fürsorgeheime gebracht, wiederum, um sie als Infektionsquelle auszuschließen" (Schäfer/Hocke1995, 120).

In einem Bericht von Fürsorgerinnen forderten diese 1945, den immer „frecher und schamloser ... unsittlich lebenden Frauen und Mädchen (ein) planmäßiges und schlagkräftiges Arbeiten des Jugendamtes" (Blandow 1989, 125) entgegenzusetzen. Die „Diagnose h.w.G." (häufig wechselnder Geschlechtsverkehr) sollte fortan bei Mädchen eine große Rolle spielen, wenn es um die Frage der Fremdunterbringung im Allgemeinen und der geschlossenen Unterbringung im Besonderen ging. Denn diese wurde bis weit in die 1970er Jahre offensiv eingesetzt, um weibliche Sexualität vor der Ehe zu unterbinden und die gesellschaftlichen Vorstellungen von Weiblichkeit insbesondere bei Mädchen aus der Unterschicht durchzusetzen. 1971 beschrieb Ulrike Meinhof in ihrem Drehbuch „Bambule", warum jugendliche Mädchen geschlossen untergebracht wurden: „In den Akten steht: sexuell haltlos, Herumtreiberei, Unzucht gegen Entgelt, Arbeitsplatzwechsel. Oder: Verkehr mit Ausländern, trägt Miniröcke" (Meinhof 1971, 10).

Führten bei Jungen kriminelle Delikte zur Heimeinweisung, so war es bei Mädchen die so genannte „sexuelle Verwahrlosung", die ihnen im Jugendalter und aus der Unterschicht kommend schnell eine mehrjährige geschlossene Unterbringung einbrachte (vgl. Wallner 2006, 281). Bernhard Kurrle, ein männlicher Erzieher in einem geschlossenen Mädchenheim, beschreibt 1970 die Gründe für die „sexuelle Verwahrlosung" von Mädchen, die er in einer fehlgeleiteten Erziehung in der frühen Kindheit vermutet: „Das kleine Mädchen konnte sich alles erlauben und grenzenlos nehmen. Es naschte mal da und mal dort. Und das halbwüchsige Mädchen vernaschte weiter, vor allem Männer. ... Und schließlich taten der moderne Konsumzwang und die zunehmende sexuelle Freizügigkeit in unserer Gesellschaft das ihrige" (Kurrle 1970, 219).

Hier wirkt das Bild der ‚Lolita': Mädchen, die frei von jeder Moral Männer verführen. Wenn das die pädagogische Basis für das Handeln der Fachkräfte war, erklärt sich, warum das Grundprinzip der Erziehung Bestrafung war. Kurrle berichtete weiter, dass in der Fürsorgeerziehung die Mädchen mehrheitlich schwanger seien (ebd., 221). Als Erziehungsmethoden wurden angewandt: „Ein konsequent rationiertes Zigarettenquantum, seltene Herrenbesuche, ein kaum zugestandenes Make-up; Emaillieren und Batiken, Gesang und Volkstanz. Und schließlich Hauswirtschaft und Säuglingspflege" (ebd., 220).

Wie restriktiv die Erwartung an weibliches Verhalten im Rahmen der Heimerziehung gehandhabt wurde, zeigt sich u. a. in der überproportionalen geschlossenen Unterbringung

(GU) von Mädchen. Hermann Hüsken stellt in seiner Untersuchung fest, dass es 1975 in 48,5% der Mädchenheime geschlossene Gruppen gab, dagegen lediglich in 15,4% der Jungenheime und in 5% der koedukativen Einrichtungen. 42,8% der von Hüsken erfassten Mädchen lebten in geschlossenen Gruppen im Gegensatz zu 4,1% der Jungen (vgl. Hüsken 1976, 458 ff).

Besonders häufig wurden schulentlassene Mädchen geschlossen untergebracht, was deutlich darauf verweist, dass es in der GU um das Verhindern von Außen- und hier besonders Sexualkontakten der Mädchen ging. Weggesperrt wurden sie insbesondere ab einem Alter, in dem Jugendliche sexuelle Erfahrungen zu sammeln beginnen: „Bezüglich der Quote der geschlossenen Unterbringung an der Gesamtzahl der Minderjährigen, die in Heimen leben, bedeutet dies: Während insgesamt 14,5% der Heimjugendlichen geschlossen untergebracht sind, sind es bei den schulentlassenen Heim-Mädchen 61,3%, wohingegen die Anzahl der schulentlassenen Jungen in der geschlossenen Unterbringung lediglich bei 4,6% liegt" (Landschaftsverband Rheinland 1980, 62 ff.). In dieser Untersuchung verweist der Landschaftsverband Rheinland darauf, dass auch perspektivisch mehr Plätze der GU für Mädchen als für Jungen gebraucht würde, um das „Untertauchen in die Prostitutionsszene" zu verhindern (vgl. ebd., 65). Geschlossene Unterbringung wurde damit als staatliches Instrument zur Durchsetzung gesellschaftlicher Vorstellungen über weibliches Sexualverhalten eingesetzt.

Marlene Stein-Hilbers beschrieb 1979 ebenfalls, dass vor allem die Nichterfüllung der Erwartungen an weibliches Geschlechtsrollenverhalten als Maßstab für die Abweichungsdiagnose galt und zur Heimeinweisung führte, allerdings eben ausschließlich für ‚Unterschichtmädchen', weil

> - „ihre Lebensbedingungen - die besonders rigide Kontrolle von Arbeitereltern und die frustrierende materielle, schulische und berufliche Situation - ein Ausbrechen aus diesen Bedingungen am ehesten erforderlich machen;
> - Mittelschichteltern über andere materielle und intellektuelle Möglichkeiten der Kontrolle ihrer Töchter verfügen: stärkere Befriedigung materieller und emotionaler Bedürfnisse, größere sexuelle Freizügigkeit, Internatserziehung usw." (Stein-Hilbers 1979, 291).

Die öffentliche Sexualmoral antwortet also mit aller Härte, wenn Mädchen ähnlich wie gleichaltrige Jungen ihre Jugendphase dazu nutzten, sexuelle Erfahrungen zu sammeln. Das

Stigma der Herumtreiberin, Prostituierten oder derjenigen, die für jeden ‚leicht zu haben' sei, war schnell angeheftet, und das System öffentlicher Erziehung reagiert mit der Härte seiner Möglichkeiten. 1973 prangerten ErzieherInnen eines geschlossenen Mädchenheims in einer Fachzeitschrift das pädagogische Konzept und den Umgang ihrer Einrichtung mit Mädchen an: „Nirgendwo wird in Sozialisationsprozessen eine so klare geschlechtsspezifische Rollendressur durchgeführt wie in Erziehungsheimen. ...Regelungen des Ausganges, äußeres Erscheinungsbild, Regeln des Umgangs mit Freunden, bzw. anderen männlichen Personen, sind in keinen Einrichtungen so spezifisch geregelt wie in Heimen für Mädchen. Nirgendwo in anderen Heimen ist die Sexualunterdrückung so massiv wie in Mädchenheimen" (Heimerzieherzeitschrift 1973,13).

Die Veröffentlichung war anonym, da die ErzieherInnen um ihren Arbeitsplatz fürchteten, wenn bekannt würde, wer das Innenleben der Einrichtung an die Öffentlichkeit gebracht hatte. Die ErzieherInnen hatten neben der Kritik auch konkrete Vorstellungen, wie die Hilfen besser aussehen könnten. Sie forderten die Einrichtung von Appartementheimen mit Krippe sowie die Bereitstellung von Kindergärten und Horten für allein stehende junge Mütter (vgl. ebd., 19). Damit forderten sie bereits Anfang der siebziger Jahre ein erweitertes Konzept für junge Mütter, das auch Verselbständigung und Entlastung bietet. Sie beschrieben aus ihrer Praxis, dass gynäkologische Untersuchungen der Mädchen als Strafmaßnahme eingesetzt würden z. B. bei Heimflucht und dass andererseits Schwangerschaftsuntersuchungen so lange hinaus gezögert würden, dass die Mädchen nicht mehr abtreiben konnten und die Kinder bekommen mussten als Strafe für ihr Fehlverhalten (vgl. ebd., 45).

Wie weit die „pädagogische Bestrafung" für allzu frühe Sexualkontakte ging, zeigt das Beispiel des Isenberg-Heims in Bremen, einem Fürsorgeheim für „verwahrloste Mädchen". Hier starben 1978 ein Mädchen und zwei ungeborene Kinder, weil den Schwangeren aus moralischen Gründen jegliche medizinische Hilfe verweigert wurde: „Susanne Blanke starb, im siebten Monat schwanger. Nachdem sie drei Tage Fruchtwasser verlor und am vierten Tag zusammen brach, brachte man sie ins Krankenhaus. Dort wurde festgestellt, dass sie ihr Kind schon drei Tage tot in sich trug. Sechs Tage nach der Totgeburt starb Susanne Blanke.

Claudia Gonsch, im sechsten Monat schwanger, verlor ebenfalls ihr Kind, weil ihr angegriffener Gesundheitszustand nicht ernst genommen worden sein soll" (Fietzek 1978, 8)[2].

In den Heimen für „gefallene Mädchen" wurde die Zurichtung von Mädchen auf die gesellschaftlich geforderte weibliche Rolle der züchtigen Hausfrau und Mutter besonders rigide durchgesetzt. Sie zeichneten sich durch besonders strenge Hierarchisierung, Isolation der Mädchen, sexuelle Abstinenz und totale Reglementierung des Tagesablaufs aus (vgl. Stein-Hilbers 1979, 292). Das zeigt, dass es hier in erster Linie um die Bestrafung allzu früher Sexualkontakte ging. Die Mädchen sollten für ihre Verfehlungen büßen. Von Jungen, die für frühe Sexualkontakte und jugendliche Vaterschaft mit Heimeinweisung oder geschlossener Unterbringung bestraft wurden, ist nichts bekannt.

Die demokratischen und pädagogischen Reformen der Heimerziehung, wie sie Anfang der siebziger Jahre eingeführt wurden, erreichten die Mädchenheimerziehung erst Mitte der 1980er Jahre. Der sechste Jugendbericht „zur Lage von Mädchen in der Bundesrepublik Deutschland" wies die rollenspezifischen Einweisungsgründe und Erziehungsziele ein weiteres Mal nach und hatte sicherlich wesentlichen Anteil daran, dass Mädchen in der Heimerziehung nunmehr verstärkt in den Fokus der Aufmerksamkeit gerieten und auch Mädchenheime reformiert wurden.

Aber auch die Mutter-Kind-Heime der siebziger Jahre mit ihrem Strafcharakter wandelten sich langsam: „Innovative Wirkungen gingen bereits zu Beginn der achtziger Jahre von Wohnprojekten für junge Mütter und ihre Kinder aus, die von ehemaligen Heimerzieherinnen in bewusster Abgrenzung zum Heim gegründet wurden und in denen alternative Formen der Beratung und Betreuung erprobt wurden. Zudem führten die durch den sechsten Jugendbericht (1984) angestoßenen Diskussionen um eine mädchenorientierte Fachlichkeit in der Jugendhilfe zu fruchtbaren, praxisrelevanten Auseinandersetzungen um den Abbau geschlechtsspezifischer Benachteiligungen junger Mütter und die Entwicklung von Wohn- und Lernangeboten, die auf die Lebenswelten der Mädchen und Frauen abgestimmt sind" (Klees-Möller 2001, 8). Trotzdem bleiben sie bis in die neunziger Jahre hinein sperrig in ihren Angeboten für die jungen Frauen und weiterhin latent strafend. So beschreibt Rosa Wagner-Kröger noch 1991, dass die klassischen Mutter-Kind-Heime

---

[2] Das Verhalten von Mädchen wurde am Frauenbild der 50er Jahre gemessen und Abweichungen davon bestraft. Interessant erscheint, dass diese moralische Zurichtung von proletarischen Mädchen auf eine höchst konservative Frauenrolle noch zu einer Zeit aufrechterhalten wurde, als Oswald Kolle die Nation bereits über Sexualität aufgeklärt und die ‚sexuelle Revolution' die bundesdeutsche Gesellschaft erschüttert hatte.

Auffangbecken für Mädchen sind, die nirgends anders wohnen können und dass sie dort in einem einzigen Zimmer gemeinsam mit ihrem Kind leben müssen: „Es gibt meistens einen sehr strukturierten Alltag, der vorgegeben wird von den Einrichtungen, …, es gibt reglementierte Ausgehzeiten. Belastend für die Mädchen erscheint mir vor allem aber der Druck, der durch die Gruppe auf die einzelne junge Mutter ausgeübt wird - als Folge des Konzepts. So kommt es z.B. vor, wenn die Mütter am Abend zusammen einen Discobesuch machen und das Kind einer Mutter zu Hause schreit und nicht zu beruhigen ist, muss die ganze Gruppe aus der Disco zurück kommen. Solche Regeln fördern aber nicht die Verantwortlichkeit für das eigene Kind und das eigene Leben, sondern stellen eher die Probleme des Mutterseins in den Vordergrund und erhöhen den Anforderungsdruck. Außerdem verstärken sie Ängste, es sowieso nicht schaffen zu können" (Wagner-Kröger 1991, 236).

Auch im Rahmen der Heimerziehung wandelte sich der Umgang mit jugendlichen Schwangeren in den achtziger Jahren. So bedeutete eine Schwangerschaft von Mädchen, die bereits im Heim lebten, nicht länger zwangsläufig die Verlegung in eine Mutter-Kind-Einrichtung: „Der nächste Schritt war dann, auch die jungen Mädchen, die in den Gruppen der Einrichtung schwanger geworden sind, nicht zu verlegen. Wir fanden es nicht angebracht, dass Mädchen, die hier in der Umgebung ihren Lebensmittelpunkt gefunden haben, aus dieser Umgebung herausgerissen werden, um in eine Mutter-Kind-Einrichtung zu gehen" (ebd., 225).

Vorher bedeutete eine Schwangerschaft für Mädchen, die in Heimen lebten, in der Regel, dass sie ihr „Zuhause" verlassen und in ein Mutter-Kind-Heim wechseln mussten. Neben der neuen Situation der Schwanger- und Mutterschaft mussten sie damit auch ihr soziales Umfeld aufgeben und alle Beziehungen abbrechen, die sie bis dato im Heim aufgebaut hatten. Die Mutter-Kind-Heime hatten einen schlechten Ruf, ebenso wie ihre Bewohnerinnen, und waren zumeist keine Orte, wo Mädchen gerne leben wollten. Ihr Ruf als Bewahranstalten mit rigiden Regeln eilte ihnen voraus. Die Erweiterung der Heimerziehung um Gruppen für junge Schwangere und Mütter bedeutete also einen großen qualitativen Sprung. Mädchen wurden nicht länger weggeschickt wegen einer Schwangerschaft, sondern sie konnten in ihrem gewohnten Umfeld bleiben. Verändert hat sich neben den Formen der Angebote aber vor allem der Blick auf die Mädchen: Weg vom moralinschweren Strafcharakter hin zur lebensweltbezogenen Unterstützung und Begleitung der Mädchen und ihren Kindern. Zur Veränderung dieser Sichtweise und der pädagogischen Zielsetzungen in der Arbeit mit jugendlichen Schwangeren und Müttern hat sicherlich auch die feministische und parteiliche Mädchenarbeit beigetragen. Sie wurde Mitte der siebziger Jahre zunächst in der Jugend- und Bildungsarbeit entwickelt. Ihre Grundsätze und Ziele verbreiteten sich aber auch zunehmend in den erzieherischen Hilfen und trugen dort zu einer Veränderung pädagogischer Konzepte und der Haltung von Fachkräften bei. Ganzheitlichkeit, Geschlechtshomogenität und Parteilichkeit sowie die Pädagogin als Vorbild und Identifikationsfigur sind Grundsätze feministischer Mädchenarbeit, die Mädchen in den Mittelpunkt stellen und nach ihren Bedürfnissen fragen, sie nicht länger aburteilen, sondern sie zu verstehen suchen und gemeinsam mit ihnen in geschützten Rahmen und Räumen Wege und Lösungen erarbeiten. Dieser Einfluss ist in der Entwicklung der Hilfen für jugendliche Schwangere und junge Mütter in der Jugendhilfe deutlich spürbar. Die Veränderung des Blicks von „der Schwangeren", der die Mädchen auf ihre Mutterrolle reduzierte, auf ein Mädchen, das viele Lebenslagen zu bewältigen hat, u. a. auch Mutterschaft war wohl der größte Unterschied in den Konzepten der Heimerziehung aber auch der Mutter-Kind-Heime.

3. Förderung der Erziehung in der Familie - das SGB VIII reformiert auch den Umgang mit jungen Müttern

Mit dem Inkrafttreten des Kinder- und Jugendhilfegesetztes (KJHG[3]) 1990 in den neuen und 1991 in den alten Bundesländern erhielt die Jugendhilfe den expliziten Auftrag, verschiedene unterstützende Angebote für Mütter und Väter bereit zu stellen und somit die Erziehung in der Familie zu unterstützen (§§ 16-21 SGB VIII). Ziel ist, dass Mütter, Väter und andere Erziehungsberechtigte ihre Erziehungsverantwortung besser wahrnehmen können (§ 16 Abs.1 SGB VIII). Dazu haben u. a. allein erziehende Mütter und Väter einen Anspruch auf Beratung und Unterstützung bei der Ausübung der Personensorge (§ 18 Abs.1 SGB VIII).

Der wichtigste Paragraph für jugendliche Mütter aber ist der „§ 19 SGB VIII: Gemeinsame Wohnformen für Mütter/Väter und Kinder

(1)   Mütter oder Väter, die allein für ein Kind unter sechs Jahren zu sorgen haben, sollen gemeinsam mit dem Kind in einer geeigneten Wohnform betreut werden, wenn und solange sie aufgrund ihrer Persönlichkeitsentwicklung dieser Form der Unterstützung bei der Pflege und Erziehung des Kindes bedürfen. ... Eine

---

[3] 1998 übernommen in SGB VIII, deshalb im Folgenden SGB VIII genannt

schwangere Frau kann auch vor der Geburt des Kindes in der Wohnform betreut werden.

(2) Während dieser Zeit soll darauf hingewirkt werden, dass die Mutter oder der Vater eine schulische oder berufliche Ausbildung beginnt oder fortführt oder eine Berufstätigkeit aufnimmt.

(3) Die Leistung soll auch den notwendigen Unterhalt der betreuten Personen sowie die Krankenhilfe nach Maßgabe des § 40 umfassen" (BMFSFJ 1999, 46-47).

Laut Frankfurter Kommentar von Johannes Münder ist Ausgangspunkt dieser Hilfe zumeist eine mangelnde Wohnraumversorgung in Kombination mit einer unzureichenden Persönlichkeitsentwicklung. Dies betrifft vornehmlich jugendliche und junge volljährige Mütter und Väter, die selbst u. U. noch erzieherische Hilfen erhalten und Unterstützung in der Verselbständigung benötigen. Die Hilfe begründet sich sowohl aus dem Erziehungs- und Pflegeauftrag gegenüber dem Kind als auch aus der Persönlichkeitsentwicklung der/des Erziehenden in Bezug auf die Erziehungsfähigkeit: „Zur Persönlichkeitsentwicklung zählen als Merkmale jugendliches Alter (insbesondere Minderjährigkeit), psychische Überforderung, mangelnde Belastbarkeit, Unselbständigkeit" (Münder 1998, 206).

Die betreute Unterbringung soll der Verselbständigung im Erziehungsbereich dienen und zielt damit letztendlich auf das Kind. Auch die Verankerung dieser Wohnformen im zweiten Abschnitt des SGB VIII, der Förderung der Erziehung in der Familie und nicht im vierten Abschnitt, der die Hilfen zur Erziehung regelt sowie die Hilfen für junge Volljährige (§§ 27-41 SGB VIII), weist darauf hin, dass im Mittelpunkt das Kind steht. Unterstützung für Mütter oder Väter soll nur insofern geleistet werden, wenn die Persönlichkeitsentwicklung nicht ausreicht, um die Erziehungsfähigkeit zu gewährleisten. Junge Mütter (oder Väter) haben also einen Anspruch auf Unterstützung, aber diese ist vermittelt in Bezug auf das Kind gemeint. Im Zentrum steht damit die Erziehungskompetenz der jugendlichen Mütter (oder Väter), und nur insofern diese durch Probleme, die die jungen Menschen selbst haben, gefährdet oder eingeschränkt ist, sind auch die jungen Frauen oder jungen Männer selbst zu unterstützen. Brauchen jugendliche Mädchen oder Jungen neben ihrer Erziehungsfähigkeit Unterstützung in ihrer Entwicklung, die sich nicht auf das Kind bezieht, müssen zusätzlich erzieherische Hilfen nach § 34 SGB VIII für das Mädchen bzw. den Jungen eingeleitet werden. Hilfe dient zum einen also der

Persönlichkeitsentwicklung des Elternteils mit dem Ziel einer selbständigen Lebensführung gemeinsam mit dem Kind und trägt zudem zur Entwicklung des Kindes bei.

Die Formulierung „gemeinsame Wohnformen für Mütter/Väter und Kinder" beinhaltet zwei Botschaften:
- ➢ Sie lässt über die bisherigen Mutter-Kind-Heime hinaus auch andere Formen der Unterstützung zu. Gemeinsame Wohnformen in diesem Sinne sind auch Außenwohngruppen oder betreutes Einzelwohnen sowie betreute Wohngemeinschaften mehrerer junger Mütter oder Väter.
- ➢ Sie lässt nicht zu, dass Mütter und Väter gemeinsam mit dem Kind zusammen wohnen. Das Adjektiv gemeinsam bezieht sich darauf, dass ein Elternteil gemeinsam mit dem Kind zusammen wohnen soll, nicht aber darauf, dass Väter und Mütter gemeinsam wohnen können und unterstützt werden. Sollte der jeweils andere Elternteil bspw. im betreuten Einzelwohnen mit in der Wohnung leben wollen, so geht dies grundsätzlich nicht, solange es sich dabei um eine Maßnahme der Jugendhilfe handelt, und er kann auch seinerseits nicht mit Beratung und Unterstützung rechnen. Dies ist eine Regelung, die die Chancen, dass jugendliche Väter sich auch um ihre Kinder kümmern und dass sie in die Lage dazu versetzt werden, deutlich mindert. Entweder der Vater ist der Alleinerziehende oder er hat keinen Anspruch auf Wohnen und die Förderung seiner Persönlichkeitsentwicklung. Gleiches gilt natürlich für die jugendlichen Mütter. Aus dieser Perspektive wird aber deutlich, dass diese Gesetzeslage nicht dazu geeignet ist, gerade jugendliche Väter stärker in die Verantwortung zu nehmen bzw. warum es weiterhin fast ausschließlich die jugendlichen Mütter sind, die in den jetzt so genannten Wohnformen für Mütter/Väter und Kinder mit ihren Kindern leben.

Der § 19 SGB VIII enthält somit einerseits deutliche Verbesserungen gegenüber der gängigen Praxis vor SGB VIII: Väter kommen nominell mit ins Boot und die Formen der Angebote werden ausdifferenziert und können besser auf die individuellen Bedürfnisse der jungen Mütter und Väter ausgerichtet werden. Aber die Modernität hat auch Grenzen: ein gefördertes Zusammenleben der jungen Eltern, die Unterstützung beider Elternteile in ihrer Entwicklung zum Wohle des Kindes ist nicht intendiert. An dieser Stelle steigt er wieder auf, der Geruch alter Rollenbilder: Sind letztendlich dann doch wieder die Mädchen zuständig für die Kinder? Ein Verständnis gleichberechtigter Verantwortung für das Kind liegt diesem Gesetz jedenfalls eindeutig nicht zugrunde.

Hingegen ist positiv zu bewerten, dass ausdrücklich die Unterstützung bei der schulischen Bildung, Ausbildung und Beschäftigung als Auftrag mit in den Paragraphen aufgenommen wurde. Damit besteht ein ganzheitlicher Auftrag zur Förderung von jugendlichen Müttern oder Vätern, der auf eine nachhaltige Verselbständigung nach Beendigung der Hilfe abzielt, der allerdings in der Praxis bislang noch nicht ausreichend erfüllt wird. Trotzdem ist hier eine deutliche Veränderung zum vorherigen Verständnis des Auftrags alt hergebrachter Mutter-Kind-Heime zu sehen: Nicht ausschließlich die Mutter und ihr Kind stehen im Zentrum, die junge Frau darf und soll neben Mutter auch Lernende und Erwerbstätige sein oder werden. Die Mehrfachorientierung auf Kind und Erwerbsarbeit und damit auf wirtschaftliche Unabhängigkeit wird hier angestrebt und damit ein dem heutigen weiblichen Rollenverständnis entsprechendes Frauenbild aber auch die Erwartung, diesem zu genügen.

Abschließend seien die beiden kritischen Aspekte des Gesetzes noch einmal komprimiert genannt, weil sie deutliche Auswirkungen auf die Ausgestaltung der Hilfen haben, wie im nächsten Kapitel zu sehen sein wird. Problematisch erscheint demnach:

> die Verortung im Abschnitt „Förderung der Erziehung in der Familie", wodurch nicht an erster Stelle die Unterstützung der Mädchen und jungen Frauen steht, sondern deren Erziehungsfähigkeit in Bezug auf das Kind

> die Entweder-Oder-Regelung in Bezug auf die Mütter und Väter; Väter werden demnach nur einbezogen, wenn sie allein erziehend sind, was Mädchen sehr stark in die alleinige Verantwortung zwingt und alte Rollenklischees vertieft.

4. Alles neu? Hilfen für junge Mütter in betreuten Wohnformen heute

Entsprechend den rechtlichen Vorgaben haben sich die Hilfen für junge Mütter seit Einführung des SGB VIII weiter ausdifferenziert. Neben den Mutter-Kind-Heimen gibt es verschiedene betreute Wohnformen: in angemieteten Wohnungen alleine oder in Wohnangeboten, die Angebote der erzieherischen Hilfen ergänzen und dort auch räumlich angesiedelt sind. Darüber hinaus entstanden Schul- und Ausbildungsangebote für die jungen Frauen, Kinderbetreuungsangebote, allgemeine und speziell entwicklungspsychologische Beratungsangebote, die teilweise an die Wohnangebote angeschlossen, teilweise eigenständig sind. Auch an der Vernetzung von Hilfen zum Wohle der jungen Frauen und ihren Kindern ist in den vergangenen Jahren gearbeitet worden.

Mutter-Kind-Heime heißen - trotz § 19 SGB VIII - in der Regel auch heute noch so. Das hat damit zu tun, dass es faktisch und tatsächlich Angebote für Mütter und ihre Kinder bzw. schwangere junge Frauen sind. Über junge Väter in betreuten Wohnformen nach §§ 19 oder 34 SGB VIII ist nichts bekannt. Väter als Erziehende kommen in dieser Betreuungsform nicht vor: In den Internetauftritten der Heime ist stets explizit von jungen Frauen und Mädchen die Rede, für die die Angebote vorgehalten werden. Väter tauchen hier allenfalls als potenzielle Besucher auf, die auch mal partiell in die Beratung einbezogen werden können, wenn es um die Verselbständigung nach dem Heimaufenthalt geht: „Wenn du mit dem Vater des Kindes oder mit einem neuen Partner eine enge Beziehung hast und später eventuell mit ihm zusammenleben möchtest, kann der Partner in den Alltag in der Einrichtung einbezogen werden und zum Beispiel an Beratungsgesprächen teilnehmen" (Bundeszentrale für gesundheitliche Aufklärung 2009).

Mutter-Kind-Heime haben, wie im vorigen Kapitel dargestellt, eine lange Tradition, die von Hilfe und Bestrafung, von Unterstützung und Ächtung gekennzeichnet ist. Von dieser historisch gewachsenen und gelebten Doppelorientierung lösen sich die Mutter-Kind-Heime langsam aber stetig, doch gelingt dies von Träger zu Träger, von Region zu Region und von Einrichtung zu Einrichtung unterschiedlich. Und so sind auf dem Markt der Wohnangebote für junge Mütter und jugendliche Schwangere sowohl sich der parteilichen Mädchenarbeit verpflichtet fühlende Angebote zu finden als auch konservativ - christliche Häuser mit strengen Regularien und alle Spielarten dazwischen.

Alle Mutter-Kind-Heime bieten für jugendliche Schwangere und Mütter engmaschige Betreuung in Mädchengruppen an. Die jungen Frauen leben mit ihren Kindern zumeist in einem gemeinsamen Zimmer, manchmal auch in zwei separaten Zimmern für sich und das Kind, und teilen sich die Gemeinschaftsräume. Sie werden pädagogisch betreut und in relevanten Fragestellungen beraten und begleitet wie z. B.

„in der Säuglingspflege
- ➢ bei Erziehungsfragen
- ➢ bei Beendigung der Schule
- ➢ bei der Berufsfindung, Ausbildungsplatz- oder Arbeitsplatzsuche
- ➢ bei der Regelung finanzieller Angelegenheiten
- ➢ bei Gängen zu den Ämtern
- ➢ in der Partnerschaft
- ➢ bei der Haushaltsführung
- ➢ bei der Freizeitgestaltung

- bei der Kinderbetreuung
- bei der Entwicklung der weiteren Lebensperspektive..." (Caritasverband Diözese Münster 2009).

Die jungen Frauen erhalten rund um die Uhr Begleitung und Unterstützung, werden aber auch in ihrem Umgang mit dem Kind kontrolliert. Hier zeigt sich der doppelte Auftrag der Mutter-Kind-Heime, die das Kindeswohl doppelt zu wahren haben: gegenüber der Minderjährigen und gegenüber ihrem Kind. So erstaunt es auch nicht, dass sich Unterstützungs- und Kontrollaspekte in den Konzeptionen der Heime ergänzen. Geboten wird bspw. Auch

- „Entlastung in Überforderungssituationen
- Unterstützung in Krisensituationen
- individuelle Kinderbetreuung im Haus
- enge Kooperation mit Kindertagesstätten
- Zusammenarbeit mit sozialen und medizinischen Diensten". (Albatros Lebensnetz 2009)

Mit Hilfe von umfassender Unterstützung und Kontrolle soll im Konzept dieser Einrichtung die Versorgung und Erziehung des Kindes (Pflege, Ernährung, regelmäßiger Tagesablauf) sichergestellt werden (vgl. ebd.). Der Kontrollaspekt wird hier offen formuliert: Der Auftrag der Jugendhilfe bewegt sich also immer zwischen Unterstützung und Kontrolle, zwischen dem Wohl der jungen Frau und dem Wohl des Kindes. Dies wird auch im folgenden Beitrag des Jugendpressedienstes deutlich, in dem über den Alltag in einem Mutter-Kind-Heim berichtet wird. Hier leben die jungen Frauen in eigenen Appartements, die aber zu einer gemeinsamen Betreuungseinheit zusammen gefasst sind: „Auch Nadine wohnt mit ihrem Sohn in einer betreuten Einrichtung. Ihre kleine Zwei-Zimmer-Wohnung mit eigener Küche und Bad ist freundlich und hell. Tagsüber ist Nils in der Kinderbetreuung, damit Nadine zur Schule gehen kann. Am Nachmittag kauft sie ein, räumt auf. Ab und zu geht sie mit zwei anderen Müttern aus dem Heim zum Spielplatz hinterm Haus. Um 19 Uhr muss Nils ins Bett. Danach trifft sich Nadine manchmal noch mit den anderen Mädels zum Quatschen. Alle 30 Minuten muss sie nach ihrem Kind schauen, so will es die Heimordnung. Tobi besucht sie regelmäßig. Sie sind immer noch ein Paar. Mittwochs und am Wochenende darf er auch dort übernachten. Dann kümmert er sich viel um seinen Sohn. „Eine Riesenentlastung", findet Nadine „es ist nämlich hammerhart, wenn du nachts immer raus musst" (Jugendpressedienst 2009).

Auch hier wird der reglementierende Charakter der Einrichtung deutlich: Das Leben besteht aus Schule, Haushalt, Spielplatz, Kind versorgen und Treffen mit den anderen Mädchen, aber nur im Heimkomplex, da abends der Schlaf des Kindes im 30-Minutentakt zu kontrollieren ist laut Heimordnung. Wo hier der Platz für das Ausleben der Jugend, für das eigene Ausprobieren und den Spaß am Leben geschaffen wird, erschließt sich kaum. Ebenso wenig, wie eine Antwort darauf, warum ein schlafendes Kind alle 30 Minuten kontrolliert werden muss.

Auf die Frage: „Wie stark kontrollieren bzw. beaufsichtigen Sie die Mütter?" sagt eine Betreuerin eines Mutter-Kind-Heimes:

„Die Betreuer gucken möglichst diskret, ob alles klappt. Wir achten darauf, dass die Kinder gut versorgt sind, der Einkauf, die Arbeiten in der Wohnung erledigt werden und natürlich, ob die Mädchen regelmäßig zur Schule gehen. Auch wenn ein Mädchen abends weg will, muss es sich vorher mit uns absprechen, weil sich der Nachtdienst nicht gleichzeitig um mehr als zwei Kinder kümmern kann" (ebd.).

Hier wird der Doppelauftrag und die Schwierigkeit, sowohl dem Kind als auch der jungen Frau gerecht zu werden, deutlich: Einerseits sollen sie Selbständigkeit lernen, andererseits muss der Schutz und das Wohl des Kindes gewährleistet werden.

Renate Klees-Möller beschreibt, dass die Mutter-Kind-Heime sehr unterschiedliche Konzepte verfolgen: So gebe es weiterhin Einrichtungen, die den jungen Frauen kaum Entlastungen in der Kinderbetreuung anbieten und damit dem Anspruch, Unterstützung in der Persönlichkeitsentwicklung zu bieten, nicht genügen würden. Andere Einrichtungen bieten umfassende Betreuung und damit auch Freiräume für die jungen Frauen, die nicht nur für die Schul- und Ausbildung genutzt werden können, sondern auch mal für eine eigene Freizeitgestaltung jenseits der Mutterpflichten. Manche Häuser stellen eigene Kindertageseinrichtungen zur Verfügung, in machen werden die Kinder durch die pädagogischen Fachkräfte in der Gruppe betreut oder in öffentliche KiTas vermittelt. Der Schulbesuch ist für die Mädchen Pflicht. Lediglich große Einrichtungen besitzen eigene Schul- und Berufsausbildungsmöglichkeiten (vgl. Klees-Möller 2001, 8f.).

Die wenigsten Mädchen haben sich den Aufenthalt in einem Mutter-Kind-Heim selbst ausgesucht. Am Häufigsten werden sie von den Jugendämtern geschickt, wenn sie vorher bereits in einem Angebot der erzieherischen Hilfe gelebt haben und dort nicht bleiben können oder wenn die Eltern sich weigern, die Jugendliche mit Kind weiter bei sich wohnen und leben zu lassen. D. h., anders als im Gesetz formuliert, sind es oftmals äußere Einflüsse, die zur Unterbringung in einer Mutter-Kind-Einrichtung führen und nicht primär eine festgestellt mangelnde Erziehungsfähigkeit. Die jungen Frauen bleiben im Durchschnitt 1-3 Jahre in den Heimen und werden von dort je nach Entwicklungsstand entweder in eigene Wohnungen ohne oder mit geringer Betreuung entlassen oder in eine betreute Wohnform, in der sie dann zwar alleine leben und wirtschaften, weiterhin aber mehrere Stunden in der Woche pädagogisch begleitet (und kontrolliert) werden.

Klees-Möller (2001) plädiert dafür, dass Mutter-Kind-Heime problemgerechte und lebensweltorientierte Konzepte vorhalten, die sich durch drei Aspekte besonders auszeichnen sollten:
- durch Freiräume für die Mädchen, die sie zur Selbstfindung, persönlichen Orientierung und Weiterentwicklung nutzen können
- durch Unterstützung in der Berufsfindung und Ausbildung und
- durch eine qualitativ gute Kinderbetreuung.

Damit stellt sie sich auf die Seite der Mädchen und fordert, dass nicht nur im Hinblick auf die Erziehungsfähigkeit Unterstützung geleistet wird, sondern auch die Mädchen als Jugendliche mit all ihren eigenen Entwicklungs- und Bewältigungsaufgaben begleitet und gestützt werden müssen. Dies erscheint aus einer parteilichen Sicht auf die Mädchen/jungen Frauen sinnvoll und notwendig und widerspricht doch gleichzeitig dem Verständnis des § 19 SGB VIII.

Wohnangebote mit weniger Betreuungs- und Kontrollanteilen wie kleine Wohngemeinschaften von 2-3 jungen Müttern oder betreutes Einzelwohnen, ambulante Betreuung in einer von einem Jugendhilfeträger angemieteten Wohnung oder in der eigenen Wohnung sind nicht das Regelangebot für minderjährige Mütter. Sie sind eher Folgemaßnahmen nach dem Leben im Mutter-Kind-Heim, wenn die Verselbständigung der jungen Frau soweit fortgeschritten ist, dass ihr das Leben mit dem Kind ohne permanente Begleitung zugetraut wird. Die Betreuung in diesen Wohnformen reicht von mehreren Stunden täglich bis zur regelmäßigen Beratung in Einzel- und Gruppengesprächen und soll dem Bedarf der jungen Frau sowie des Kindes entsprechen.

5. Parteilich sein für die Mädchen: Mädchenarbeit als Grundsatz von Mutter-Kind-Einrichtungen

Mutter-Kind-Heime stehen nicht in der Tradition von Frauenbewegung oder Feminismus, sondern eher in der der christlichen Wohlfahrt. In Ausnahmefällen haben sich aber aus der Tradition feministischer Mädchenarbeit heraus ebenfalls stationäre Angebote für junge Mütter entwickelt. Ihre Qualität besteht darin, dass sie die jungen Mädchen ganzheitlich sehen: als (werdende) Mütter und ebenso als Jugendliche. Sie setzen an den Stärken, die die Mädchen haben, an und unterstützen sie bei der Lösung von Problemen, die sie in ihrer Rolle als Mütter haben ebenso wie bei denen, die sie als Heranwachsende haben. Diese Einrichtungen weisen mit ihren Konzepten in eine moderne, lebensweltorientierte und annehmende Zukunft für Wohnangebote, die den Auftrag des § 19 SGB VIII erweitern auf beide beteiligten Personen gleichermaßen: die junge Frau und das Kind.

Casa Luna, „ein Zuhause für Schwangere und minderjährige Mütter mit ihren Kindern" ist ein Beispiel für diese mädchenorientierte Form des Wohnangebots und der allgemeinen Unterstützung. Entstanden ist die Einrichtung zunächst als Notunterkunft für minderjährige Schwangere und junge Mütter, die kurzfristig ihr gewohntes Wohnumfeld wegen ihrer Schwangerschaft verlassen mussten. Das Casa Luna wurde von 1991 bis 1996 durch den Kinder- und Jugendplan des Bundes als Modellprojekt im Rahmen des Mädchenprogramms gefördert. Damit wurde es aus der Mädchenarbeit heraus für die Zielgruppe jugendlicher Schwangerer und Mütter konzipiert und nicht wie üblich in den Mutter-Kind-Heimen und den anderen Wohnangeboten der Jugendhilfe in erster Linie als Jugendhilfeangebot oder zum Schutz der Kinder. Das hat Auswirkungen auf das Konzept: Während die Form der Angebote der klassischer Mutter-Kind-Heime und -Wohnformen sehr ähnelt, ist das Grundverständnis deutlich anders: „Obwohl die Mädchen noch sehr jung sind, gehört die Mutterschaft genauso zu ihrer Person und Lebenssituation wie ihre Jugendlichkeit. Das Muttersein bringt zusätzliche Aufgaben und Verantwortlichkeiten bei der Bewältigung des Alltags mit sich, es reduziert die Mädchen aber nicht auf diese eine Rolle" (Casa Luna 2009).

Hier zeigt sich ein entscheidender Unterschied in der Sichtweise auf die jungen Frauen: Explizit werden sie eben nicht auf ihre Mutterschaft reduziert oder der Status des Mutterseins zum zentralen erklärt, wie dies in vielen Konzepten von Mutter-Kind-Einrichtungen zu finden ist. Vielmehr zeigt sich hier die parteiliche Mädchenarbeit als Basis, die Konzeption und die tägliche Praxis steuert: Die Mädchen und jungen Frauen sollen lernen, sich selbst Wert zu schätzen, sich anzunehmen, sich ihrer verschiedenen Bedürfnisse als Jugendliche und Mütter bewusst zu werden und zu lernen, sie in Einklang zu bringen, anstatt immer Schuldgefühle zu entwickeln, wenn die jugendlichen Bedürfnisse dominieren. Im Casa Luna geht es um die Stärkung von jungen Frauen, die sich in einer multiplen Lebenssituation zurecht finden müssen. Es wird davon ausgegangen, dass, wenn die jungen Frauen stark gemacht anstatt reglementiert werden, sie besser Eigenverantwortung erlernen und vor allem Wertschätzung für sich selbst. Das aber ist eine gute Basis dafür, das Leben irgendwann auch alleine bewältigen zu können. Der Mädchenarbeitsansatz wertschätzt in erster Linie die jungen Frauen und ihre Versuche, ihr Leben zu bewältigen. Moralische Zuschreibungen erübrigen sich aus diesem Blickwinkel. Vielmehr gilt es, sie zu ermutigen, zu loben und zu fördern, damit sie Vertrauen zu sich und ihren Kompetenzen entwickeln. Entsprechend sind auch die Ziele der Arbeit formuliert:

„Ziele der Einrichtung Casa Luna sind

- ➢ Bewältigung des Alltags
- ➢ Sicherung des Kindeswohls
- ➢ Aufbau einer stabilen Mutter-Kind Beziehung
- ➢ Entwicklung eines eigenverantwortlichen Lebens mit dem Kind
- ➢ Entwicklung einer Berufs -und Lebensperspektive
- ➢ Entwicklung der eigenen Persönlichkeit" (ebd.).

Natürlich hat das Kindeswohl auch hier einen zentralen Stellenwert, und Parteilichkeit für die jungen Frauen bedeutet nicht, die Kinder aus dem Blick zu lassen. Aber es gibt ebenso viele Ziele, die auf die junge Frau abzielen wie solche, die sich auf das Kind richten. Hier zeigt sich die Balance im Konzept, mit der junge Frauen viel stärker in den Mittelpunkt gestellt werden als üblich und auch stärker, als der § 19 SGB VIII dies formuliert. So wundert es auch nicht, dass dieses Wohnangebot für minderjährige Mütter auf der Grundlage der §§ 34 und 41 SGB VIII arbeitet und damit im Bereich der erzieherischen Hilfen bzw. der Hilfen für junge Volljährige. Hier können die Mädchen auch mit ihren Problemen, Themen und Bewältigungsaufgaben über das Muttersein hinaus gesehen und unterstützt werden.

Bildung ist in diesem Zusammenhang ein wichtiges Thema: Auf der Homepage des Casa Luna beantworten die Pädagoginnen oft gestellte Fragen, so auch die nach dem Schulbesuch und stellen unmissverständlich auf die Frage: „Kann ich auf die Schule verzichten, wenn das Baby geboren ist?" fest: „Nein, das ist nicht möglich. Du musst deine Schulpflicht erfüllen, das heißt, mindestens zwölf Jahre zur Schule gehen. Nach der Geburt gibt es aber auf jedem Fall acht Wochen Babyzeit. Wenn du es dir nicht zutraust, danach gleich wieder zur Schule zu gehen, können wir eine Schulbefreiung für dich beantragen. Diese wird in der Regel für den Rest des laufenden Schuljahres genehmigt. Danach musst du die Schule wieder besuchen" (ebd.).

Im Casa Luna wird den Mädchen Nachhilfe und Unterstützung beim Schulbesuch sowie Berufsorientierung angeboten. Gehen sie von dort in eines der Verselbständigungsangebote, die dem Casa Luna angeschlossen sind, dann werden sie auch in der Ausbildung unterstützt, denn „Ziel bleibt es, dass die junge Mutter auch in der neuen Lebenssituation und ohne pädagogische Hilfe ihre Schul- oder Berufsausbildung zu Ende führt und sowohl emotional wie letztendlich auch finanziell für ihr Kind sorgen kann" (ebd.).

Auch Jungen sind kein Tabu im Haus, sie dürfen die Mädchen besuchen und auch im Haus schlafen unter bestimmten Bedingungen, für die es aber klare Regeln gibt: „Wenn du einen festen Freund hast, der bereit ist, die Regeln des Hauses zu akzeptieren und der dir hilft, dein Kind gut zu versorgen und deine Aufgaben im Casa Luna zu bewältigen, ist es für ihn möglich, bei dir zu übernachten. Wochentags ist dies allerdings nur in Ausnahmefällen gestattet. Wann und wie oft dein Freund am Wochenende bei dir übernachten darf, wird mit den Pädagoginnen abgesprochen." (ebd.).

In einem Artikel über ihre Arbeit beschreibt Anneke Gaarst, Mitbegründerin des Casa Luna und bis heute Mitarbeiterin, dass die Väter nur selten eine Unterstützung für die Mädchen seien. In 70-90% der Fälle müsse die Einrichtung einen Vaterschaftsprozess anstreben, da die Jungen die Vaterschaft abstreiten würden. Die Beziehungen zu den Jungen gingen oftmals schon in der Schwangerschaft oder kurz nach der Geburt in die Brüche, und die Mädchen suchten nach neuen Partnern und Ersatzvätern (vgl. Gaarst 2001, 11). Die neuen Partner würden schnell überfordert mit vielfältigen Wünschen, perfekter Partner und neuer Papa zu werden. Insofern erkläre sich der Grundsatz der Einrichtung, dass nur die „festen Freunde" im Haus übernachten und am Leben im Haus teilnehmen dürfen. Auch hier wird deutlich, dass das Konzept auf Seiten der Mädchen steht. Gleichzeitig zeigt sich hier auch ein konzeptionelles Problem, denn unklar bleibt: Welche Kontrollinstanz entscheidet, wann eine Beziehung fest genug ist?

Ausgangspunkt des Konzepts ist ein Verständnis dafür, dass viele Mädchen sich in oftmals schneller Abfolge neuen Partnern zuwenden. Dieses Verständnis basiert auf einem parteilichen Blick auf die Mädchen: Sie sind in einer Situation, in der sie faktisch verlassen (worden) sind: von Eltern, die nicht in der Lage sind, eine schwangere Tochter zu unterstützen, von dem Partner, mit dem sie u. U. große Zukunftspläne hatten, heraus aus dem gewohnten Umfeld, aus dem Stadtteil, weg von den FreundInnen etc. Aus diesem verstehenden Blick heraus entsteht keine Verurteilung der Mädchen wegen der häufig wechselnden Partnerschaften, sondern erstmal eine Akzeptanz ihrer Suchbewegungen. Auch im Casa Luna werden Grenzen gezogen, auch hier dürfen nicht alle Jungen im Haus übernachten. Verstehen heißt nicht, alles durchgehen zu lassen. Sondern parteilich handeln heißt, das Verhalten als Ausdruck auch einer Krisenbewältigung zu verstehen und dann sinnvolle Grenzen zu setzen, damit die Mädchen Sicherheit in sich selbst gewinnen und nicht immer als Erwartung nach außen auf die Jungen projizieren.

Der Ansatz der parteilichen Mädchenarbeit ist richtungsweisend für die Weiterentwicklung von Wohnangeboten für minderjährige Schwangere und Mütter, weil er verstehend und akzeptierend auf der Seite der Mädchen steht.

6. Noch was lernen mit Kind? Bildung und Ausbildung für junge Mütter

Nicht alle Mädchen schaffen es, in die Regelschule zurück zu kehren, insbesondere, weil sie dort wegen ihrer frühen Mutterschaft besondert oder abgewertet werden und weil die Regelschule nicht auf Lebenslagen junger Mütter eingestellt ist. Es gibt aber auch schulische Angebote für diese Mädchen, die speziell auf ihre Bedürfnisse ausgerichtet sind und in denen ausschließlich junge Mütter beschult werden. Spezielle Schulangebote für junge Mütter, in denen in kleinen Gruppen gelernt wird, die Mädchen alle eine ähnliche Lebenssituation haben, der Unterricht und die Lernzeiten auf das Leben mit Kind abgestimmt werden können und flankierende Hilfen auch in anderen Lebensfragen angeboten werden, sind eine Notwendigkeit zur Unterstützung von Mädchen. Leider gibt es nicht annähernd ausreichende schulische Angebote dieser Art für junge Mütter in Deutschland.

Erreichen Mädchen trotzdem einen Schulabschluss, fangen die Probleme erst richtig an, denn wie können sie eine Ausbildungsstelle finden, die mit ihren Lebenslagen vereinbar ist?

- ➢ Welche Kindertagesstätte oder -krippe hat so lange Öffnungszeiten, dass Mädchen pro Tag 9-10 Stunden arbeiten können?
- ➢ Welcher Arbeitgeber nimmt eine junge Mutter, die wohlmöglich öfter wegen Krankheit oder Betreuungsproblemen des Kindes ausfällt?

> Wer vertraut den jungen Frauen, dass sie Kind und Ausbildung vereinbaren können und die schulischen Anforderungen schaffen?
> Wo gibt es Ausbildungsangebote, die mit weniger Zeitaufwand pro Woche zu bewältigen sind, so dass die jungen Frauen mehr Zeit für ihre Kinder und ihr privates Leben haben?

Sicher ist: Diese Fragen sind nicht beantwortet, der normale Ausbildungsmarkt ist auf diese Zielgruppe nicht ausgerichtet. Im Wettbewerb um die nicht für alle Jugendlichen ausreichenden Ausbildungsstellen in Deutschland gehören junge Mütter zu der Zielgruppe, die es mit am Schwersten hat. Oftmals gebrochene Schulkarrieren, ein Kind zu versorgen, alleine lebend ohne die Unterstützung von Eltern, stellen sie in den Augen vieler Betriebe zu hohe Risikofaktoren dar. Und auf der anderen Seite ist eine Vollzeitausbildung für viele junge Frauen auch nicht geeignet, da sie so kaum noch Zeit haben, sich um das Kleinkind zu kümmern. Selbst das neue Unterhaltsrecht, dass verschärfend Frauen bereits ab dem dritten Jahr des Kindes grundsätzlich zur Vollzeitarbeit verpflichtet, erwartet in den ersten drei Lebensjahren keine Vollbeschäftigung. Ausbildung aber ist in der Regel in Vollzeit organisiert, so dass junge Mütter auch mit Kleinstkindern oftmals nur die Alternative haben, sich auf Vollzeitausbildung einzulassen oder keine Ausbildung aufzunehmen. Das wiederum erhöht die Gefahr lebenslanger Armut erheblich. Es mangelt weiterhin an ausreichend Teilzeitausbildungsstellen für junge Mütter, was dazu führt, dass Armuts- und Abhängigkeitskarrieren frühzeitig angelegt werden, auch, wenn die jungen Frauen gerne eine Ausbildung absolvieren würden. (ausführlich hierzu Friese in diesem Band)

7. Niedrigschwellige Angebote für Mädchen und junge Frauen mit Kind

Eines der Ziele in der Betreuung von jungen Müttern ist die Verselbständigung. Die jungen Frauen müssen lernen, ihr Leben mit dem Kind mittelfristig alleine zu bewältigen. Dazu müssen sie auf verschiedensten Ebenen Kompetenzen entwickeln: Sie müssen sich vernetzen und Freundschaften aufbauen, damit sie sozial integriert sind und auf verlässliche Beziehungen und Unterstützung zurückgreifen können. Sie müssen darüber hinaus auch ihre oftmals wegen der Schwangerschaft unterbrochene Schullaufbahn fortsetzen und nach der Schule eine berufliche Perspektive entwickeln, wollen sie nicht zeitlebens von staatlichen Sozialleistungen abhängig sein. Deshalb gibt es neben und verschränkt mit den Wohnangeboten auch Unterstützung beim Fortsetzen der Schule, beim Übergang in eine berufliche Perspektive und Ausbildung (vgl. dazu Friese in diesem Band). Die Unterstützung im schulischen Bereich sieht zumeist so aus, dass in den Wohnangeboten

Sorge dafür getragen wird, dass die Kinder tagsüber versorgt sind, so dass die Mädchen die Schule besuchen können. Außerdem werden die Mädchen beim Lernen unterstützt durch Nachhilfe oder Schulaufgabenhilfe durch die Betreuerinnen (siehe auch Casa Luna). Mädchen, die in einer für ihr Alter ungewöhnlichen Situation leben, müssen im normalen Schulalltag mitlaufen. Sie sind konfrontiert mit anderen Jugendlichen, die ihr Leben frei und ohne Verantwortung für ein anderes Leben ausleben können. Das ist sicherlich für viele Mädchen oft nicht einfach. Andererseits sind die jungen Mütter, wenn sie in ihren Klassenverband oder zumindest in ihre Schule zurückkehren können, auch wieder ein Stück integriert in ihr früheres Leben.

Neben den Wohnangeboten, Schule und Ausbildung gibt es weitere niedrigschwellige Angebote für die Mädchen und ihre Kinder, an denen auch die Kinder- und Jugendhilfe beteiligt ist bzw. die sie selbst anbietet. So werden seit einigen Jahren, noch zumeist modellhaft, die Jugend- mit der Hebammenhilfe verknüpft, um die jungen Frauen zu erreichen und um ihnen umfassende Hilfen für sich und das Kind anzubieten. Im Niedersächsischen Modellprojekt „aufsuchende Familienhilfe für junge Mütter" arbeiten bspw. Familienhebammen und Sozialarbeiterinnen der Jugendhilfe eng zusammen. Die Hebammen stellen dabei den Erstkontakt her und decken alle Fragen von Schwangerschaft, Geburt, Kindsversorgung und Gesundheit ab. Die Sozialarbeiterinnen übernehmen die Beratung und Begleitung in lebenspraktischen Fragen und sollen eine Scharnierfunktion zu den Hilfen für die jungen Frauen bilden. Zielgruppen sind u. a. minderjährige Schwangere und junge Mütter. Ziel dieses und ähnlicher, professionsübergreifender Angebote ist, gesundheitliche und soziale Versorgung zu verbinden. Ein wesentliches Merkmal dieses Ansatzes ist, ähnlich wie bei allen anderen, das der Vernetzung und Verschränkung unterschiedlicher Professionen, Träger und Bereiche, um den multiplen Unterstützungsbedarf der jungen Frauen und ihrer Kinder abzudecken.

Beratung und Unterstützung gibt es aber auch mit Komm-Struktur: Der internationale Schwangerentreff in einem Neubaugebiet in Hamburg bietet jungen Schwangeren regelmäßige Austauschmöglichkeiten, Beratung und Geburtsvorbereitung. Der Treff führt junge Frauen verschiedenster Nationalitäten zusammen und wird von einer Trägerkooperative verschiedener katholischer Träger angeboten (vgl. Kelm/Rosenauer/Schleef 2005, 5). Auch hier ist das Angebot der Zugang zu den jungen Frauen. Von hier aus werden dann notwendige Hilfen vernetzt und für die Mädchen zugänglich gemacht. Der Treff ist eine Einrichtung der Jugendhilfe. Eine Literatur- und Internetrecherche zeigt, dass es für jugendliche Mütter nur wenige explizit ausgewiesene ambulante Angebote gibt, die nicht in Verbindung stehen mit den Wohnangeboten oder der schulischen Bildung. Offene Treffs, offene Beratungsangebote, Freizeitangebote speziell für junge Mütter sind nur selten zu finden. Hier gibt es also noch erheblichen Bedarf, weitere Angebote zu entwickeln und jungen Frauen zur Verfügung zu stellen.

Was noch zu tun bleibt: Handlungsbedarf und offene Fragen
Die Angebote der Jugendhilfe für minderjährige Schwangere und Mütter haben sich - insbesondere nach Einführung des SGB VIII - positiv verändert. Der Wandel von Hilfen für „gefallene Mädchen" zur Unterstützung junger Mütter ist grundsätzlich gelungen, und das SGB VIII sichert mit dem § 19 Wohnangebote explizit für junge Mütter, Väter und Kinder als Aufgabe der Jugendhilfe.
Trotzdem besteht in der Jugendhilfe immer noch erheblicher Handlungsbedarf:

- ➢ Gesetzlich müsste eine Regelung gefunden werden, mit der nicht nur wie im § 19 SGB VIII die Unterstützung der Eltern in ihrer Persönlichkeitsentwicklung auf die Pflege und Erziehung des Kindes bezogen wird. Vielmehr müssten die jungen Mütter und Väter auch einen eigenständigen Unterstützungsanspruch haben, der sich insgesamt auf ihre Person bezieht. Zwar gibt es diesen Anspruch auch im SGB VIII (§§ 34 und 41 SGB VIII), doch sind wiederum in den erzieherischen Hilfen die jungen Mütter und Väter nicht als Zielgruppe benannt. Der Schutz des Kindes ist im Abschnitt „Förderung der Erziehung in der Familie" richtig verortet, die Entwicklungsförderung jugendlicher Mütter und Väter allerdings nicht. Sie würden eher in den Bereich erzieherischer Hilfen gehören.
- ➢ Die Vorgabe, dass die Gemeinsamkeit in den Wohnformen sich lediglich auf die Beziehung zwischen Mutter und Kind oder Vater und Kind bezieht, scheint bei minderjährigen Eltern nicht ausreichend. Sofern jugendliche Paare stabile Beziehungen haben und beide bereit sind, sich um das Kind zu kümmern, sollten sie auch beide in ihrer Erziehungsfähigkeit und in der Persönlichkeitsentwicklung unterstützt werden.
- ➢ Allein mit der Bezeichnung „Wohnformen für Mütter/Väter und Kinder sind die Väter offenbar nicht in die Verantwortung zu holen. Die meisten der Wohnangebote heißen mehrheitlich weiterhin Mutter-Kind-Heime und lassen Väter oftmals kaum in die Einrichtung. Zwar sind es unter Jugendlichen fast ausschließlich die jungen Frauen, die die Kinder betreuen und mit ihnen leben,

aber Wohnformen müssen sich auch auf allein erziehende Väter einstellen. Mit dem Begriff des Mutter-Kind-Heimes geht das sicherlich nicht, und gleichzeitig fehlt es auch an konzeptionellen Ideen. Wie Väter zu beteiligen sind, scheint in der Praxis der Wohnangebote noch nicht besonders weit entwickelt und muss konzeptionell noch entwickelt werden. Dem voraus gehen müsste allerdings eine Zielformulierung: Wie werden die Väter gesehen, welche Position sollen sie gegenüber den Kindern und den Mädchen einnehmen?

➢ Die Vernetzung unterschiedlicher Hilfsangebote muss weiter entwickelt werden, auch über Angebote der Jugendhilfe hinaus: Schulen, Familienhebammen, Sozialämter, Kammern, KinderärztInnen, Kitas, Ausbildungsbetriebe, Freizeitangebote müssen noch stärker miteinander kooperieren, um Mädchen (und Jungen) ganzheitlich zu betreuen und zu unterstützen.

➢ Spezielle Angebote in Bezug auf die schulische Bildung und auf die Ausbildung sind weiter zu entwickeln und auszubauen. Kleine Klassen, in denen junge Mütter spezifisch unterstützt werden, in denen ihre doppelte Lebensrealität berücksichtigt wird und wo die Kinder betreut und die Mädchen sozialpädagogisch unterstützt werden, sind für viele junge Mütter die einzige Chance, einen Schulabschluss zu erreichen. Jugendhilfe muss hier eng mit Schulen und mit den Kammern zusammen arbeiten. Teilzeitausbildung muss ausgeweitet werden und für Mädchen, die noch erhebliche Unterstützung brauchen, auch im Verbund mit Jugendhilfeträgern gestaltet werden.

➢ Im Rahmen der Jugendsozialarbeit sollten Hilfen zur Ausbildung für junge Mütter stärker entwickelt und angeboten werden. Viele Mädchen haben auf dem ersten Ausbildungsmarkt keine Chance und haben zusätzlich Bedarf an sozialpädagogischer Unterstützung.

➢ Junge Mütter (und Väter) müssen in Regelangeboten der Jugendhilfe stärker als Zielgruppe angesprochen werden: offene Jugendarbeit, Beratung und Kinder- und Jugendschutz sollten ihre Angebote auch auf diese Zielgruppe ausrichten. Junge Mütter sind auch Jugendliche, die vor jugendlichen Gefahren zu schützen sind, die Beratung brauchen oder an Angeboten der Jugendarbeit teilnehmen wollen.

➢ Der Bestrafungs- und Abwertungscharakter, der in manchen Angeboten und Konzepten unterschwellig immer noch mitschwingt, muss endgültig aus den Angeboten der Jugendhilfe entfernt werden. Minderjährige Schwangere und Mütter brauchen Unterstützung in ihrer schwierigen Lebenslage und keine

Verurteilung. Das betrifft sowohl manche Konzepte von Mutter-Kind-Heimen als auch insbesondere die Babysimulatoren.

Literaturverzeichnis

Albatros Lebensnetz (Zugriff 2009): Eltern-Kind Projekt. http://www.albatros-lebensnetz.de/index.php?id=68

Anspach, Maria (2005): Motorisierte „Wickeltante" in zwei Weltkriegen. http://www.durchblick-siegen.de/themes/ds/pdf/03_05/seite28.pdf

Blandow, Jürgen (1989): „Fürsorgliche Bewahrung" - Kontinuitäten und Diskontinuitäten in der Bewahrung „Asozialer". In: Cogoy, Renate/Kluge, Irene/Meckler Brigitte (Hg.): Erinnerung einer Profession. Münster

BMFSFJ (Hg.) (1999): Kinder- und Jugendhilfegesetz (Achtes Buch Sozialgesetzbuch). Berlin

Bundesministerium für Jugend, Familie und Gesundheit (Hg.) (1984): Sechster Jugendbericht. Verbesserung der Chancengleichheit von Mädchen in der Bundesrepublik Deutschland. Bonn

Bundeszentrale für gesundheitliche Aufklärung (Zugriff 2009): Schwanger unter 20. http://www.schwanger-unter-20.de/2700.0.html#4a8043e9e9e32b3249b41c7dfd55c311

Casa Luna (Zugriff 2009): Konzept. http://www.kriz-ev.de/casaluna/15.html

Caritasverband Diözese Münster (Zugriff 2009): Mutter-Kind-Heime der Caritas. http://www.caritas-muenster.de/49794.html

Casa Luna (Zugriff 2009): die Nachbetreuung. http://www.kriz-ev.de/casaluna/13.html

Fietzek, Lothar (1978): Schlappe auf Schlappe für die Innere Mission. päd extra sozialarbeit Heft 7/8/1978, S.8-9

Heimerzieherzeitschrift (1973): Eingeschlossen. Dokumentation Hauptpflegeheim Ollenhauerstr. Arbeitsmaterialien zur Heimerziehung 1. Berlin

Hüsken, Hermann (1976): Zur Situation der „öffentlichen Erziehung" in den Erziehungsheimen der Bundesrepublik Deutschland. Empirische Untersuchung der äußeren Gegebenheiten der Erziehungsheime und der strukturellen Bedingungen ihrer Sozialisationsbereiche zum Zwecke der Überprüfung von Aussagen der ´linken´ Heimkritik. Dissertation. Münster

Institut für Entwicklungsplanung und Strukturforschung an der Universität Hannover (Hg.) (2005): Aufsuchende Familienhilfe für junge Mütter - Netzwerk Familienhebammen. Hannover

Jugendpressedienst (Zugriff 2009): Kein Kinderspiel. Schwanger mit 14. http://www.jugendpressedienst.de/rd/845.php

Karstens, Angélique (2008): Noch einen Monat, dann habe ich meinen Abschluss! In: Jubiläumszeitung 10 Jahre BeLem. http://www.zsb-bremen.de/unterlagen/fachinfo/jubilaeumszeitung-belem.pdf

Kelm, Marlies/Rosenauer, Eva/Schleef, Dirk (2005): PAULA und der internationale Schwangerentreff - IN VIA fördert junge Mütter. Paderborn

KRIZ e.V.(Zugriff 2009): "Babys sind nicht immer so süß wie sie aussehen!" Das Projekt "Baby-Bedenkzeit Bremen". http://www.kriz-ev.de/babybedenk/28.html

Landschaftsverband Rheinland (1980): Rahmenplan für die öffentliche Erziehung. Köln

Klees-Möller, Renate (2001): Mutter-Kind-Einrichtungen - welche Hilfen bieten sie? In: Betrifft Mädchen Heft 3/2001, S.8-9

KRIZ e.V.(Zugriff 2009): Babybedenkzeit - Das Konzept. http://www.kriz-ev.de/babybedenk/28.html

Kurrle, Bernhard (1970): Männer im Mädchenheim. Ein Versuch. In: Unsere Jugend Heft 5/1970, S.219-226

LIFE e.V. (Hg.) (2008): Studie zur Umsetzung von Teilzeitausbildung in Berlin. http://www.life-online.de/download/publication/StudieTeilzeitberufsausbildung_Berlin_2008_LIFE.pdf

Meinhof, Ulrike Marie (1971): Bambule. Fürsorge - Sorge für wen? Berlin

Münder, Johannes (1998): Frankfurter Lehr- und Praxiskommentar zum KJHG/SGB XIII. 3., vollständig überarbeitete Auflage. Münster

Pregitzer, Sabine/Jones, Vanessa (2004): Schulausbildung und berufliche Qualifizierung für junge Mütter - innovative Kooperationsmodelle aus Bremen. In: BzgA (Hg:) Forum Sexualaufklärung und Familienplanung: Jugendliche Schwangere und Mütter. Heft 4/2004. Frankfurt. S.27-31

Pregitzer, Sabine (2001): BeLeM Berufliche Lebensplanung für junge Mütter. Ein Kooperationsprojekt zwischen Jugendhilfe und Schule. In: Betrifft Mädchen Heft 3/2001, S.17-19

RTL (2009): Erwachsen auf Probe. 2009. http://www.rtl.de/tv/tv_faq.php?tree=542&such=

RTL (2009): Kein Risiko für die Kinder. http://www.rtl.de/tv/tv_986220.php?media=artikel2&set_id=22220

Schäfer, Gabriele/Hocke, Martina (1995): Mädchenwelten: Sexuelle Gewalterfahrungen und Heimerziehung. Heidelberg

Spies, Anke (2005): Bertha Pappenheim – ihr Beitrag zu einer kritisch-diskursiven Ermittlung des Erziehungsbedarfs gefährdeter Mädchen und Kinder. In: Siegen Sozial 10. Jg., 2/2005, S. 56-63

Spies, Anke (2008): Zwischen Kinderwunsch und Kinderschutz. Babysimulatoren in der pädagogischen Praxis. Wiesbaden

Stein-Hilbers, Marlene (1979): Zur Kontrolle abweichenden Verhaltens von Mädchen durch die Heimerziehung. In: Neue Praxis 3/1979, S.283-295

Stern online (30.7.2008): „Baby-Bedenkzeit" Modellprojekt für junge Mütter in spe. http://www.stern.de/tv/sterntv/:Baby-Bedenkzeit-Modellprojekt-M%FCtter/621591.html

Wagner-Kröger, Rosa (1991): Junge Mütter in der Heimerziehung - ein Projektbericht. In: Birtsch, Vera/Hartwig, Luise/Retza, Burglinde (Hrsg.): Mädchenwelten - Mädchenpädagogik. Perspektiven zur Mädchenarbeit in der Jugendhilfe. Frankfurt. S.222-240

Wallner, Claudia (2006): Feministische Mädchenarbeit. Vom Mythos der Selbstschöpfung und seinen Folgen. Münster

Weber, Monika (2001): Vorwort zu „Betrifft Mädchen" Heft 3/2001, herausgegeben vom Institut für Soziale Arbeit e.V. Münster. S. 3

Barbara Stauber
Unter widrigen Umständen – Entscheidungsfindungsprozesse junger Frauen und Männer im Hinblick auf eine Familiengründung

1. Junge Elternschaft – ambivalente gesellschaftliche Diskurse

Das Thema „Junge Elternschaft" (im Englischen genauer: „first parenthood", „new parenthood") ist derzeit Gegenstand vielfältiger öffentlicher Debatten. Jede dieser Debatten kann nur schwer die jeweils dahinterstehenden politischen Interessen verbergen, und jede reduziert das komplexe Thema des Übergangs in die Elternschaft auf unzulässige und mitunter äußerst ideologische Art und Weise.

Da ist zum einen – und politisch am gewichtigsten – der demographische Diskurs, nach dem eine Geburtenrate, die auf lange Sicht nicht mehr annähernd die Reproduktion der Gesellschaft gewährleisten kann, als größtes gesellschaftliches Problem dargestellt wird: Zum Problem für die sozialen Sicherungssysteme (wobei so getan wird, als wäre deren derzeitige Funktionsweise prinzipiell unveränderbar), für die Generationenverhältnisse (wobei ignoriert wird, dass die private Sorge ohnehin schon an ihr Limit gekommen ist, ein grundsätzliches Umdenken im Hinblick auf die vielfältigen Bedürfnisse einer alternden Gesellschaft also ohnehin ansteht), für die Zukunftsfähigkeit der Wirtschaft und der Wissensgesellschaft schlechthin (wobei dem Problem eines Nachwuchsmangels im Moment ja noch das Problem von gutausgebildeten arbeitslosen jungen Frauen und Männern gegenübersteht) (vgl. kritisch: Konietzka/Kreyenfeld 2007).

Dieser demographische Diskurs geht an geschichtlichen Analysen vorbei, nach denen im Rückblick auf das 20. Jahrhundert niedrige Geburtenraten die Regel, Geburtenraten von über 2.0 eine absolute Ausnahme der Nachkriegszeit darstellten. Er geht an Analysen vorbei, die aufzeigen können, dass eine reproduktionserhaltende Geburtenrate nur mit einer völlig unrealistischen Kinderzahl pro Frau noch erreicht werden könnte (nach Berechnungen von Bertram (2006) müsste jede Frau 4 bis 5 Kinder zur Welt bringen). Er ignoriert fundierte Kritiken an der Möglichkeit demographischer Vorausberechnungen über 50 Jahre hinaus (vgl. pointiert Butterwegge 2006). Er geht vorbei an dem Problem statistischer Ungenauigkeiten, das inzwischen erkannt ist, das aber noch auf Jahre hin dafür sorgen wird, dass die Kinderlosigkeit älterer Frauen systematisch überschätzt wird (vgl. die Auseinandersetzung um den Mikrozensus, der sich erst im Jahre 2008 auf die Realität späterer Geburten eingestellt hat). Darüber hinaus feminisiert dieser Diskurs die aufgeschobene Familiengründung, ohne das Verhalten von Männern mit ins Visier zu nehmen (vgl. hierzu kritisch Knijn u.a. 2007; BZgA 2005b), er weist insbesondere den Akademikerinnen Egoismus zu, ohne die strukturellen Schwierigkeiten zu benennen, denen hochqualifizierte Paare in punkto Familiengründung gegenüberstehen: die hohe Belastung im Beruf für beide PartnerInnen, die geforderte Job-Mobilität, die Paare zu Wochenendbeziehungen zwingt, oder dazu, als Paar wichtige Netze zu verlassen, die mangelnde öffentliche Versorgung mit Kinderbetreuungsmöglichkeiten, die andererseits wiederum eine räumliche Nähe etwa zu großelterlichen Unterstützungsleistungen unabdingbar macht. Er ignoriert zudem die Entwicklung partnerschaftlicher Beziehungsvorstellungen, die unter diesen Bedingungen nachgewiesenermaßen nur schwer zu realisieren sind (vgl. Fthenakis u.a. 2002). Nicht zuletzt ignoriert er den erklecklichen Anteil ungewollt kinderloser Paare, der bei aller Vorsicht und mit anzunehmender enormer Dunkelziffer auf ca. 12-15 % der kinderlosen Paare geschätzt werden kann (Sütterlin/Hoßmann 2007).

Ein offenbar ganz anderer Diskurs ist der Diskurs um sogenannte „Teenagerschwangerschaften". Dieser identifiziert nicht zu wenig, sondern zu viele Kinder bei einer Gruppe von Eltern, die per se für zu jung, zu wenig ausgebildet, zu inkompetent für eine Übernahme elterlicher Verantwortung gehalten wird. Dieser Diskurs ist nur vermeintlich ein Gegen-Diskurs – bei genauerem Hinsehen offenbart er, worum es dem demographischen Diskurs eigentlich geht: nicht um mehr Kinder per se, sondern um mehr Kinder einer sozialen Gruppe, der ausreichende Fähigkeiten zugeschrieben werden, das Humankapital künftiger Wissensgesellschaften bereitzustellen. Doch auch der Diskurs um frühe Elternschaft geht an einschlägigen Studien vorbei, die ein differenzierteres Bild von den Lebenslagen jugendlicher Eltern zeichnen können (vgl. BZgA 2005a, BZgA 2008, Hirst u. a. 2006). Und auch er sitzt wiederum einer fragwürdigen Datengrundlage auf: So hat die im Jahre 2000 erfolgte Umstellung der statistischen Erfassung von „Teenagerschwangerschaften" von der Geburtsjahrmethode, bei der lediglich der Jahrgang der jungen Mütter ausschlaggebend war, und mit der viele 17-jährige Mütter als volljährig gezählt wurde, auf die wesentlich präzisere Altersjahrmethode, die das reale Alter der Mutter bei der Geburt des Kindes erfasst, ein statistisches Artefakt hervorgebracht, das in den letzten Jahren für den vermeintlich dramatischen Anstieg der „Teenagerschwangerschaften" herhalten musste (vgl. Spies in diesem Band). Entgegen einem medial erzeugten Eindruck dramatischer Bewegungen in der Zahl der „Teenagerschwangerschaften" bewegt sich deren Anzahl jedoch auf einem – gerade auch im internationalen Vergleich (vgl. OECD 2008) – unspektakulären und relativ gleichbleibenden Niveau. Die Anzahl der Lebendgeborenen je 1000 Frauen im Alter von 15 bis 19 Jahren unterliegt in den letzten Jahren sogar einem leichten Abwärtstrend, wohingegen die Schwangerschaftsabbruchquote in der Altersgruppe der 15- bis unter 18-Jährigen und in der Altersgruppe der 18- bis unter 20-Jährigen einem leichten Aufwärtstrend folgt (Statistisches Bundesamt 2008; Blum 2008). Anke Spies (2008) weist allerdings darauf hin, dass das im Jahr 1996 neu geregelte Meldesystem für Schwangerschaftsabbrüche erst ab dem Jahr 2001 zu einer flächendeckend veränderten Meldepraxis geführt hat, und für die Jahre davor kaum von gesicherten Zahlen ausgegangen werden kann. Unter diesen Vorzeichen wäre in den letzten Jahren bei den Schwangerschaftsabbrüchen der unter 20-Jährigen sogar ein Rückgang zu verzeichnen.

Vor lauter Aufgeregtheiten ringsum das Thema junger Elternschaft ist manchmal gar nicht mehr sichtbar, worum es aus der Subjektperspektive junger Frauen und Männer eigentlich geht: um komplexe Entscheidungsfindungsprozesse im Kontext weiblicher und männlicher Lebensgestaltung in einem Lebensbereich, der mit vielen anderen Lebensbereichen „im Übergang" in Einklang zu bringen ist (vgl. Stauber 2008); es geht um Wünsche nach einem erfüllten Erwerbs- und Familienleben, um (Geschlechter-)Rollenvorstellungen, um Beziehungsideale und um die Frage, wie diese erfüllt werden können. Implizit geht es dabei immer um die Bedingungen, die solche Entscheidungsfindungsprozesse ermöglichen oder abblocken, oder so kanalisieren, dass Vorstellungen auf der Strecke bleiben oder nur um einen hohen Preis (Karriereabbruch, Job-Immobilität, Armutsrisiko) verwirklicht werden können. Offensichtlich fällt es Gesellschaften unseres Typs schwer, die Simultaneität dieser in einem immer engeren Zeitfenster stattfindenden Übergänge anzuerkennen. Wird unter der „Rush hour of life" (Bertram u.a. 2005) eher an die Gruppe der 30- bis 35-Jährigen gedacht, so können „Teenagereltern" aus der hektischen Gleichzeitigkeit unterschiedlicher biographischer Übergänge nicht ausbrechen. Vielmehr ruft ihre Situation etwas anders gelagerte Vereinbarkeitskonflikte als die der älteren Eltern auf den Plan. Eine erste Annäherung an diese Gleichzeitigkeit ist aus der Perspektive der Entwicklungsaufgaben möglich.

2. Entwicklungsaufgaben

Der entwicklungspsychologisch und sozialisationstheoretisch informierte pädagogische Diskurs zu junger Elternschaft erinnert daran, dass in derselben Zeit, in der (sehr junge) Paare Eltern werden, noch eine Reihe von Entwicklungsaufgaben anstehen, die u.U. auf problematische Weise mit der frühen Elternrolle kollidieren. Würde man nun von einer linearen Vorstellung eines sukzessiven Erledigens der Entwicklungsaufgaben ausgehen, wie noch klassisch bei Havighurst unterstellt, käme mit einer frühen Elternschaft in der Tat vieles durcheinander. Nun hat sich jedoch die moderne Entwicklungspsychologie spätestens seit Beginn der 1980er Jahre vom Modell gesetzmäßiger, quasi naturwüchsiger, historisch unveränderbarer Phasen, Stadien und Stufen abgewandt (vgl. Hurrelmann 1983; Fend 1990) und geht inzwischen von einem erweiterten, dynamischeren Modell des Bearbeitens von Entwicklungsaufgaben aus (vgl. Franzkowiak 1996). Die geschlechtertheoretische Kritik (vgl. Helfferich 1994) hat ihr Übriges dazu getan, das klassische Entwicklungsaufgabenkonzept zu modifizieren, war es doch zum einen kaum in der Lage, die geschlechterbezogene Identitätsarbeit als Querschnittsaufgabe zu sehen, und zum anderen gegenüber jenseits normalbiographischen und jenseits der heterosexuellen „Normalität" liegenden Entwicklungsverläufen systematisch verschlossen. Im Vordergrund der neueren Vorstellungen steht nun also eine eher generelle „Auseinandersetzung des Heranwachsenden mit der historisch-gesellschaftlich bestimmten Lebenswelt: das Aufwachsen in einem ökologischen Kontext" (Franzkowiak 1996:413). Hurrelmann geht inzwischen statt von einer linearen Abfolge von einem dynamischen Ineinander von mindestens vier zentralen Entwicklungsaufgaben im Jugendalter aus (Hurrelmann 2007:27f.): von der Entwicklung einer intellektuellen und sozialen Kompetenz, von der Entwicklung des inneren Bildes von einer Geschlechtszugehörigkeit, die inzwischen nicht mehr ausschließlich im heteronormativen Rahmen gedacht wird, von der Entwicklung selbständiger Handlungsmuster im Kontext der KonsumentInnenrolle, und von der Entwicklung eines Werte- und Normsystems und eines ethischen und politischen Bewusstseins[1]. In einem solchen Verständnis von Entwicklungsaufgaben wird die frühe Übernahme der Mutterrolle oder der Vaterrolle zwar immer eine immense Herausforderung bedeuten, sie wird aber prinzipiell in die Bewältigung von Entwicklungsaufgaben zu integrieren sein, diesbezüglich sogar in manchen Situationen ihr spezifisches Potential entfalten: Im Hinblick auf die Entwicklung intellektueller, vor allem aber sozialer

---

[1] Zu ergänzen wäre hier in jedem Fall die Auseinandersetzung mit den Anforderungen des (Aus-) Bildungs- und Erwerbssystems (vgl. Stauber u.a. 2007).

Kompetenz ist die Annahme der Elternrolle immer dann eine Ressource, wenn soviel Unterstützung vorhanden ist, dass sie nicht zur völligen Überforderung gerät. Dies vorausgesetzt, kann in bestimmten Lebenslagen ein Kind eine geradezu katalysatorische Funktion für die soziale Kompetenzentwicklung bekommen. Friedrich und Remberg sprechen in ihrer qualitativen Studie zu „Teenagereltern" (BZgA 2005a) von einem „stark ausgeprägten Verantwortungsgefühl" bei den von ihnen interviewten jungen Müttern und Vätern, und auch von einem „erstaunlichen Organisationsgeschick bei ihren Bemühungen, ihren Alltag mit dem Kind mit Bildungs- und Ausbildungsanforderungen in Übereinstimmung zu bringen. Sie bemühen sich um die Gestaltung ihrer Partnerschaften und die ihrer Beziehungen zu Gleichaltrigen. Sie investieren viel Energie in die Entwicklung von Zukunftsperspektiven für sich und ihre Kinder und zeigen dabei z. T. eine erstaunliche Kreativität. Sie versuchen auch, ihre sexuellen Erfahrungen ebenso wie ihre Beziehungen zu ihren eigenen Eltern und Verwandten positiv und selbstbestimmt zu gestalten" (BZgA 2005a: 353). In der Tat kann die Tatsache, dass nun für ein Kind zu sorgen ist, kombiniert mit dem Wunsch, für dieses Kind perspektivisch ein Vorbild sein zu wollen (vgl. Stauber 1996) auch im Hinblick auf Ausbildung und Beruf ein Engagement hervorbringen, das sonst schwer zu aktivieren gewesen wäre (vgl. Friese 2008).

Auch im Hinblick auf die Entwicklung des inneren Bildes von Geschlechtszugehörigkeit und auf eine geschlechtsbezogene Identitätsarbeit kann junge Elternschaft ganz offensichtlich ein starkes Potential entfalten – als Möglichkeit der Vergewisserung, vor allem aber als Modus des Erwerbs eines gesellschaftlichen Status als junge Mutter, als junger Vater. Dieser gesellschaftliche Status ist jungen Frauen und Männern in anderen Zentralbereichen gesellschaftlicher Anerkennung – namentlich dem Zentralbereich von Ausbildung und Beruf – oft verwehrt. Nicht von ungefähr entscheiden sich vor allem junge Schwangere mit einer – durchaus realistischen – Einschätzung ihrer schlechten Ausbildungs- und Arbeitsmarktperspektiven eher für das Austragen des Kindes (vgl. zum Problem der statistischen Erfassbarkeit Spies 2008). Andere Faktoren wie die der Normalität früher Elternschaft in bestimmten sozialen und v.a. auch sozialräumlichen Milieus (vgl. Coleman/Cater 2006) mögen hinzukommen.

Auch im Hinblick auf einen verantwortlichen Umgang mit Geld und die Einnahme einer selbstbewussten KonsumentInnenrolle bewirkt junge Elternschaft fast zwangsläufig, den Jugendkonsum genau abzuwägen und mit dem neuen Bedarf durch ein kleines Kind abzustimmen. Noch eindeutiger kann die Sorge für und um ein kleines Kind die

Entwicklung eines Werte- und Normsystems und eines ethischen und politischen Bewusstseins immens befördern.

Dies sind bewusst alles „Kann"-Formulierungen. Sie rufen geradezu nach Bedingungen, unter denen sie eher wahrscheinlich werden können. Diese liegen zum einem im sattsam bekannten Bereich der Vereinbarkeit von Familie und Beruf(sausbildung), gehen zum anderen aber im Blick auf die Zielgruppe (sehr) junger Mütter und Väter weit darüber hinaus.

3. Strukturelle Bedingungen – nicht nur der Vereinbarkeit von Ausbildung und Elternschaft

Auch im Kontext sehr junger Elternschaft geht es immer noch oder immer wieder um die strukturellen Bedingungen für Vereinbarkeit von Beruf und Familie. Zu diesen gehören die Bildungssysteme mit ihren (mangelnden) Durchlässigkeiten, die Arbeitsmärkte mit ihrer mangelnden Flexibilität auf ArbeitnehmerInnenseite, das Insgesamt an monetärer Politik, infrastruktureller Politik, und schließlich auch um die zeitpolitische Gestaltung (Bertram u.a. 2005) – von Erwerbsarbeit wie auch von lokalen Infrastrukturangeboten. Zusätzlich jedoch geht es im Hinblick auf die jugendliche Zielgruppe um alters- und geschlechteradäquate Formen der Begleitung und Unterstützung, angefangen bei Beratungsangeboten für junge Väter und Mütter über Hilfen zur Erziehung bis hin zu betreuten Wohnformen mit Kind und PartnerIn.

Im Hinblick auf das (Aus-)Bildungssystem ist auf die erhöhte erste Schwelle zur Berufsausbildung für junge (werdende) Eltern, und hier vor allem für junge Mütter hinzuweisen. Seit der Novellierung des Berufsbildungsgesetzes im Jahr 2005, das einer starken Lobbyarbeit und der Guten Praxis von Modellprojekten wie MOSAIK Bremen zu verdanken ist, gibt es zwar die Möglichkeit einer Teilzeitausbildung (§ 8 Abs. 1 BBiG), bei der die tägliche oder wöchentliche Ausbildungszeit auf 75 % der Regelzeit verkürzt werden kann, ohne dass sich hierdurch die Gesamtdauer der Ausbildung verlängert[2]. Doch diese Teilzeitausbildung muss gemeinsam von den Auszubildenden und dem Ausbildungsbetrieb bei der jeweiligen Kammer beantragt werden und ist auch in den weiteren praktischen Umsetzungsfragen (Ausbildungszeiten, Kinderbetreuungsoptionen) recht

---

[2] Hier gibt es keine einheitliche Handhabung: Bei einer wöchentlichen Arbeitszeit von 75% ist eine Verlängerung der Gesamtdauer nicht erforderlich, beträgt die wöchentliche Arbeitszeit weniger als 75% ist eine Verlängerung möglich. In der Regel kommt es zu einer entsprechenden Reduktion der Ausbildungsvergütung.

voraussetzungsvoll (vgl. Hahner 2008; LIFE e.V. 2008) und deshalb immer noch nicht sehr verbreitet. Auf Initiative eines nordrhein-westfälischen Trägers wurde daher ein bundesweites Netzwerk von Projekten initiiert, das die Implementierung der Teilzeitberufsausbildung unterstützen soll (vgl. auch Berufsbildungsbericht 2008: 229). Väter haben diese Möglichkeit bislang so gut wie nicht in Anspruch genommen (vgl. dazu Friese in diesem Band).

Im Hinblick auf ein Teilzeitstudium, das aus Altersgründen nur wenige junge Mütter betreffen mag, ist nicht nur die schlechte monetäre Absicherung (kein Anspruch auf BAföG) ein Unvereinbarkeitsfaktor (vgl. Cornelißen/Fox 2007). Generell wirken sich die geringe Durchlässigkeit und die hohe Selektivität des deutschen Bildungssystems als hinderlich für eine Vereinbarkeit von (Aus-)Bildung und Elternschaft aus.

Die zweite Schwelle des Übergangs von der Ausbildung in den Beruf ist für junge Mütter und Väter besonders hoch: um Ausbildungsinvestitionen realisieren zu können, muss zumeist der Ort gewechselt werden – was aber bei junger Elternschaft schwierig ist, weil damit das Basis-Versorgungssystem durch die Eltern (so vorhanden) verloren geht. An der Frage, wer unter welchen partnerschaftlichen Konstellationen eine Familie ernähren kann, scheitern zwangsläufig die erhobenen Ansprüche vieler junger Frauen und auch mancher junger Männer: aufgrund des nach wie vor und besonders im Bereich der Ausbildungsberufe bestehenden „gender pay gap" (Aisenbrey/Brückner 2008) bleibt oft der berufliche Anspruch auf der Strecke – zusammen mit dem Anspruch auf ein partnerschaftliches Teilen der Familienaufgaben.

Auch im Hinblick auf die andere Seite der Vereinbarkeit – namentlich die Kinderbetreuungsmöglichkeiten sowie die Palette expliziter und impliziter familienpolitischer Maßnahmen (Spieß 2006) – ist (West-)Deutschland im internationalen Vergleich ein eher unrühmliches Beispiel (vgl. BMFSFJ 2006; Gstrein u.a. 2007). Nur in manchen (großstädtischen) Räumen gibt es ein als flächendeckend zu bezeichnendes Kinderbetreuungsangebot, das aber die Voraussetzung darstellt für den spezifischen Bedarf, der zum Beispiel bei Teilzeitausbildungen auftritt. Die familien- und sozialpolitischen Leistungen ergeben – gerade nach Aufnahme einer Ausbildung – einen Dschungel an sich zum Teil widersprechenden und ausschließenden Leistungen (wie etwa Berufsausbildungsbeihilfe und ALG II), der als solcher eine hohe Zugangshürde darstellt (vgl. LIFE e.V. 2008).

Was in der Fachdiskussion im Hinblick auf junge Eltern für ebenso unerlässlich wie unzureichend gehalten wird, sind geeignete Strukturen für Beratung und Unterstützung. Junge (werdende) Mütter und Väter brauchen im Hinblick auf ihre (kommende) Lebensrealität und auch im Hinblick auf einen biographischen Entwurf, der zumeist altersuntypisch ist, der sie aus ihren Peer-Zusammenhängen hinauszukatapultieren droht, eine peer- und geschlechterbezogene Begleitung. Die jungen Frauen brauchen dies, aber auch die jungen Männer, die lange Zeit weitaus weniger im Blickpunkt von Beratungsangeboten bei junger Elternschaft waren (Bindel-Kögel 2006: 69), und – was kaum verwunderlich ist – dort bislang entsprechend wenig auftauchen.

Für diejenigen Jugendlichen, die ohnehin schon in Kontakt mit der Jugendhilfe sind, oder über die frühe Elternschaft in Kontakt mit ihr kommen, bietet diese im Prinzip seit der Einführung des KJHG gute Möglichkeiten: Der § 19 des SGB VIII ist überschrieben mit „Gemeinsame Wohnformen für Mütter/Väter und Kinder" und bezieht neben der Suche nach einer geeigneten Wohnform sowohl den Unterstützungsbedarf bei der Pflege und Erziehung des Kindes (Abs. 1) als auch die Notwendigkeit ein, „dass die Mutter oder der Vater eine schulische oder berufliche Ausbildung beginnt oder fortführt oder eine Berufstätigkeit aufnimmt" (Abs. 2). Der § 19 befindet sich nicht im Abschnitt „Hilfe zur Erziehung", sondern im Abschnitt „Förderung der Erziehung in der Familie", d.h.: Unterschiedliche Formen des Zusammenlebens mit Kindern sind zu respektieren und zu berücksichtigen – ein Ausprobieren des Zusammenlebens mit dem Partner ist *prinzipiell* möglich, aber nicht üblich: Nach Münder (2006) erhalten nach §19 SGB VIII nur Mütter oder Väter Hilfe, die allein für ein Kind unter sechs Jahren zu sorgen haben oder tatsächlich für das Kind sorgen. Ein Zusammenleben mit dem Partner ist in der Praxis nicht vorgesehen – wo Modellprojekte dies ermöglichen, muss der Partner, sofern er nicht selbst Jugendhilfe- oder andere Sozialleistungen bezieht, für seine Lebenshaltungskosten selbst aufkommen.

Somit hat, darauf weist auch Spies 2008 hin, der Gesetzgeber das biografische Risiko früher Elternschaft von jungen Menschen, die noch Unterstützung zur Persönlichkeitsentwicklung benötigen, und ihren Kindern, sowie eventuell noch mitzuversorgenden Geschwistern explizit berücksichtigt und durch den § 19 SGB VIII in Kombination mit § 34 SGB VIII einen rechtlichen Rahmen für stationäre Hilfen geschaffen.

Allerdings ist die Umsetzung noch nicht annähernd so weit. Dies liegt u.a. auch an der Struktur der vorgehaltenen Angebote: hier haben immer noch Projekte einen

Ausnahmestatus, denen es gelingt, die jugendlichen Bedürfnisse junger Mütter und Väter, ihren Bedarf nach der Entwicklung einer Lebensperspektive, aber auch nach altersgemäßer Unterstützung und Beratung unter einen Hut zu bringen – und es dabei gleichermaßen ermöglichen, mit dem Kindesvater oder Partner zusammenleben, um Partnerschaft und Familie zu erproben, wie auch ein eigenständiges Leben als junge Alleinerziehende kennenzulernen. Beispiele sind das Projekt Leben Lernen e. V. Berlin mit einem betreuten Einzelwohnen als Angebot für Mütter mit Kind/ern, in Kombination mit lebensweltnahen und lösungsorientierten Beratungsangeboten und Freizeitaktivitäten, oder das Projekt Junge Mütter/Väter e.V. Berlin Neukölln, dessen Angebot für allein erziehende junge Väter jedoch bislang kaum direkte Nachfrage von Vätern fand. Stattdessen kam die Nachfrage von den jungen Frauen, die eine Unterbringungsform mit ihrem Partner wünschten, woraufhin das Projekt diese Partnerschaften im Durchschnitt 2 Jahre begleitet. Nicht nur die jungen Mütter, auch die jungen Väter werden hier bei der Erarbeitung einer (beruflichen) Perspektive unterstützt, dazuhin wird gender-bezogen gearbeitet: das Reflektieren von Erwartungen, die mit der Vater-Rolle verbunden sind, sind angesichts häufig erlebter eigener „Vaterlosigkeit" genauso wichtig wie eine Begleitung in Trennungsprozessen, durch die beide Elternteile eine Ansprechperson haben. Auch im Anschluss an die Unterbringung im Projekt ist eine Beratung für den jungen Vater gegeben. „Damit ist nicht die klassische Väterberatung gemeint, die die von uns betreuten Männer nicht erreicht, sondern ein Angebot, das speziell junge – im Umgang mit Partnerschaft und Vaterrolle unerfahrene – Männer berät, sie nicht bevormundet, sie in ihrer Rolle als Vater unterstützt" (Kawalek u.a. 2006:90).[3]

Allerdings gelten im Normalfall der Erzieherischen Hilfen die jungen Väter immer noch eher als Störfaktor, was vor allem diejenigen jungen Männer hart trifft, die zu ihren schwangeren Freundinnen stehen oder zumindest zu dem kleinen Kind einen verbindlichen Kontakt aufbauen wollen. Für sie, wie auch für die anderen Väter, fehlen Möglichkeiten einer guten und selbstverständlichen Männerberatung. Und den jungen Müttern fehlt eine Partnerarbeit, die auch explizit als Väterarbeit praktiziert wird. Die Erzieherischen Hilfen sind damit noch weit davon entfernt, einen ressourcenorientierten Blick auf junge Mütter und Väter zu werfen bzw. die Elternschaft als eine Möglichkeit eines selbstgestalteten, wenn auch schwierigen Lebensentwurfs zu sehen (vgl. dazu ausführlich Wallner in diesem Band). Ansatzweise wird diese Perspektive eher von Fernsehmachern und –macherinnen

---

[3] Weitere "Gute Praxis" findet sich in Projekten wie dem Verbund MOSAIK in Bremen (http://www.dlb.uni-bremen.de/web/forschung/mosaik/home.htm).

eingenommen, die eigenständige neue Einsichten in und Geschichten über junge Elternschaft bieten[4]. Hier wird der Gestaltungsaspekt viel deutlicher als im Unterstützungsdiskurs von Hilfen.

4. Bewältigung – und Gestaltung. Vorteile des agency-Diskurses im Hinblick auf junge Elternschaft

Der Schritt von Teenagern in die Elternschaft kann als Bewältigungsversuch für schwierige Lebenslagen gedeutet werden. Die Frage ist jedoch, ob das Bewältigungsparadigma hier – wie in vielen anderen thematischen Bezügen auch – nicht zu kurz greift (vgl. Böhnisch 2008; Stauber 1996). Denn: auch schwierige Übergänge wollen nicht nur bewältigt, sondern gestaltet werden. Trotz der berechtigten Kritik struktureller Rahmenbedingungen darf nicht vergessen werden, dass auch unter widrigen Umstände junge Frauen und Männer ihre Entscheidungen treffen, dass sie handeln, dass sie Realitäten schaffen, und damit permanent auch existierende Bilder des Elternseins überarbeiten (vgl. Grosser 2006).

Eine Erweiterung des Bewältigungsparadigmas um den Aspekt der Gestaltung, ohne dabei die strukturellen Bedingungen zu vergessen, die – wie auch immer – diese Praktiken rahmen, verspricht der neuere Diskurs um agency (vgl. Homfeldt u.a. 2008). Hierbei wird zunächst einmal der Begriff des Handelns erweitert: Handeln ist nicht einfach Verhalten, sondern ist eingebunden in eine Vielfalt von strukturellen Kontextbedingungen, verweist also auf strukturelle Lagen, und auf die für den jeweiligen Kontext relevanten Politiken, genauso wie auf soziale Kontextbedingungen (Familienbezüge, Eingebundenheit in Peer-Zusammenhänge etc.). Handeln ist aber auch eingebunden in subjektive Motivstrukturen und Interessenslagen. Diese sind Resultate von bestimmten biographischen Entwicklungen, Vorerfahrungen, subjektiven Bildungsprozessen, genauso aber von Aufgaben, die sich jemand stellt oder stellen muss. Motive sind wiederum nicht einfach nur da, sondern gehen hervor aus subjektiven und kollektiven Prozessen des Herstellens von Sinn und Bedeutung, aus „Kultur" als einem Set von Praktiken (vgl. Hörning/Reiter 2004).

Das agency-Konzept steht damit für eine Handlungstheorie, die in der Lage ist, subjektive Sinnstrukturen in beobachtbarem Verhalten zu erschließen, diese aber auch wieder zurückzubinden an die gesellschaftlichen Anforderungen einer Bewältigung und Gestaltung verschiedener Entwicklungsaufgaben, vor allem aber zurückzubinden an deren jeweilige

---

[4] z.B. Beiträge in „37 Grad", eine Pro Sieben-Dokumentation, eine ARD-Dokumentation 18. 12. 2007: mit 15 Vater werden „Wir wollten das Kind" (ein Film von Ingo Langner), aber auch Spielfilmproduktionen, so etwa „Lucy" oder „Juno".

strukturelle Bedingungen und Kontexte. Dieser Handlungsbegriff bezieht Inter-subjektivität und Kollektivität explizit ein, genauso wie die Ebene des Körperlichen und die Ebene des symbolischen Handelns, der Selbstinszenierungen, der jugendkulturellen Ausdrucksformen (vgl. Pohl u.a. 2007; Walther u.a. 2009). Dies ist wichtig, gerade auch im Hinblick auf „Teenagerschwangerschaften". Denn auch hier erschließt sich subjektiver Sinn nur im Rückbezug auf subjektive Positionierungen und Symbolisierungen, die eingebettet sind sowohl in soziale Praktiken wie auch in biographische Entwicklungsverläufe.

Nun ist die Rede von agency vor dem zeitgeschichtlichen Hintergrund der späten Moderne zu verstehen: Man kann davon ausgehen, dass im Kontext ent-standardisierter Übergänge in Jugend und zum Erwachsensein immer mehr dieser Handlungsfähigkeit *sichtbar* wird, weil sie auch immer stärker eingefordert wird (Rückzug wohlfahrtsstaatlicher Absicherungen, Betonung von Selbstorganisation und selbstgesteuerter Lebensplanung). Aber theoretisch falsch wäre es sicherlich zu denken, heutige Kids und Jugendliche hätten mehr (oder weniger) agency als in früheren Zeiten. Vielmehr ist davon auszugehen, dass agency in unterschiedlichen Kontexten unterschiedlich zum Vorschein tritt[5].

Andreas Lange versteht unter agency (und dabei bezieht er sich u.a. auf die Strukturierungstheorie von Giddens, auf die Überlegungen von Emirbayer und Mische und deren Weiterentwicklungen bei Grundmann und auf entwicklungspsychologische Ansätze) „eine voraussetzungsreiche Handlungsbefähigung (.), die im Schnittpunkt von äußerlichen Handlungsbedingungen und innerlichen Persönlichkeitsmerkmalen steht. In den konkreten Handlungsketten verbinden sich diese Momente in den handlungsvorbereitenden und handlungsreflektierenden Interpretationen und führen zu neuen strukturellen Objektivationen." (Lange 2008:156). Diese Pointierung zielt auf die Zeitperspektive ab: agency greift immer auf Traditions- und Erfahrungsbestände in der Vergangenheit zurück, muss Herausforderungen in der Gegenwart bewältigen und gestalten, entwickelt dabei – implizit oder explizit – einen Entwurf auf die Zukunft. Dieser „Akkord", dieser Dreiklang aus Vergangenheit, Gegenwart und Zukunft ist die zentrale Idee von Emirbayer und Mische (1998), auf die sich der hiesige agency-Diskurs in der Sozialpädagogik immer wieder bezieht. Emirbayer & Mische (1998) konzeptualisieren agency „as a temporally embedded process of social engagement, informed by the past, (in its habitual aspect), but also oriented toward the future (as a capacity to imagine alternative possibilities) and toward the present (as a capacity to contextualize past habits and future projects with the contingencies of the moment)." (Emirbayer & Mische 1998:963)

---

[5] Vgl. das Projekt UP2YOUTH – Youth als Actor of Social Change, www.up2youth.org.

Diese zeitliche Dimension zu berücksichtigen, macht besonders im Hinblick auf die Bewältigung und Gestaltung biographischer Übergänge Sinn (vgl. Stauber u.a. 2007), für Fragen des Aufwachsens im Migrationskontext genauso wie für die Gestaltung von Geschlechterbeziehungen, und vor allem für die Übergänge in die Elternschaft. So kann dieser Übergang als ein Zusammenspiel aus Rückgriffen auf (biographische) Erfahrungen und tradierte Normalitäten, aus Entwürfen auf eine Zukunft als junge Frau, junger Mann, junges Paar, junge Familie, und aus den Vereinbarkeitsanforderungen eines zumeist komplizierten gegenwärtigen Alltags verstanden werden. Diese Perspektive macht die interaktive Herstellung von Geschlecht plausibel – als eine immer kontextualisierte und niemals strukturunabhängig gedachte soziale Konstruktion, an der auch die jungen Mütter und Väter beteiligt sind.

5. Bewältigung und Gestaltung unter der Gender-Perspektive

Übergänge in die Elternschaft sind offensichtlich ein Gender-Projekt, das unter derzeitigen Bedingungen dazu tendiert, doing gender in der tradierten Form zu reproduzieren. Auch wenn in Geschlechterbeziehungen ein partnerschaftliches Arrangement vereinbart wurde, stellt sich mit der Geburt eines Kindes sehr häufig eine strukturell (Ausbildungs-, Arbeits-, Verdienst-, Zeitbedingungen für Mütter und Väter) nahegelegte und interaktiv aufgegriffene Re-Traditionalisierung ein (vgl. Fthenakis u.a. 2002). Für viele Mütter und Väter unter 20 ist der Übergang in die Elternschaft ein noch radikaler gegendertes Projekt, weil viele der jungen Mütter nicht mit dem Kindsvater zusammenleben können oder wollen (vgl. Puhlmann 2008). Für diese gilt die Alleinzuständigkeit und damit das alleinige Tragen der genannten Vereinbarkeitsaufgaben.

Innerhalb der Gruppe der jungen Mütter und innerhalb der Gruppe der jungen Väter gibt es jedoch große Unterschiede: Zwar tragen überwiegend junge Frauen mit geringen beruflichen Perspektiven ihre Schwangerschaften aus. Doch mit Anke Spies (2008) ist zu fragen, ob es hier nicht zu systematischen Wahrnehmungsverzerrungen auf das Milieu der ‚typischen' Jugendhilfeklientel kommt. Sie verweist auf eine kontroverse Diskussion der empirischen Befunde zu den Häufigkeiten von „Teenagerschwangerschaften", und führt dabei insbesondere eine Untersuchung von Friese (2001) ins Feld, nach der nur ein Drittel aus ökonomisch armen Verhältnissen komme, der große Rest jedoch eher aus dem Mittelschichtsmilieu (vgl. LIFE e.V. 2008: 58). Wie auch immer die genaue Verteilung aussieht, so ist augenscheinlich von großen Unterschieden im Hinblick auf Bewältigung und Gestaltung(smöglichkeiten) auszugehen, je nachdem, ob junge Frauen in einem relativ funktionierenden sozialen und familiären Umfeld leben, ob dieses leidlich vorhanden, aber im Bedarfsfall zu aktivieren ist, oder ob sie aus großer emotionaler und sozialer Bedürftigkeit heraus schwanger werden und sich für ein Kind entscheiden, oder gar auf Trebe leben (vgl. idealtypische Unterscheidungen bei Bindel-Kögel 2006: 71).

Auch auf Seiten der jungen Väter gibt es eine große Varianz der Lebenslagen – zum einen zwischen dem (größeren) Anteil derer, die sich zurückziehen (oder die zurückgewiesen werden), und der wichtigen Minderheit derer, die hochverantwortlich die neue Rolle annehmen. Zum anderen aber auch innerhalb der Gruppe der letzteren, vor allem, was Alter, Bildungsstand und sozioökonomische Lagen anbelangt. Diese Differenzierungen bekommen kaum Öffentlichkeit, zumal die Forschungslage bezüglich der Ausdifferenzierung der verschiedenen Lagen des Mutter- und Vaterseins dürftig ist.

Auch eine bewusste biographische Lebensgestaltung (sehr) junger Mütter und Väter durch Elternschaft geht in der öffentlichen Wahrnehmung tendenziell unter. Und auch hier zeigt die Forschung mehr Lücken als Ergebnisse. Eine der wenigen Studien zu den Motiven (sehr) junger Mütter (und Väter) ist die Untersuchung von Cater und Coleman (2006) über „Geplante Teenagerschwangerschaften". Sie zeigt – neben den bekannten Schwierigkeiten – auch einige der Potentiale auf, die frühe Elternschaft für junge Frauen und Männer haben kann. Der Ausgangspunkt der Studie, in der 41 „Teenagermütter" und 10 „Teenagerväter" befragt wurden, die die frühe Elternschaft bewusst angesteuert haben, ist eine Forschungslücke: Zwei Drittel der Teenager-Schwangerschaften im Vereinigten Königreich werden ausgetragen, doch die Anzahl derer, die diese Schwangerschaft bewusst gewollt haben, ist dabei völlig unklar (vgl. Cater/Coleman 2006: 55). Alle Programme jedoch, die von Seiten der offiziellen Politik lanciert werden, gehen davon aus, dass es sich hierbei um ungeplante Schwangerschaften handelt. Cater und Coleman haben daraufhin bewusst die Motive derer aufzuschlüsseln versucht, die von dieser Politik überhaupt nicht angesprochen werden konnten – eben weil sie die Schwangerschaft ganz bewusst herbeigeführt hatten. Die erhofften – und in der Regel durch die Elternschaft auch eingelösten – Effekte waren Sinnstiftung, Unterstützung einer (geschlechterbezogenen) Identitätsarbeit (vgl. hierzu auch Anslinger/Thiessen 2004), Selbstvertrauen, eine Intensivierung der Beziehungen innerhalb der Herkunftsfamilie, mehr Autonomie im Hinblick auf Wohnen, eigene Haushaltsführung und Umgang mit Geld. Einige lediglich in den Väterinterviews auftauchenden Aspekte bezogen sich auf den Wunsch, ein besserer Vater zu werden als der, den man selbst hatte (vgl. Cater/Coleman 2006: 48).

Kaum eine der befragten jungen Mütter und Väter bereuen die Entscheidung – lediglich diejenigen, deren Beziehung nicht gehalten hat, sprich: die nun – etwa als alleinerziehende Mutter – zusehen müssen, wie der Kindsvater sein Jugendlichenleben weiterlebt, während sie mit der neuen Elternrolle alleine stehen, oder die – als getrennte Väter – keinen Kontakt zum eigenen Kind haben können. Solange jedoch die neue Situation partnerschaftlich getragen werden kann, ist für die geplant Eltern gewordenen Teenager in ihren Selbstdarstellungen die neue Situation keine Einbuße von Lebensqualität – trotz der Schwierigkeiten, die etwa im Hinblick auf Ausbildung und Berufseinstieg zu meistern sind. Hiermit korrespondieren die Ergebnisse der unter anderem auf biographischen Interviews und Photo-Elicitation beruhenden Studie von Julia Hirst u.a. (2006) unter drei Generationen von „Teenagereltern": Auch diese Studie erlaubt einen nicht problem-fokussierten Blick auf die Potentiale sehr junger Elternschaft (ohne deren Schwierigkeiten und Herausforderungen zu leugnen) – und schließt damit an einige andere Arbeiten (Bonell 2004, Phoenix 1991) an, die im Vereinigten Königreich als Gegentrend zum offiziellen Diskurs entstanden sind. Hervorgehoben wird u.a. der „Sense of turning point and purpose: Having a baby often provides a crossroads to new possibilities for both young women and men. This theme surfaced in accounts from both fathers and mothers, and in each of the three generations. In some cases, there were references to 'getting back on the rails', for example in relation to social life ('I'd been drinking too much'). In other instances, there was a strong sense of wanting to form a loving family,; for some, this was a reaction to an unloving or chaotic background,; for others it represented building on sound family networks and parenting models." (Hirst u.a. 2006:63)

Zentrales Ergebnis der Studie jedoch ist, dass das größte Problem dieser jungen Eltern nicht die Tatsache des Elternseins als solches war/ist, sondern neben der Einkommensarmut die schlechte Reputation als eine der ausgemachten „Problemgruppen" der Nation. Ist dies zunächst ein Problem der jungen schwangeren Frauen und jungen Mütter, wird es im weiteren Verlauf aber vor allem ein Problem gerade der jugendlichen Väter, die zu ihrem Kind stehen und somit – etwa für begleitende Institutionen – sichtbar werden: „Young parents (Hirst, 2003), but fathers in particular (Hirst, 2004a), felt that negative perceptions are reinforced by judgemental and sometimes hostile treatment by health care workers and effectively this amounts to setting them up to fail in their role as new parents, and signs of success or unproblematic experiences defy expectations" (Hirst u.a. 2006:17).

Auch „Teenagerschwangerschaften" scheinen ein Feld zu sein, in dem nicht nur Doing gender, sondern auch verschiedene Formen von Doing difference stattfinden (Fenstermaker/West 2001): "In particular, young black parents were conscious of the stereotypes in existence surrounding young black sexuality. Yemeni and Pakistani Muslim mothers, by contrast, felt that their pregnancy was viewed more positively, as a planned decision within marriage" (ebd: 19).

Somit wird die Lage von „Teenagereltern" stark bestimmt durch die Zuschreibungen und den Umgang einer Gesellschaft und ihrer Institutionen mit diesen sehr jungen Müttern und Vätern. Vor diesem Hintergrund stellt sich die Frage: wo liegen die Risiken? Wo die Ressourcen? Um dann zu fragen: was kann Risikominimierung, was kann Ressourcenorientierung in diesem Zusammenhang bedeuten?

6. Subjektive Ressourcen und strukturelle Risiken

Der Schritt in die junge Elternschaft soll hier explizit *nicht* als Risikoverhalten thematisiert werden. Zwar passen zumindest die ersten drei der nach Franzkowiak weithin dokumentierten zentralen, einander oft überschneidendem Merkmale der Funktionalität von Risikoverhalten wie

- „Statushandlung und Stilbildung; (..)
- Konformitätsübung und Bewährungsprobe; (..)
- Bewältigungsversuch; (..)
- Kompensation und Betäubungsversuch; (..)
- Eingehen ‚kleiner Fluchten' und abenteuerlicher Wagnisse (..) " (Franzkowiak 1996: 414 f.)

durchaus auf frühe Elternschaft. Andererseits wird das, worum es hier geht – die Entscheidung, ein Kind in diesem Alter auszutragen und für es zu sorgen – von den betroffenen jungen Frauen und Männern ganz und gar nicht als Risikoverhalten interpretiert: So zeigt zum Beispiel die Studie von Hoggart (2006), dass für diejenigen, die sich für ein Kind entschieden haben, die Übernahme von Verantwortung im Vordergrund stand.

Auch im Hinblick auf ein vermutetes Fliehen in die Elternschaft bedarf es eines genaueren Blicks. Denn diejenigen Mädchen und jungen Frauen, die sich zum Austragen eines Kindes entscheiden, haben durchaus ein hohes Interesse an einem künftigen Beruf (vgl. Spies 2005). Doch sie haben offensichtlich mehr Vertrauen, durch die Entscheidung zum biographischen Projekt der frühen Mutterschaft gesellschaftliche Anerkennung zu erwerben, als durch – realistischerweise geringe – Aussichten auf eine Berufsausbildung, geschweige denn auf eine spätere Einmündung in qualifizierte Arbeit. Statt Resignation ist hier von einer bewussten Entscheidung auszugehen, die, indem sie die junge Frau zur Regisseurin ihrer biographischen Entwicklung werden lässt, biographische Ressourcen freisetzen kann (vgl. Friese 2008; BZgA 2005a). Wie oben bereits im Kontext der Entwicklungsaufgaben eingehender besprochen, liegen diese Ressourcen in einem umfassenden Kompetenzgewinn, auf der Ebene der Selbstkompetenzen wie auch auf der Ebene von Sozial- und Methodenkompetenzen.

Es geht hier also um einen wertschätzenden, ressourcenorientierten Blick, der zunächst einmal die biographische Entscheidung als Gestaltungsleistung anerkennt, und den Schritt in die Elternschaft als Ausdruck von agency begreift. Damit wird auch die subjektive Sinnhaftigkeit anerkannt, die in dieser agency steckt. Gleichzeitig jedoch bedarf dieser wertschätzende, ressourcenorientierte Blick einer genauen Analyse, wo überall die Ausgrenzungsrisiken für junge Eltern liegen, und wie an ihnen gearbeitet werden kann. Strukturelle Risiken liegen ganz offensichtlich im Hinblick auf Ausbildung und Beruf, bzw. die Fragen der Vereinbarkeit von Familie und (Aus-)Bildung, aber auch im Hinblick auf die Teilhabe am gesellschaftlichen Leben überhaupt durch sozioökonomische Armut. Strukturelle Risiken liegen darüber hinaus in subtilen Ausgrenzungsmechanismen, die im System Sozialer Arbeit eingelagert sein können – so etwa im Kontext von Erzieherischen Hilfen, Beratung und Unterstützung, gestützt durch einen gesellschaftlichen Diskurs, der nur selektiv soziale Achtung und Anerkennung für individuell unterschiedliche Lebensentscheidungen vergibt.

7. Forschungsbedarf

Der generelle Forschungsbedarf im Hinblick auf Übergänge in die Elternschaft ist im Kontext des sekundäranalytisch angelegten Forschungsprojekts UP2YOUTH (vgl. Fußnote 5) erhoben worden (vgl. du Bois-Reymond u.a. 2008). Der generelle Trend: es gibt eine Fülle von Strukturdaten zu den Übergängen in die Elternschaft, auch wenn die Datenlage lückenhaft ist, oder – als Hauptproblem einer internationalen Vergleichbarkeit – viele Daten den Begrenzungen nationaler Statistiken unterliegen. Dies gilt gerade auch für den Themenbereich der „Teenagerschwangerschaften" und in diesem Zusammenhang vor allem der Daten zu Schwangerschaftsabbrüchen. Offenkundiger Forschungsbedarf besteht jedoch im Hinblick auf

- qualitative und dennoch in einer Vergleichsperspektive erhobene Daten zu den Entscheidungsfindungsprozessen von jungen Frauen und Männern. Diese Forschungslücke besteht im thematischen Fokus auf „Teenagerschwangerschaften" auch auf nationaler Ebene: welche Fragen beschäftigen junge Frauen und Männer in diesen Entscheidungsprozessen, welche Aushandlungsprozesse gibt es sowohl in den Paarbeziehungen (vgl. Bergnéhr 2008), als auch im Intergenerationenverhältnis (vgl. Albrecht 2008)?
- Die Forschungsaufmerksamkeit muss dabei auf Strategien eines (de-)gendering liegen, zumal junge Eltern mit einer Re-Traditionalisierung der Geschlechterbeziehungen nach der Geburt des ersten Kindes zu rechnen bzw. zu kämpfen haben. Wiederum wären hier zentrale Bezugspunkte die Verhandlungsprozesse in Paarbeziehungen, unter jungen Müttern, unter jungen Vätern, unter Einbeziehung des Zusammenspiels von Rückgriffen auf Vergangenheit und Biographie, von Entwürfen auf Zukunft, von Bewältigen komplexer Gegenwart (Temporalität). Diesbezüglich sind Längsschnittstudien von großer Bedeutung.
- Dies leitet über zu der Frage, welche Bedeutung veränderte Bilder von Muttersein/Vatersein haben und wie junge Mütter/Väter hierzu selbst beitragen. Diesbezüglich ist Forschung zu junger Elternschaft in jugendkulturellen Zusammenhängen ein echtes Desiderat: Wie und unter welchen Bedingungen unterstützt die Einbindung in jugendkulturelle Szenen junge Eltern, wo gibt es Kompatibilitäten, wo Inkompatibilitäten, inwiefern ist (sehr) junge Mutterschaft und Vaterschaft auch eine Version jugendkultureller Selbstinszenierungen?
- Was heißt in diesem Zusammenhang Lernen, Kompetenzerweiterung, Bildung? Wo finden (informelle) Bildungsprozesse statt und wie können diese formelle Anerkennung bekommen? Welche Bildungsangebote brauchen Mütter und Väter unter 20, und wie sehen diesbezüglich Zugänge unterschiedlicher Gruppen von „Teenagereltern" zu Lern- und Bildungsangeboten, Unterstützung und Beratung aus?

Generell geht es um ein qualitatives Wissen über die Beziehung zwischen Struktur und Handeln in Übergängen in die Elternschaft – um die Frage, wie sich agency in strukturierten Kontexten entfalten kann, aber auch, welche Spuren sie in diesen hinterlassen können. Welche informellen Politiken gibt es in dieser jungen Akteursgruppe (vgl. Jurczyk/Oechsle 2006)?

Aus der Perspektive einer subjektorientierten Übergangsforschung (vgl. Stauber u.a. 2007) bestehen immense Forschungslücken im Hinblick auf die Gleichzeitigkeit der unterschiedlichen Teilübergänge und ihrer biographischen Bewältigung und Gestaltung, sowie im Hinblick auf das komplexe Zusammenspiel von unterschiedlichen Ausgrenzungsmechanismen entlang sozialer Differenzierungen nach Geschlecht, Ethnizität, materieller Deprivierung, regionaler Verortung (Intersektionalität, vgl. Riegel 2009) beim Übergang in die Elternschaft. Diese sind durch vertiefte Forschung in die Entscheidungsfindungsprozesse von jungen Frauen und Männern zu schließen, denn in diesen Entscheidungsfindungsprozessen fließen sämtliche lebensweltlich relevanten Bereiche zusammen – die Gestaltung der Paarbeziehung genauso wie die Gestaltung des Kontakts zu den Herkunftsfamilien, die Gestaltung der Peer-Kontakte genauso wie die Frage einer Aufrechterhaltung jugendkultureller Einbindung, und nicht zuletzt: die Frage einer Perspektive als sich noch im Qualifizierungsprozess befindende junge Mutter, junger Vater. Erst in der Zusammenschau dieser verschiedenen Übergangsthemen wird auch die Komplexität des Handlungsbedarfs deutlich.

8. Handlungsbedarf

Die vorhandenen Studien zu den Unterstützungsbedarfen junger „Teenager-Eltern" (vgl. insbesondere LIFE 2008; Friese 2008) haben gezeigt, wie vielfältig der Unterstützungsbedarf ist, und gleichzeitig, welcher institutionellen Vernetzung es bedarf, um beispielsweise die gute Praxis der Bremer Förderkette bundesweit zu etablieren. Diese Forderungen sollen hier nicht wiederholt werden, allenfalls sollen einige Punkte herausgegriffen und im Hinblick auf eine integrierte Übergangspolitik pointiert werden.

Diesbezüglich muss das Credo aller unterstützenden Maßnahmen sein, dass junge Mütter und Väter durch die neue Situation der Elternschaft weder aus den Übergängen in den Beruf, noch aus ihren relevanten Peer-Kontakten und Netzwerken herausfallen dürfen.

Dies zielt zum einen auf eine verstärkte Durchlässigkeit des Bildungssystems, in deren Kontext eine stärkere Verbreitung von Teilzeitausbildungen von zentraler Bedeutung ist (vgl. LIFE e.V. 2008; Blum 2008: 97 f.), aber auch die Vernetzung mit allen relevanten Übergangshilfen, wie sie durch Marianne Friese (2008) aufgezeigt wurde.

Frühe Elternschaft nicht zu einem Verlust an Optionen werden zu lassen, berührt aber auch grundsätzliche Fragen der sozialen Sicherung von Jugendlichen. Hurrelmann (2003) hat diesbezüglich einen „Bürgerstatus ‚Jugendlicher'" gefordert, das heißt: eine Umstellung der finanziellen Absicherung von Jugendlichen, die heute ausschließlich über das Elternhaus

erfolgt: „Vom 14., spätestens vom 18. Lebensjahr an sollte das heutige Institut des „Kindergeldes" in ein „Ausbildungsgeld" umgewandelt und den Jugendlichen direkt ausgezahlt werden. In Analogie zur Altersrente würde damit der jungen Generation eine finanzielle Grundsicherung für die Gestaltung der schulischen und beruflichen Ausbildung zur Verfügung stehen und eine gewisse Selbstständigkeit sichern. Jedem Jugendlichen und jeder Jugendlichen sollte zudem beim erfolgreichen Abschluss einer Ausbildung eine gesellschaftliche Garantie gegeben werden, einen ersten Arbeitsplatz zu erhalten, um den Einstieg in den Berufssektor zu sichern. Ein verpflichtendes sechsmonatiges Berufspraktikum für junge Männer und junge Frauen, das an die Stelle des heutigen Militär- oder Zivildienstes tritt, könnte hiermit verbunden sein." (Hurrelmann 2003: 10f.)
Ein ähnlicher Vorschlag lehnt sich an die Konstruktion des Übergangsgelds an, wie es für Weiterbildungen gezahlt wird, als transparentere, einfach zu durchschauende und mit weniger Zugangshürden ausgestattete Alternative zum derzeitigen Förderdschungel beim Versuch junge Elternschaft und Ausbildung zu vereinbaren (vgl. LIFE e.V. 2008).
Neben dem Aspekt der materiellen Absicherung in Form einer Ausbildungsgeldes und eines gesicherten Übergangs in die Erwerbstätigkeit sind heute bereits die Anforderungen an Beratung deutlich: Die im Rahmen einer BZgA-Studie (BZgA 2008) interviewten ExpertInnen, die in Berlin und Berlin Brandenburg jugendliche Schwangere beraten, „hatten zum Zeitpunkt der Befragung, Anfang des Jahres 2006, ein Durchschnittsalter von 48 Jahren. Die beratenden Fachkräfte sind daher häufig noch älter als die werdenden Großeltern. Daraus resultiert, dass sich die beratenden auf die professionellen Anforderungen eines Mehrgenerationengesprächs einstellen müssen, bei dem die jugendliche Schwangere keine gleichaltrigen Ansprechpartnerinnen und –partner vorfindet. Im Sinne eines ‚peer-counseling' beziehungsweise ‚peer support' wäre ergänzend ein Beratungskonzept wünschenswert, das die Beteiligung einer jungen Frau in einem intergenerativen Beratungsteam vorsieht. (…) im Idealfall eine junge Frau, die über eigene Erfahrungen mit minderjähriger Schwangerschaft verfügt" (Häußler-Sczepan/Wienholz 2007:23).
Im Hinblick auf Bildungsangebote ist schon aus der Kritik an der bisherigen Familienbildung mit ihrer mittelschichtsorientierten, Männer kaum erreichenden Angebotsstruktur, deutlich, dass es einer völlig anderen Art der Eltern- und Familienbildung bedarf, um diese jugendliche Zielgruppe zu erreichen (vgl. Textor 2007; Mühling/Smolka 2007; BZgA 2008) und die verschiedenen Kontextbedingungen für deren Lernprozesse zu berücksichtigen. Das baden-württembergische STÄRKE-Programm, das

seit Herbst 2008 Bildungsgutscheine im Wert von 40 € zur Stärkung der Elternkompetenz, aber auch Leistungen für Eltern in belasteten Lebenslagen vorsieht, wobei der Tatbestand früher Elternschaft (mind. ein Elternteil unter 18 Jahren) hierzu explizit gehört[6], könnte ein Schritt zu einer modernen Familienbildung sein, dessen Evaluation allerdings noch aussteht. Wie auch Beratungsangebote müssten Bildungsangebote gender-reflexiv angelegt sein, die vielfältigen Vereinbarkeitsprobleme von Müttern und Vätern ins Zentrum stellen, müssten Türen öffnen zu sämtlichen Informations-, Beratungs- und Unterstützungsmöglichkeiten, müssten eigene Netzwerke anerkennen und zu weiterer Netzwerkbildung anregen. Solche Bildungsangebote müssten herkunfts- wie milieusensibel gestaltet sein, und könnten dabei – wie auch Beratungsangebote – viel stärker bestehende Zugänge zu Jugendlichen, wie sie etwa in der Jugendarbeit gegeben sind, nutzen. Eine anerkennende Grundhaltung ist auch hier die Grundvoraussetzung – und damit das Gegenteil dessen, was etwa in Bildungsangeboten mit Baby-Simulatoren an Defizitunterstellungen mitschwingt (vgl. Spies 2008).

Es geht auch hier um eine Übergangssicherung und Übergangsgestaltung, die von der konkreten individuellen Lebenssituation der jeweiligen jungen Mutter, des jeweiligen jungen Vaters, des jeweiligen jungen Paars ausgehen muss, dabei dem Orientierungs- und Unterstützungsbedarf gerecht werden muss, aber bestehende und aktuell sich entwickelnde Kompetenzen nicht übergehen darf. Eine Herausforderung für eine gender-reflexive Praxis, genauso wie für eine, die sich der Herausforderungen von Intergenerationenbeziehungen bewusst ist

Literaturverzeichnis

Aisenbrey, Silke/Brückner, Hannah (2008): Occupational aspirations and the gender gap in wages. In: European Sociological Review, Vol. 24, No. 5, S. 633-649.

Albrecht, Katharina 2008: Mutter-Tochter-Jugendliche. Über den Einfluss der eigenen Mütter auf die Lebensbewältigung jugendlicher Mütter, Tübingen: unv. Diplomarbeit.

Anslinger Eva/Thiessen, Barbara (2004): "Also für mich hat sich einiges verändert ... eigentlich mein ganzes Leben." Alltag und Perspektiven junger Mütter. In: Forum Sexualaufklärung und Familienplanung, H. 4, S. 22-26.

---

[6] Der Satz für die zusätzliche Förderung kann zwischen 500 und maximal 1.000 Euro je Familie betragen. „Mit Hilfe dieser Programmkomponente sollen diejenigen Mütter und Väter erreicht werden, die die Gutscheine aus eigenem Antrieb eher nicht in Anspruch nehmen würden. Die Verknüpfung spezieller Bildungsveranstaltungen mit Hausbesuchen soll darüber hinaus dazu beitragen, Kooperation und Zusammenarbeit zwischen den Bildungsträgern und der Jugendhilfe zu intensivieren" (http://www.familienfreundliche kommune.de/FFKom/Aktuelles/detail.asp?20080514.2.xml).

Bergnéhr, Disa (2006): Love and Family: Discussions Between Swedish Men and Women Concerning the Transition to Parenthood, in: Forum: Qualitative Social Research, 8(1), Art. 23, http://www.qualitative-research.net/fqs-texte/1-07/07-1-23-e.htm [28 – 05 – 2009]

Bertram, Hans (2006): Nachhaltige Familienpolitik im europäischen Vergleich, in: Peter A./Kahlert, Heike (Hg.): Das „Problem" des Demographischen Wandels – und die Modernisierung der Geschlechterverhältnisse als Lösung? Frankfurt/M.: Campus, S. 203-236

Bertram, Hans/Rösler, Wiebke/Ehlert, Nancy (2005): Nachhaltige Familienpolitik. Zukunftssicherung durch einen Dreiklang von Zeitpolitik, finanzieller Transferpolitik und Infrastrukturpolitik – Gutachten, Berlin, http://www.bmfsfj.de/RedaktionBMFSFJ/Broschuerenstelle/Pdf-Anlagen/Bertram-Gutachten-Nachhaltige-Familienpolitik,property=pdf,bereich=,rwb=true.pdf [28 – 05 – 2009]

Bindel-Kögel, Gabriele (2006): Frühe Mutterschaft als Herausforderung. Lebenslagen junger Mütter. In: Forum Erziehungshilfen, Jg. 12, H. 2, S. 68-73.

Block, Karin; Matthiesen, Silija (2007): Teenagerschwangerschaften in Deutschland. Studienergebnisse zu Risikofaktoren und Verhütungsfehlern bei Schwangerschaften minderjähriger Frauen, in: Forum Sexualaufklärung und Familienplanung, H. 2, S. 12-17.

Blum, Sandra 2008: Die Situation jugendlicher (werdender) Mütter und vorhandene Unterstützungsmöglichkeiten zur Bewältigung der Herausforderungen, Tübingen: unv. Diplomarbeit.

Böhnisch, Lothar (2008): Sozialpädagogik der Lebensalter, Weinheim und München: Juventa, 5. Auflage.

Bonell, Chris (2004): Why is teenage pregnancy conceptualized as a social problem? A review of quantitative research from the USA and UK, in: Culture, Health and Sexuality 6 (3): 255-272.

Bundesinstitut für Berufsbildung (BiBB)/Transfervorhaben "MOSAIK – Kompetenzentwicklung für junge Mütter"/Projektverbund LiLA (Hg.) (2007): Ausbildung in Teilzeit für junge Mütter. Bundesweiter Transfer und Berliner Perspektiven. Dokumentation der Multiplikatorenschulung am 11. Juni 2007 in Berlin. Bonn. Online verfügbar unter: http://www.kompetenzen-foerdern.de/teilzeitausb.pdf [28 – 05 – 2009]

Bundesministerium für Bildung und Forschung (BMBF) (2008): Berufsbildungsbericht 2008, http://www.bmbf.de/pub/bbb_08.pdf [28 – 05 – 2009]

Bundesministerium für Familie, Senioren, Frauen und Jugend (BMFSFJ) (2004): Elternschaft und Ausbildung. Gutachten des wissenschaftlichen Beirats für Familienfragen beim Bundesministerium für Familie, Senioren, Frauen und Jugend (2004).

Bundesministerium für Familie, Senioren, Frauen und Jugend (BMFSFJ) (2006): Familie zwischen Flexibilität und Verlässlichkeit Perspektiven für eine lebenslaufbezogene Familienpolitik, Siebter Familienbericht http://www.bmfsfj.de/bmfsfj/generator/RedaktionBMFSFJ/Abteilung2/Pdf-Anlagen/siebter-familienbericht,property=pdf,bereich=,sprache=de,rwb=true.pdf [28 – 05 – 2009]

Bundeszentrale für Gesundheitliche Aufklärung (BZGA) (Hg.) (2005a): Wenn Teenager Eltern werden ... Lebenssituationen jugendlicher Schwangerer und Mütter sowie jugendlicher Paare mit Kind; eine qualitative Studie im Auftrag der BZgA, Forschung und Praxis der Sexualaufklärung und Familienplanung Band 25, Köln.

Bundeszentrale für Gesundheitliche Aufklärung (BZgA) (2005b): Männer Leben. Studie zu Lebensläufen und Familienplanung - Vertiefungsbericht. Forschung und Praxis der Sexualaufklärung und Familienplanung Band 27, Köln

Bundeszentrale für Gesundheitliche Aufklärung (BZgA) (2008): Teenager-Schwangerschaften in Berlin und Brandenburg – Angebote und Hilfebedarf aus professioneller Sicht, Forschung und Praxis der Sexualaufklärung und Familienplanung Band 28, Köln http://www.bzga.de/?uid=ba1b408128a7fd9941386265f381bcfc&id=medien&sid=60&idx =1495 [28 – 05 – 2009]

Bundeszentrale für Gesundheitliche Aufklärung (BZgA) (2009): Schwangerschaft und Schwangerschaftsabbruch bei minderjährigen Frauen, Forschung und Praxis der Sexualaufklärung und Familienplanung Band 32, Köln http://www.sexualaufklaerung.de/cgi-sub/fetch.php?id=567 [28 – 05 – 2009]

Butterwegge, Christoph (2006): Demographie als Ideologie? Zur Diskussion über Bevölkerungs- und Sozialpolitik in Deutschland, in: Berger, Peter A./Kahlert, Heike (Hg.): Das „Problem" des Demographischen Wandels – und die Modernisierung der Geschlechterverhältnisse als Lösung? Frankfurt/M. Campus, S. 53-80.

Coleman, Lester/Cater, Suzanne (2006): ‚Planned' Teenage Pregnancy: Perspectives of Young Women from Disadvantaged Backgrounds in England, in: Journal of Youth Studies, Vol. 9, No. 5, November 2006, pp. 593-614.

Cater, Suzanne/Coleman, Lester (2006): 'Planned' teenage pregnancy. Perspectives of young parents from disadvantaged backgrounds, Bristol: Policy Press, http://www.jrf.org.uk/sites/files/jrf/9781861348753.pdf [16 - 10 - 2009]

Cornelißen, Waltraud/Fox, Katrin (Hg:) (2007): Studieren mit Kind (2007). Die Vereinbarkeit von Studium und Elternschaft: Lebenssituationen, Maßnahmen und Handlungsperspektiven, Wiesbaden: VS-Verlag.

Du Bois-Reymond, Manuela/Leccardi, Carmen/Magaraggia, Sveva/Menz, Sione/Stauber, Barbara/Biggart, Andy/Kovacheva, Siyka/Manolova, Polina/Ule, Mirjana/Kuhar, Metka/Svab, Alenka/Kret, Mariska (2008): Young parenthood, agency and social change, Thematic report for the UP2YOUTH-project, http://www.up2youth.org/downloads/task,cat_view/gid,19/ [28 – 05 – 2009]

Emirbayer; Mustafa/Mische, Ann (1998): What Is Agency, in: *The American Journal of Sociology*, Vol. 103, No. 4. (Jan., 1998), pp. 962-1023. http://links.jstor.org/sici?sici=0002-9602%28199801%29103%3A4%3C962%3AWIA%3E2.0.CO%3B2-7 [28 – 05 – 2009]

Fend, Helmut (1990): Vom Kind zum Jugendlichen. Der Übergang und seine Risiken, Bern: Huber.

Fend, Helmut (2005): Entwicklungspsychologie des Jugendalters. Nachdr. der 3., durchges. Aufl. 2003, Wiesbaden.

Fenstermaker, Sarah/West, Candace (2001): ‚Doing Difference' Revisited – Probleme, Ausichten und Dialog in der Geschlechterforschung, in: Heintz, Bettina (Hg.): Geschlechtersoziologie. Kölner Zeitschrift für Soziologie und Sozialpsychologie, Sonderheft 41/2001, Wiesbaden: Westdeutscher Verlag, S. 236-249.

Franzkowiak, Peter (1996): Risikokompetenz – Eine neue Leitorientierung für die primäre Suchtprävention? In: Neue Praxis, 26 (1996) 5, S. 409-425.

Friese, Marianne (2002): Abschlussbericht Bremer Förderkette: „Junge Mütter in Beratung, (Aus)Bildung und Beruf." Berichtszeitraum: 01.03.02 – 30.11.02. Online verfügbar unter: http://www.dlb.uni-bremen.de/web/forschung/mosaik/dokumente/Bfkend.pdf, [28 – 05 – 2009]

Friese, Marianne (2008): Kompetenzentwicklung für junge Mütter. Förderansätze in der beruflichen Bildung, Bielefeld: Bertelsmann-Verlag.

Fthenakis, Wassilios E./Kalicki, Bernhard/Peitz, Gabriele (2002): Paare werden Eltern. Die Ergebnisse der LBS-Familien-Studie. Opladen: Leske + Budrich.

Gille, Martina (2006): Werte, Geschlechtsrollenorientierung und Lebensentwürfe 12- bis 19-jähriger, in: Gille, Martina/Sardei-Biermann, Sabine/Gaiser, Wolfgang/de Rijke, Johann (Hg.) 2006: Jugendliche und junge Erwachsene in Deutschland. DJI-Survey 3, Wiesbaden.

Grosser, Caroline (2006): Familienbilder in der Familienforschung, in: Bauer, Petra/Brunner, Johannes Ewald (Hg.) Elternpädagogik: Von der Elternarbeit zur Erziehungspartnerschaft, Lambertus, S. 61-77.

Gstrein, Michaela/Mateeva, Liliana/Schuh, Ulrich (2007): Social Quality and the Changing Relationship between Work, Care and Welfare in Europe - Social, demographic and employment trends, http://www.abdn.ac.uk/socsci/research/nec/workcare/reports.php [28 – 05 – 2009]

Hahner, Beatrix (2008): Teilzeit-Ausbildung für junge Mütter und Väter. Anforderungen an Ausbilder/innen am Beispiel des STARegio-Projekts von IHK und HwK Lübeck. Dissertation Online-Veröffentlichung http://geb.uni-giessen.de/geb/volltexte/2008/6690/pdf/HahnerBeatrix-2008-10-29.pdf [28 – 05 – 2009]

Häußler-Sczepan/Wienholz (2007): Angebot und Hilfebedarf für minderjährige Schwangere und Mütter in Berlin und Brandenburg – Ergebnisse einer Expertenbefragung, in: BZgA Forum 2/2007, S. 18-24.

Helfferich, Cornelia (1994): Jugend, Körper und Geschlecht, Opladen: Leske+Budrich.

Hirst, Julia/Formby, Eleanor/Owen, Jenny (2006): Pathways into Parenthood: Reflections from three generations of teenage mothers and fathers, Sheffield: SHU.

Hörning, Karl H./Reiter, Julia (Hg.) (2004): Doing Culture. Neue Positionen zum Verhältnis von *Kultur* und sozialer Praxis, Bielefeld

Hoggart, Lesley (2006): Risk, Young Women and Sexual Decision-Making, in: Forum Qualitative Social Researhc 7 (1), http://www.qualitative-research.net/index.php/fqs/article/view/57/118 [28 – 05 – 2009]

Homfeldt, Hans-Günther/Schröer, Wolfgang/Schweppe, Carola (Hg) (2008): Vom Adressaten zum Akteur. Soziale Arbeit und Agency, Opladen/Farmington Hills: Verlag Barbara Budrich.

Hurrelmann, Klaus (1983): Das Modell des produktiv-realitätsverarbeitenden Subjekts in der Sozialisationsforschung, in: Zeitschrift für Sozialisationsforschung und Erziehungssoziologie, Jg.3, H. 1, S. 91-103.

Hurrelmann, Klaus (2003): Schwindende Kindheit – Expandierende Jugendzeit Neue Herausforderungen für die biografische Gestaltung des Lebenslaufs, Vortrag bei der Dr. Margit Egnér Stiftung in Zürich.

Hurrelmann, Klaus (2007): Lebensphase Jugend. Eine Einführung in die sozialwissenschaftliche Jugendforschung, Weinheim/München: Juventa.

Jurczyk, Karin/Oechsle, Mechthild (2006): Rethinking Privacy. Erosions, Discourses, Open Questions, http://www.uni-bielefeld.de/ZIF/Publikationen/06-4-Jurczyk_Oechsle.pdf_[28 – 05 – 2009]

Kawalek, Heike/Milster, Petra/Tack, Thomas (2006): Väterarbeit in einer Mutter-Kind-Einrichtung, in: Forum Erziehungshilfen, 2006, Heft 2, S. 87-90.

Knijn, Trudie/Ostner, Ilona/Schmitt, Christoph (2007): Männer und (ihre) Kinder - Einstellungen zur Elternschaft im Ländervergleich, in: Lettke/Lange (Hg.) Generationen und Familien. Analysen, Konzepte, gesellschaftliche Spannungsfelder, Frankfurt a.M.: Suhrkamp, S. 189-222.

Konietzka, Dirk/Kreyenfeld, Michaela (Hg.) (2007): Ein Leben ohne Kinder, Wiesbaden: VS-Verlag.

Kontula, Osmo (2007): Geburtenraten minderjähriger Mädchen in Europa. Trend und Determinanten. In: Forum Sexualaufklärung und Familienplanung, H. 2, S. 29-31.

Lange, Andreas (2008): Agency – Eine Perspektive für die Jugendforschung, in: Homfeldt, Hans-Günther/Schröer, Wolfgang/Schweppe, Carola (Hg) 2008: Vom Adressaten zum Akteur, 155-179.

Laue, Evelyn (2007): Minderjährige Schwangere in Deutschland. Statistische Daten zu Schwangerschaftsabbrüchen und Geburten. In: Forum Sexualaufklärung und Familienplanung, 2/2007, S. 3-11.
LIFE e.V. (2008): Studie zur Umsetzung von Teilzeitberufsausbildung in Berlin http://www.berlin.de/imperia/md/content/sen-frauen/teilzeitberufsausbildung/studie_teilzeitberufsausbildung_berlin_2008.pdf, [28 – 05 – 2009]
Münder, Johannes/Baltz, Jochem/Kreft, Dieter (2006): Frankfurter Kommentar zum SGB VIII. 5., vollständig überarbeitete Auflage, Weinheim und München: Juventa.
Mühling, Tanja/Smolka, Adelheid (2007): Elternbefragung zur Familienbildung 2006, www.ifb-bamberg.de/ [28 – 05 – 2009]
OECD (Social Policy Division - Directorate of Employment, Labour and Social Affairs) (2008): Family Database www.oecd.org/els/social/family/database, [28 – 05 – 2009]
Phoenix, Ann (1991): Young Mothers? Cambridge: Polity Press.
Pohl, Axel/Stauber, Barbara/Walther, Andreas (2007): Youth – Actor of Social Change: Theoretical reflections on young people's agency in comparative perspective. Interim discussion paper for the UP2YOUTH project, October 2007, http://www.up2youth.org/downloads/task,cat_view/gid,19/ [28 – 05 – 2009]
Pro Familia Bundesverband, Deutsche Gesellschaft für Familienplanung, Sexualpädagogik und Sexualberatung e.V. (Hg.) (2006): Schwangerschaften und Schwangerschaftsabbruch bei minderjährigen Frauen. Teilstudie 1. Soziale Situation, Umstände der Konzeption, Schwangerschaftsausgang. Ergebnisse einer Erhebung an 1801 schwangeren Frauen unter 18 Jahren. Frankfurt am Main, http://www.jugendschwangerschaften.de/lit/lit.2.pdf, [28 – 05 – 2009]
Puhlmann, Angelika (2008): Berufsausbildung in Teilzeit – Neue Chancen für junge Mütter, junge Väter und Betriebe, http://www.bibb.de/dokumente/pdf/a12pr_veranstaltungen_didacta_2009_puhlmann_2.pdf [30 - 5- 2009]
Riegel, Christine (2009): Intersectionality. Eine kritisch-reflektierende Perspektive für die erziehungswissenschaftliche Forschung und pädagogische Praxis (unv. MS).
Spies, Anke (2005): Kinder statt Beruf? Zukunftsoptionen benachteiligter Mädchen am Übergang von der Schule in den Beruf. In: Unsere Jugend 57. Jg. Heft 12/2005, S. 519-529
Spies, Anke (2008): Zwischen Kinderwunsch und Kinderschutz. Babysimulatoren in der pädagogischen Praxis. Wiesbaden: VS Verlag.
Spieß, Katharina (2006): Familienbezogene Politiken in Deutschland, Dänemark, Frankreich und Großbritannien – eine Systematisierung unter Berücksichtigung der Geschlechtergleichstellung. In: FU Berlin: gender-politik-online. Online verfügbar unter http://web.fu-berlin.de/gpo/pdf/katharina_spiess/katharina_spiess.pdf
Statistisches Bundesamt (Hg.) (2008): Schwangerschaftsabbrüche 2007. Wiesbaden. (Fachserie 12 Gesundheitswesen, Reihe 3). Online verfügbar unter http://www-ec.destatis.de/csp/shop/sfg/bpm.html.cms.cBroker.cls?cmspath=struktur,vollanzeige.csp&ID=1021739, [28 – 05 – 2009]
Stauber, Barbara (1996): Lebensgestaltung alleinerziehender Frauen - Balancen zwischen Anpassung und Eigenständigkeit in ländlichen Regionen, Weinheim: Juventa.
Stauber, Barbara (2008): Junges Erwachsenenalter und Geschlecht, in: Rietzke, Tim/Galuske, Michael (Hg.) Lebensalter und Soziale Arbeit. Band 4: Junges Erwachsenenalter, Schneider Verlag: Hohengeren, S. 126-148.
Stauber, Barbara/Walther, Andreas/Pohl, Axel (Hg.) (2007): Subjektorientierte Übergangsforschung, Weinheim und München: Juventa.
Sütterlin, Sabine/Hoßmann, Iris (2007): Ungewollt kinderlos. Was kann die moderne Reproduktionsmedizin gegen den Kindermangel in Deutschland tun? Berlin Institut für

Bevölkerung und Entwicklung, http://www.berlin-institut.org/studien/ungewollt-kinderlos.html, [28 – 05 – 2009]

Textor, Martin (2007): Familienbildung. In: Ecarius, Jutta (Hg.): Handbuch Familie. Wiesbaden. S. 366-386.

Villa, Paula/Thiessen, Barbara (Hg) (2009): Mütter – Väter. Elternschaft zwischen medialen Inszenierungen und alltäglicher Praxis, Münster: Westfälisches Dampfboot

Tölke, Angelika/Hank, Karsten (2005): Männer – das vernachlässigte Geschlecht in der Familienforschung, Zeitschrift für Familienforschung, Sonderheft 4, Wiesbaden.

Walther, Andreas/Stauber, Barbara/Pohl, Axel (2009): UP2YOUTH – Insights into Youth as Actor of Social Change by an Agency-Perspective. Final Report for the UP2YOUTH-Project (in Vorbereitung).

Marianne Friese
Doppelanforderung Familie und Beruf: Work-Life-Balance in der Ausbildung

Die Frage der Vereinbarkeit von Familie und Beruf hat mit der Implementierung von Gender Mainstreaming in gesetzliche Regelungsbereiche und Programmatiken der Arbeitsmarkt-, Sozial- und Bildungspolitik eine bemerkenswerte gesellschaftliche und politische Akzeptanz erhalten. Auf den ersten Blick stimmt diese Entwicklung positiv, gerät damit doch ein historisch fest gefügtes Strukturproblem der Geschlechtersegmentierung in Arbeit und Gesellschaft ins Wanken. Auf den zweiten Blick deuten sich in der beruflichen Bildung jedoch gravierende Lücken an. Denn das Leitbild Work-Life-Balance ist gegenwärtig zwar ein prominentes gesellschaftliches und politisches Thema, wird bislang jedoch vornehmlich auf weibliche Statuspassagen in betrieblichen Erwerbsstrukturen und berufsbiografisch etablierten Lebensphasen bezogen.

Diese Ausrichtung des Gender Mainstreaming findet sich auch in den derzeit vielfältig aufgelegten Programmen zur Vereinbarkeit von Familie und Beruf, in den Netzwerken für Wirtschaft und Familie sowie in den Ansätzen für Existenzgründung, für beruflichen Wiedereinstieg sowie Nachqualifizierung. Auch diejenigen Konzepte des Managing Diversitiy, die gender orientierte Instrumente wie beispielsweise das Mentoring beinhalten, zielen auf gut ausgebildete und beruflich qualifizierte Frauen in Führungspositionen. Diese Kopplung von Work-Life-Balance an generationale und soziale Lagen schließt die biografische Statuspassage Jugend und Ausbildung aus (vgl. Friese 2006).

Besonders betroffen sind junge Mütter und insbesondere allein erziehende junge Frauen. Für eine erfolgreiche Einmündung in nachhaltige Erwerbsperspektiven ist der erfolgreiche Abschluss einer beruflichen Ausbildung, vornehmlich im dualen System, von zentraler Bedeutung. Die Expansion des Übergangssystems zeigt, dass von dieser Perspektive gegenwärtig große Gruppen benachteiligter junger Menschen und insbesondere junge Mütter ausgeschlossen sind. Gründe für diese Exklusion liegen in familienbedingten Barrieren des Berufsbildungssystems, die sich für junge Mütter aufgrund struktureller Diskrepanzen zwischen beruflichen und familiären Zeitstrukturen sowie schwieriger ökonomischer und psycho-sozialer Bedingungsfaktoren verstärken.

Die biografischen und familiären Folgen dieser Exklusion sind weit reichend: Zum einen für junge Mütter und ihre Kinder, die in der Entfaltung von individuellen Entwicklungsressourcen und Bildungspotentialen entscheidende Hemmnisse erfahren, zum anderen für die Fortsetzung prekärer familiärer Konstrukte, die gleichsam als kulturelles Erbe an die nächste Generation weitergegeben werden; nicht zuletzt für Wirtschaft und Gesellschaft, indem auf bedeutende Potenziale der Fachkräfteentwicklung und Wertschöpfung verzichtet wird. Ist diese Entwicklung zum einen eine Folge der schon Mitte der 1990er Jahre im 5. Familienbericht thematisierten begründeten „strukturellen Rücksichtslosigkeit" der Sozial- und Familienpolitik (BMFSF (Hrsg.) 1995), stellt zum anderen das Ausbildungssystem keine adäquaten Bewältigungsstrategien und Förderansätze für die Vereinbarkeit von Ausbildung und Mutterschaft und der alltäglichen Bewältigung des schwierigen Balanceaktes Familie und Beruf bereit.

Diese Problematik wird seit den 1990er Jahren von gender orientierten Ansätzen der Berufsbildungsforschung thematisiert und seit Ende der 1990er Jahre durch sozial- und bildungspolitische Förderprogramme der Bundesregierung und Europäischen Union flankiert. Auf Basis der Erfahrungen und Befunde (vgl. Albert et al. (Hrsg.) 2008, Anslinger 2008, Friese 2001, 2002, 2008, Nader et al. 2003, Paul-Kohlhoff/Zybell 2002, Puhlmann 2008, Zybell 2003) lassen sich vielfältige Handlungsbedarfe identifizieren, die auf den unterschiedlichen Ebenen von Politik, Wirtschaft und Forschung sowie in der Bildungspraxis, in der sozialen Arbeit und Jugendberufshilfe umzusetzen sind. Aus systematischer Perspektive zeichnen sich folgende Herausforderungen ab:

1. Erstellung von Bedarfs- und Zielgruppenanalysen, die qualitative und quantitative Daten zur demografischen Entwicklung junger Mutterschaft, zur sozialen Situation sowie zum Bildungsstand junger Mütter und ihrer Kinder erheben und systematisieren.

2. Identifizierung von Förderbedarfen und Entwicklung von Konzepten für die berufliche Bildung und soziale Arbeit mit der Orientierung auf ganzheitliche und biografisch bezogene sowie zielgruppenspezifische Konzepte.

3. Entwicklung von Strategien und Instrumenten zur Implementierung von Förderkonzepten in der beruflichen Bildung, sozialen Arbeit sowie Jugendberufshilfe.

4. Stiftung von Netzwerken, die auf den unterschiedlichen Ebenen der politischen Entscheidungsprozesse, der konzeptionellen Entwicklung sowie der Umsetzung und Implementierung von Förderansätzen wirksam werden.

5. Erarbeitung und Umsetzung von Konzepten zur Organisationsentwicklung und Professionalisierung des pädagogischen Personals.

Diese Handlungsbedarfe wurden im Forschungsprojekt MOSAIK „Kompetenzentwicklung für junge Mütter – Zur Kooperation von Beratung, Ausbildung und Beruf"[1] konzeptionell erarbeitet, in regionalen Segmenten implementiert sowie bundesweit transferiert. Zugrunde gelegt wurde ein ganzheitlicher Bildungs- und Beratungsansatz, der die Situation und Bedarfe junger Mutterschaft im Kontext der biografischen Statuspassagen des Jugendalters thematisiert: Zum einen die Beratung und Betreuung sowie Stärkung der eigenen Identität und Elternkompetenz für junge Mütter, zum anderen die Suche nach Angeboten für Schulabschlüsse, Berufsorientierung, Berufsvorbereitung und Ausbildung in Teilzeit sowie sozialpädagogischer Unterstützung, flankiert durch passgenaue und qualitativ hochwertige Angebote zur Kinderbetreuung. Für eine nachhaltige Implementierung der Förderansätze in der Beratungs- und Bildungslandschaft wurde zudem ein komplexes fachübergreifendes Kooperationsnetzwerk eingerichtet, das mit dem prozessualen Aufbau einer „Förderkette junge Mütter" im Land Bremen verbunden und bundesweit transferiert wurde.

Im Folgenden werden Risiken und Ressourcen der Doppelanforderung im strukturellen Bedingungsgefüge von Familie und Beruf sowie Handlungsbedarfe und Förderansätze der beruflichen Bildung und sozialen Arbeit im Kontext der bundesweiten durchgeführten Projekte und Forschungen dargestellt und diskutiert.

1. Biografische und strukturelle Risiken junger Mütter

Demografische und qualitative Studien zur Lebens- und Ausbildungssituation junger Mütter (vgl. Friese 2008) belegen, dass das Phänomen junge Mutterschaft durch ein hohes Maß an Heterogenität hinsichtlich der biografischen, familiären und soziokulturellen Dispositionen geprägt ist. Aus dieser biografischen Heterogenität hinsichtlich der Kategorien Alter, sozialer Herkunft, Familienbezüge, Kinderbetreuungs- und Einkommenssituation sowie Bildungsverlauf und Ausbildungsstand resultieren

---

[1] Das Projekt MOSAIK „Kompetenzentwicklung für junge Mütter – Zur Kooperation von Beratung, Ausbildung und Beruf" wurde im Rahmen des BQF-Programms „Kompetenzen fördern. Berufliche Qualifizierung für Zielgruppen mit besonderem Förderbedarf" vom Bundesministerium für Bildung und Forschung unter Beteiligung des Europäischen Sozialfonds gefördert. Das Projekt war angesiedelt vom 1.5.2003 bis 31.5.2006 an der Universität Bremen sowie in der Transferphase vom 1.6.2006 bis 31.8.2007 an der Justus-Liebig-Universität Gießen. Zum Projektteam gehörten: Prof. Dr. Marianne Friese (Leitung), Eva Anslinger, Ilka Benner, Dorothea Piening, Sabine Pregitzer, Dr. Barbara Thiessen, Michael Walter. Weitere Informationen unter www.mosaikonline.info.de sowie Friese 2008.

unterschiedliche Förderbedarfe, denen bei der Erarbeitung von Ausbildungs- und Qualifizierungskonzepten Rechnung getragen werden muss (vgl. Thiessen in diesem Band). Gleichwohl zeichnen sich gemeinsame Strukturmerkmale ab, die eine Typisierung der Zielgruppe Junge Mütter und ihrer Förderbedarfe zulassen. Signifikant ist der enge Zusammenhang von sozioökonomischen Armutslagen und früher Mutterschaft, die mit biografischen Risiken und prekären Lebenslagen junger Mütter und ihrer Kinder verbunden sind. Im Rahmen der biografischen Dispositionen lassen sich schwierige Herkunftsfamilien, fehlende Vorbilder, unterbrochene Bildungsverläufe sowie fehlende oder niedrige Ausbildungsabschlüsse und mangelnde Berufsperspektiven als prägende Faktoren für die Entscheidung für frühe Mutterschaft identifizieren. Barrieren für den Einstieg in das Ausbildungs- und Erwerbssystem sind damit quasi vorgezeichnet. So setzen sich die im Generationengefüge sozial ererbten biografischen Unsicherheiten und Abhängigkeiten von Transferleistungen mit der Gründung der neuen Familie und dem Leben mit dem Kind fort. Die daraus entstehenden Folgen wie fehlende Partizipation, soziale Isolation und gesellschaftliche Exklusion junger Mütter und ihrer Kinder werden zu charakteristischen Merkmalen einer gemeinsamen „Schicksalsgemeinschaft".

Münden junge Mütter in Qualifizierung und Ausbildung ein, begeben sie sich in ein spannungsreiches Verhältnis, das zum einen im Wettlauf mit der Zeit und zum anderen in der Auseinandersetzung mit dem für Deutschland charakteristischen mütterzentrierten Leitbild zu bewältigen ist. Stellt sich die massive Doppelbelastung und insbesondere die Not der Zeit generell für alle Frauen als alltäglich zu bewältigender Balanceakt dar, gilt dieses für junge Mütter in besonderer Weise. In dem Bemühen, der Vereinbarkeitsforderung von beruflichen Anforderungen und Mutterpflichten Rechnung zu tragen, wollen junge Frauen zunächst ihre Aufgaben eigenständig und ohne fremde Hilfe bewältigen. Befragungen junger Mütter verdeutlichen, dass nicht nur die zeitliche Dimension im Empfinden der Belastung eine Rolle spielt. Belastend ist vor allem die Empfindung junger Mütter, allein für alle Belange verantwortlich zu sein, den hohen Anforderungen aber nicht umfassend gerecht werden zu können. So mündet der Anspruch, eine „perfekte Mutter und Auszubildende" zu sein, nicht selten auch in Überforderungen sowie in eigenen Schuldzuweisungen hinsichtlich der nicht zu bewältigenden Probleme des Alltags, verbunden mit einem diffusen „schlechten Gewissen" gegenüber dem Kind.

Zu dieser Überlastung kommt insbesondere bei allein erziehenden Frauen das verinnerlichte Leitbild der „guten Mutter", das häufig über die Anforderungen einer beruflichen Weiterbildung oder Erwerbstätigkeit gestellt wird. Auch wenn die meisten allein erziehenden Frauen zwar eine Erwerbsarbeit präferieren, akzeptieren sie diese aber nur zu Bedingungen, die sich mit der eigenen Mutterrolle gut vereinbaren lassen (vgl. Toppe 2007, S. 40f). Aus Befragungen junger Mütter geht hervor, dass sie sich für eine Ausbildung entscheiden, wenn die Betreuung der Kinder gewährleistet ist. Für allein Erziehende und junge Mütter ist eine Unterstützung durch familiäre und institutionelle Netzwerke sowie professionelle Beratung und sozialpädagogische Begleitung also von elementarer Bedeutung.

Dabei hat sich zum einen die Mobilisierung sozialer Netzwerke als eine nachhaltige Strategie allein Erziehender zur Bewältigung prekärer Lebenslagen erwiesen (vgl. Meier-Gräwe 2004, S. 13). Auf der Basis einer Differenzierung allein erziehender Mütter des Forschungsprojekts „Armutsprävention und Milderung defizitärer Lebenslagen durch Stärkung von Haushaltsführungskompetenzen" haben sich die „vernetzten Aktiven", deren Kennzeichen ein stabiles soziales Netz und die selbstbewusste Inanspruchnahme institutioneller Angebote sind, als diejenigen erwiesen, die über die meisten Ressourcen zur Bewältigung des Alltags verfügten (vgl. Meier-Gräwe 2004, S. 17). Diese Befunde bestätigen sich in den Befragungen des Projekts MOSAIK. Frauen mit unterstützenden familiären und sozialen Netzwerken empfinden die Situation der Vereinbarkeit von Ausbildung und Familienpflichten als weniger belastend. Von Bedeutung für die Stabilisierung der jungen Mütter sind dabei vielfältige Formen der Hilfe, die sich nicht nur auf eine pragmatische und organisatorische Kinderbetreuung beziehen, sondern auch auf Unterstützung bei der Haushaltsführung, bei finanziellen Engpässen, bei Behördengängen sowie hinsichtlich der Organisation von Freiräumen für Lernsituationen und eigene Bedürfnisse für die jungen Mütter. In der Wahrnehmung der Mütter ist die Unterstützung in der Kinderbetreuung das entscheidende Moment für die Freude an der Ausbildung, die daraus resultierende Wertschätzung und Motivation, die Ausbildung erfolgreich zu Ende zu führen.

Für die gesellschaftliche und berufliche Integration sowie Bildung junger Mütter und ihrer Kinder sind also passgenaue, qualitativ hochwertige Kinderbetreuungsangebote unverzichtbar. Die regional und bundesweit in Deutschland unzureichenden Angebote belasten insbesondere allein erziehende Mütter und Frauen mit Kindern unter drei Jahren. Die komplexen psychosozialen und organisatorischen Problemlagen junger Mutterschaft erfordern professionelle Angebote mit zeitflexiblen und sozialräumlich orientierten

Konzepten, die zum einen die Sicherung des „doppelten Kindeswohls" garantieren und zum anderen eine nachhaltige Korrektur der nicht selten vorzufindenden labilen Mutter-Kind-Bindung vornehmen (vgl. Anslinger/Thiessen 2004). Ist die Verbindung von frühkindlicher Förderung und biografischer Stärkung der jungen Mütter insbesondere für sozial schwache Familien von elementarer Bedeutung, bedarf es darüber hinaus für alle jungen Mütter gezielte Unterstützung in Form von sozialpädagogischer Begleitung sowie der Herstellung adäquater Zeitstrukturen und Sicherung des Lebensunterhalts.

2. Ressourcen und Kompetenzen junger Mütter

Die schwierige Lebenssituation junger Mütter mündet nicht zwangsläufig in fehlende Motivationslagen hinsichtlich ihrer Ausbildungs- und Erwerbsabsichten. Auch für junge Mütter gelten die Erkenntnisse der Jugendforschung, nach denen sich die Zuschreibung der „Null-Bock-Generation" als Mythos erwiesen hat. Die zentrale Bedeutung eines hohen Bildungsniveaus, der Wunsch nach subjektbezogener Ausbildung sowie gesicherter und sinnstiftender Berufsbiografien kennzeichnen die Lebensentwürfe der jungen Generation (vgl. Deutsche Shell 2002, 2007). Hat sich seit den 1980er Jahren für Frauen der „doppelte Lebensentwurf" als strukturierende Komponente etabliert, deutet sich seit den 1990er Jahren aufgrund der schwierigen Vereinbarkeit von Familie und Beruf ein Wandel an. Bei aller Vielfalt der Lebensentwürfe von jungen Frauen hat sich die Priorität von Bildung und Beruf auf Kosten des Kinderwunsches heraus kristallisiert und zum zentralen Baustein weiblicher Lebensplanung etabliert. Ein demografischer Ausdruck dieses Leitbilds ist zum einen das Konzept der späten Mutterschaft nach erfolgter beruflicher Etablierung, neuer Partnerwahl und ökonomischer Stabilität und zum anderen der Verzicht auf Mutterschaft, insbesondere von akademisch gebildeten Frauen. Hier vollzieht sich ein Leitbildwandel von der Normal- zur Wahlbiografie, der als Ausdruck individualisierter weiblicher Lebensentwürfe interpretiert werden kann.

Für junge Mütter gilt diese Wahlmöglichkeit nicht mehr. Gleichwohl sind sie in besonderer Weise darum bemüht, durch eine qualifizierte Ausbildung und Berufsperspektive eine ökonomisch eigenständige und sinnvolle Gestaltung des Lebens für sich und ihre Kinder zu gewährleisten. In Befragungen zeigt sich, dass junge Mütter trotz der hohen Belastungen eine hohe Motivation zur Einmündung in das Berufssystem und zum Ausstieg aus der „Sozialhilfekarriere" aufweisen. Eine Ausbildung und Qualifizierung stellt aus Sicht vieler junger Mütter eine bedeutende Voraussetzung für die Einmündung in die Erwerbsarbeit dar. Diese reflektierte Einschätzung junger Mütter speist sich zum einen aus ihrer Erfahrung mit kurzfristigen Jobs und nicht qualifizierten Tätigkeiten, die sie zur Sicherung des Lebensunterhalts durchlaufen haben. Zum anderen erkennen sie vor dem Hintergrund von Isolations- und Exklusionserfahrungen die Bedeutung einer Berufsausbildung, die häufig als letzte Chance für den Anschluss in das Erwerbssystem und dem Ausstieg aus der Sozialhilfe eingeschätzt wird. Darüber hinaus erweist sich die Vorbildfunktion für die eigenen Kinder als eine hohe Motivation, verbunden mit einem Wertesystem der ökonomischen und sozial eigenständigen Lebensführung. Spiegeln sich in diesen Motivationslagen Stärken junger Mütter wider, zeigen sich jedoch auch die alltäglichen Risiken der hohen Belastung, die in Ausbildungsabbrüche münden können.

Wird dieses spannungsreiche Geflecht an Anforderungen und Belastungen bewältigt, bringen junge Mütter vielfältige Ressourcen mit, die für die Entwicklung beruflicher Kompetenzen sowie für Lebensführungskompetenzen wirksam werden. Zum einen drückt sich die Bewältigung der Doppelanforderung in einer positiven subjektiven Beurteilung und Wertschätzung des eigenen Selbst aus. Bemerkenswert ist die Selbsteinschätzung junger Mütter hinsichtlich ihrer Berufswahl sowie Ausbildungs- und Erwerbsmöglichkeiten. Befragungsergebnisse junger Mütter in Ausbildungsmaßnahmen in den Bundesländern Berlin, Bremen und Nordrhein-Westfalen des Projekts MOSAIK belegen (vgl. Friese 2008, S. 118 ff.), dass junge Mütter über ein hohes Maß an Reflektion hinsichtlich der Schwierigkeiten der Ausbildungsverläufe, der Vereinbarkeit mit Familienpflichten sowie der Realität von Erwerbsarbeitsverläufen verfügen. Diese Einschätzung befähigt sie zur Bewältigung von komplexen Situationen in privaten und beruflichen Kontexten. Junge Mütter in Ausbildung erwerben ein hohes Maß an beruflicher und lebensweltlicher Handlungskompetenz, die sie zu einer erfolgreichen Bewältigung von Work-Life-Balance befähigt.

Zum anderen entwickeln junge Mütter Stärken aus ihrer Erziehungsverantwortung, dem Umgang mit Behörden und Institutionen, der Bewältigung des spannungsreichen Alltags sowie aus Prozessen der im weiblichen Lebenszusammenhang erworbenen Kompetenzen. In Selbsteinschätzungen begründen junge Mütter diese Ressourcen mit den Erfahrungen der Mutterschaft, die hohe Anforderungen hinsichtlich der Entfaltung von Empathie, Geduld und Diplomatie sowie an die Ausbildung von Fähigkeiten zur Konfliktlösung und Stressbewältigung in schwierigen und ungeplanten Situationen stellt. Befragungen des Ausbildungspersonals (vgl. Anslinger 2008, Nader et al. 2003, LIFE 2008) bestätigen, dass junge Mütter diese im Alltag erworbenen Ressourcen und Kompetenzen produktiv in Ausbildungsverläufe einbringen.

Mit diesen Ressourcen und Kompetenzen junger Mütter steht für die berufliche Bildung ein Potential zur Verfügung, das für curriculare, methodische und organisatorische Innovationen zukunftsweisend gestaltet werden kann. Von besonderer Bedeutung sind diese Erkenntnisse für Bildungsprozesse an den Schnittstellen zwischen der berufspädagogischen und sozialpädagogischen Bildungsarbeit sowie für transdisziplinäre Ansätze von Netzwerkbildung.

3. Barrieren und Potentiale des Berufsbildungssystems: Mutterschaft als Strukturprinzip kumulativer Ungleichheit

Die Problemlagen wie auch die Motive und Ressourcen junger Mütter sind bislang nur unzureichend im System der beruflichen Bildung in Deutschland berücksichtigt worden. Die Befunde der gender orientierten Berufsbildungsforschung verdeutlichen ein gravierendes Spannungsverhältnis zwischen Bildungsbedürfnissen junger Mütter und den im System der Berufsbildung vorhandenen Räume für Ausbildung und Kompetenzentwicklung (vgl. Paul-Kohlhoff/Zybell 2002, Puhlmann 2006, Friese 2008). Historische und systematische Gründe liegen zum einen in der allgemeinen Struktur des Geschlechterverhältnisses in Bildung und Beruf und zum anderen in der besonderen Situation junger Mütter. Aus der historischen Perspektive wurde das deutsche Berufsbildungssystem Anfang des 20. Jahrhunderts zweigeteilt: Während für männliche Auszubildende das duale System insbesondere für gewerbliche Berufsfelder galt, wurden für Frauen vornehmlich vollzeitschulische Ausbildungen für personenbezogene Frauenberufe konzipiert. Diese geschlechtliche Segregation hat sich beharrlich fortgesetzt. Gegenwärtig weisen sich Mädchen und junge Frauen europaweit zwar durch eine steigende Bildungsbeteiligung, bessere Schulabschlüsse und eine hohe Ausbildungs- sowie Studienmotivation aus (vgl. Europäische Union 2005, S. 13, BMBF 2009, S. 11). Jedoch stehen diese Potenziale in bemerkenswerter Diskrepanz zur Einmündung in qualifizierte Ausbildungs- und Erwerbsperspektiven.

Die Ausgrenzung beginnt mit der eingeschränkten Berufswahl und der geringen Chance auf eine Einmündung in das Berufsbildungssystem am Übergang Schule-Beruf. Trotz des Bildungsaufstiegs im allgemein bildenden Schulsystem haben junge Frauen im Vergleich zu jungen Männern eine relativ niedrige Übergangsquote in die duale Ausbildung.

Entsprechend besuchen sie häufig weiter eine allgemein bildende Schule (vgl. Gaupp/Reißig 2006, S. 27). Münden junge Frauen in die duale Ausbildung, wählen sie überwiegend Berufe mit geringem Karrierepotenzial. Gleichzeitig stellen sie in vollzeitschulischen Ausbildungen ca. 70 % der Schülerschaft dar, während sie im dualen System mit ca. 40 % weit unterrepräsentiert sind (vgl. BMBF 2009, S. 13). Dabei konzentrieren sich die männlichen und weiblichen Jugendlichen mehrheitlich auf jeweils zehn Ausbildungsberufe, die eine deutliche Geschlechtersegmentierung aufweisen. Während junge Männer vornehmlich im gewerblich-technischen Bereich, in Metall-, Elektro- und Bauberufen sowie im kaufmännisch-verwaltenden Bereich des Groß- und Einzelhandels ausgebildet werden, wählen junge Frauen in Deutschland überwiegend Berufe, die kaum Aufstiegschancen bieten: Helferinnenberufe im Gesundheitsbereich, Bürokauffrau, Kauffrau im Einzelhandel und für Bürokommunikation, Hotelfachfrau sowie Friseurin.

Dieses eingeschränkte Berufswahlverhalten gilt auch für junge Mütter. Aufgrund von Befragungen des Projekts MOSAIK erweisen sich die Berufswünsche zwar durchaus als vielfältig, verbleiben jedoch im Rahmen der geschlechtstypischen Ausbildungsfelder: Ein Großteil der jungen Mütter strebt einen Beruf im Gesundheitswesen wie z.B. Alten- oder Krankenpflegerin, Kinderkrankenschwester oder auch Tierarzthelferin an, gefolgt von kaufmännischen Berufen wie Rechtsanwaltsgehilfin und Reiseverkehrskauffrau. Darüber hinaus werden Berufe im Dienstleistungsbereich wie Hauswirtschafterin, Köchin oder Hotelfachfrau gewählt. Nur ein geringer Anteil der jungen Mütter wünscht sich eine Ausbildung im handwerklichen Bereich, wobei dabei „weibliche" Berufsfelder wie Schneiderin oder Dekorateurin angestrebt werden (vgl. Friese 2008, Nader et al. 2003). Die Befunde belegen die an der gesellschaftlichen Realität gemessenen Einschätzungen junger Mütter hinsichtlich ihrer eingeschränkten beruflichen Perspektiven, die zum einen die von Frauen und Müttern selbst verinnerlichte Geschlechtsstruktur des Berufsbildungssystems widerspiegeln, zum anderen auf den gering qualifizierenden oder nicht vorhandenen Schul- und Ausbildungsabschlüssen beruhen.

Die Berufswahlstruktur verstärkt sich durch die gegenwärtige Expansion vollzeitschulischer Ausbildungsangebote (vgl. Bildungsberichterstattung 2008, S. 104ff.), die größtenteils außerhalb des Berufsbildungsgesetzes (BBiG) sowie der Handwerksordnung (HwO) länderspezifisch geregelt sind. Nicht zuletzt vor dem

Hintergrund der fehlenden Ausbildungsplätze im dualen System verzeichnen Berufsfachschulen gegenwärtig ein bedeutendes Wachstum. Problematisch an dieser Entwicklung ist zum einen die Verteilung der Geschlechter auf die beiden Berufsausbildungssysteme, zum anderen die damit verbundene Berufsstruktur, da sich die in dualer oder vollzeitschulischer Form erworbenen Ausbildungsabschlüsse ganz erheblich auf die späteren Berufsbiografien und Karrierechancen auswirken. Die im Anschluss an vollzeitschulische Ausbildungen entstehenden Berufsbiografien zeichnen sich durch diskontinuierliche Erwerbsverläufe, niedrige gesellschaftliche Bewertungen und Entlohnung sowie Teilzeitarbeit und Semi-Professionalität aus.

Somit setzen sich die familienbedingten Barrieren für junge Mütter im Erwerbsverlauf fort. Trotz der gesamtgesellschaftlichen Entwicklung gebrochener Berufsbiografien ist Erwerbsarbeit bis heute an der männlichen Normalarbeitsbiografie ausgerichtet und schließt junge Frauen mit Kindern von einer aktiven Teilhabe aus. Obwohl die Gleichzeitigkeit von Familie und Beruf aus historischer Perspektive ein allgemeingültiger Lebensentwurf ist, hält die Gesellschaft hierfür keine pädagogischen und politischen Unterstützungssysteme bereit. Flankiert durch familien- und bildungspolitische Exklusionsstrategien, die eine Inanspruchnahme von Erziehungszeiten und Transferleistungen sowie die Befreiung von Schul- und Ausbildungspflichten befördern, wird damit die berufliche Schließung, soziale Ausgrenzung und prekäre Armut junger Mütter zementiert. In diesem Gefüge erweist sich das Phänomen Mutterschaft als Strukturprinzip kumulativer Ungleichheit, das junge Mütter und ihre Kinder nahezu zwangsläufig in den Status einer benachteiligten Gruppe führt.

Gleichwohl eröffnen sich vor dem Hintergrund des gesellschaftlichen und diskursiven Wandels zugleich Modernisierungspotenziale, die für Förderansätze junger Mütter in der beruflichen Bildung nutzbar gemacht werden können. Diese basieren erstens auf veränderten Strukturen des Arbeitsmarktes und einem erhöhten Fachkräftebedarf, der sich insbesondere im Bereich der personenbezogenen Dienstleistungsberufe entwickelt. Gegenwärtig entstehen neue Qualifikations- und Professionsanforderungen, die auch den an diesem Segment stark beteiligten jungen Müttern zu Gute kommen können (vgl. Friese 2007). Begünstigend ist zweitens die gegenwärtige Kompetenzwende in der beruflichen Bildung, die neben beruflichen Kompetenzen auch lebensweltliche und informelle Kompetenzbildung einbezieht. Von Bedeutung sind drittens die bildungspolitische Stärkung des Übergangsmanagements, das mit der Orientierung auf „Bildung im

Lebenslauf" (vgl. Bildungsberichterstattung 2008, S. 6) ganzheitliche und individuelle Förderansätze in die Berufsvorbereitung einbezieht sowie viertens ordnungsrechtliche und bildungspolitische Neuerungen des Berufsbildungsgesetzes, die auch in der Ausbildung flexible und biografisch orientiere Instrumente und Methoden ermöglichen. Damit sind neue Optionen für gender orientierte Ansätze eröffnet, die für die Integration und Förderung von jungen Müttern im System der beruflichen Bildung förderlich sind.

4. Handlungsbedarfe und Förderansätze der beruflichen Bildung

Die Umsetzung des Konzepts „Bildung im Lebenslauf" für die Zielgruppe junger Mütter erfordert spezifische Förderansätze unter Berücksichtigung biografischer Statuspassagen und ganzheitlicher sowie zielgruppenspezifischer Konzepte. Weichen stellend für erfolgreiche Berufsbildungsbiografien ist die Förderung der Berufswahl in der schulischen Bildung sowie die Stärkung der Berufsorientierung und Berufsvorbereitung am Übergang Schule-Beruf. Voraussetzung für eine gelingende Work-Life-Balance sind des Weiteren Ausbildungskonzepte in zeitmodifizierten Strukturen. Dabei sind curriculare und organisatorische Konzepte zu berücksichtigen, die Kompetenzentwicklung an der Schnittstelle von lebensweltlichen und beruflichen Kontexten ermöglichen. Diese Schnittstelle ist auch in Konzepten zur Professionalisierung des Personals sowie in curricularen Entwicklungen grundständig zu verankern. Nicht zuletzt bedeutsam ist die Bildung regionaler Netzwerkstrukturen, die sowohl auf die Ausbildung junger Mütter als auch auf die Bildung ihrer Kinder zielen und damit wesentliche Voraussetzungen für gesellschaftliche Partizipation und Integration herstellen.

Kompetenzentwicklung

Die im Rahmen der Modernisierung der beruflichen Bildung seit den 1990er Jahren vollzogene „Kompetenzwende" bietet Optionen für ein verändertes Geschlechterverhältnis, von dem auch junge Mütter profitieren können. Der Kompetenzbegriff und die vielfältigen Beschreibungen von Kompetenzentwicklung, Kompetenzmessung und Kompetenzförderung (vgl. Walkenhorst et al. (Hrsg.) 2009) sind in der gegenwärtigen Fachdebatte zwar keineswegs einheitlich geklärt. Gleichwohl kristallisiert sich ein Leitbild heraus, das Kompetenz von zwei Seiten bestimmt: von der Seite der Person hinsichtlich der individuellen Bedürfnisse und Ressourcen wie auch von der Seite der bildungsökonomischen Bedarfe und Umgebungsfaktoren (vgl. Erpenbeck/Heyse 1999). In der beruflichen Bildung wird seit Bereitstellung der KMK-Handreichungen von 1996 ein

Leitbildwandel eingeleitet, der Kompetenz im Unterschied zur Qualifikation (die an Verwertbarkeit und Bildungsnachfrage orientiert ist), auf den individuellen Lernerfolg und die Befähigung zu eigenverantwortlichem Handeln in beruflichen, gesellschaftlichen und privaten Situationen bezieht.

Diese Lesart von Kompetenz eröffnet auch neue Perspektiven zu Förderansätzen für junge Mütter, wird mit den KMK-Handreichungen doch historisch erstmals der Bereich des Privaten bildungspolitisch thematisiert und damit das Verhältnis von Lebenswelt und Beruf neu in den Blick gerückt. Die Vereinbarkeit von Ausbildung und Mutterschaft setzt ein hohes Maß an eigenverantwortlichem Handeln in beruflichen, gesellschaftlichen und privaten Situationen voraus sowie die Fähigkeit, die in komplexen Strukturen vorhandenen Umgebungsressourcen wie auch die eigenen Ressourcen kontinuierlich für die Doppelanforderung von Lebenswelt und Beruf nutzbar zu machen. Einen besonderen Stellenwert in diesem Kontext hat die Ausgestaltung von Sozialkompetenz, die in der gegenwärtigen Kompetenzdebatte eine herausragende Bedeutung einnimmt. Kommt diese Perspektive zwar den lebensweltlich erworbenen Kompetenzen von Frauen zu Gute, ist doch auch eine widersprüchliche Feminisierung des Konstrukts Sozialkompetenz zu verzeichnen. Diese drückt sich in einer nur selten kritisch reflektierten normativen Gleichsetzung von geschlechtsattributierten Merkmalen und Sozialkompetenz aus. Weiterführend sind Ansätze, die eine Differenzierung von Merkmalszuschreibungen sozialer Kompetenzen in Ausbildungs- und Berufsprofilen vornehmen und Sozialkompetenz zugleich als Fachkompetenz in sozialen und personenbezogenen Tätigkeiten definieren (vgl. Friese 2002a).

Außerdem gerät die Frage der Bedeutung und Anerkennung informeller und nicht formal erworbener Kompetenzen in der beruflichen Bildung neu in den Blick. Die Berücksichtigung und didaktische Aufbereitung informeller Kompetenzen erhält für die berufliche Bildung von Frauen und jungen Müttern einen besonderen Stellenwert. Fließen die im familiären Alltag und im informellen Sektor erworbenen Kompetenzen in der Regel „unsichtbar" ohne Bewertung und Akkreditierung in berufliche Tätigkeiten ein, gilt dies insbesondere für Haushalts- und Familienkompetenzen, die bei Frauen vorausgesetzt und quasi als Naturkonstante angesehen werden. Gelingt es, in der beruflichen Bildung adäquate didaktische Reflexionsräume und Erfassungsinstrumente im Rahmen von Kompetenzfeststellung und Qualifizierungscurricula zur Verfügung zu stellen, kann das bei der Zielgruppe junger Mütter vorhandene hohe Maß an Sozialkompetenz, eine wichtige Basis für fachliche Anerkennungen und Qualifizierungen bilden. Für die curriculare und methodisch-didaktische Ausgestaltung können die neuen Instrumente der beruflichen Bildung und Benachteiligtenförderung wie der Einsatz von Modulen, Qualifizierungsbausteinen sowie Zertifizierung genutzt und ausgestaltet werden.

Zur Stärkung des Übergangs Schule-Beruf wurden und werden in der Benachteiligtenförderung unterschiedliche Kompetenzfeststellungsverfahren entwickelt, um sowohl lebensweltliche als auch schulische und berufliche Kompetenzen Jugendlicher und junger Erwachsener erfassen zu können. In der Arbeit des Projekts MOSAIK im Rahmen des BQF-Programms „Kompetenzen fördern: Berufliche Qualifizierung für Zielgruppen mit besonderem Förderbedarf" des Bundesministeriums für Bildung und Forschung wurden unterschiedliche Verfahren der Kompetenzfeststellung hinsichtlich der Bedeutung für die Zielgruppe junge Mütter ausgewertet (vgl. BMBF (Hrsg.) 2006a). Deutlich wurde, dass für einen gelingenden Übergang von der Schule in das Berufsleben die Förderung von Individual- und Sozialkompetenzen, die jenseits spezifischer Maßnahmeprofile zu erfassen sind, von zentraler Bedeutung ist. Als wichtige Voraussetzung für eine derartige Kompetenzfeststellung hat sich die Herstellung einer transparenten und vertrauensvollen Lernumgebung als wichtige Beziehungsgrundlage erwiesen. In einer offenen Umgebung kann es gelingen, auch die impliziten und verdeckten Kompetenzen und Wissensbestände sichtbar und explizit zu machen. Dabei erweist sich die regelmäßige Reflexion der Standards im Kompetenzfeststellungsverfahren als pädagogisch sinnvolles Instrument, wie auch die Schaffung von Möglichkeiten, sich in verschiedenen Berufsrichtungen praxisnah erproben zu können. Dieses steigert die Motivation und fördert die Selbsterfahrung. Als äußerst positiv erweist sich aus Sicht der Jugendlichen die ungeteilte Aufmerksamkeit, die ihnen durch Kompetenzfeststellungsverfahren zuteil wird.

Die Erfahrungen zeigen darüber hinaus, dass Kompetenzfeststellungsverfahren nur dann sinnvoll sind, wenn sie in ein daran anknüpfendes Förderplansystem sowie in die curriculare Struktur des berufsvorbereitenden Unterrichts eingebunden sind (vgl. BMBF (Hrsg.) 2006a, S. 68 ff). Im Rahmen des Projekts MOSAIK wurde in der Berufsvorbreitungsmaßnahme „Ich gehe meinen Weg mit Kind und Beruf" (vgl. Pregitzer/Thiessen 2005, vgl. auch Thiessen in diesem Band) ein individueller Förderplan unter Mitwirkung der jungen Mütter entwickelt, der als Kontrakt zwischen Jugendlichen und Ausbildungspersonal galt. Mit den Jugendlichen wurden verbindliche Ziele vereinbart, deren Umsetzung vom Ausbildungspersonal unterstützt wurde. Zugleich wurde die ausbildende Institution in die Pflicht genommen, entsprechende Fördermöglichkeiten bereit zu stellen. In diesem Rahmen bietet der Förderplan eine Möglichkeit, selbstständigen und verantwortlichen Umgang mit Lernen und Reflexion zu entwickeln.

Berufsvorbereitung
Als ein wichtiges Instrument des Übergangsmanagements hat sich die Berufsvorbereitung erwiesen. Berufsvorbereitung zielt darauf, junge Menschen bei der Berufswahl und Berufsorientierung sowie beim Einstieg in Ausbildung und Beruf zu unterstützen. Zielgruppen sind insbesondere benachteiligte Jugendliche, die aufgrund unterschiedlicher struktureller und individueller Benachteiligungsfaktoren wie Ausbildungsmarktselektion, Geschlecht, sozialer und ethnischer Herkunft, physischer und psychischer Behinderung, Lernbeeinträchtigung, Verhaltensauffälligkeiten einen besonderen Förderbedarf haben (vgl. Enggruber 2003). Berufsvorbereitung wird seit den 1970er Jahren durch unterschiedliche gesetzliche Grundlagen im Rahmen des Sozialgesetzbuches (SGB IX und III), des Arbeitsförderungsgesetzes (AfG) sowie des Berufsbildungsgesetzes (BBiG) geregelt und in unterschiedlichen Schulformen und Bildungsgängen der allgemeinen und beruflichen Bildung angeboten: an der Haupt- und Förderschule im Unterrichtsfach Arbeitslehre, in speziell eingerichteten vollzeitschulischen Bildungsgängen an beruflichen Schulen als Berufsvorbreitungsjahr (BVJ) bzw. Berufsgrundbildungsjahr (BGJ) sowie in außer- und überbetrieblichen Maßnahmen von Bildungsträgern im Rahmen der Förderung der Agentur für Arbeit.

Diese Konzepte und rechtlichen Rahmenbedingungen der Berufsvorbereitung haben im Zuge der gegenwärtigen Berufsbildungsreform und des Paradigmenwechsels der beruflichen Benachteiligtenförderung eine neue bildungspolitische und rechtliche Ausrichtung erhalten. Nachdem seit den 1990er Jahren eine Reihe von bildungspolitischen Programmen zur Berufsvorbereitung aufgelegt worden waren, wurde die Initiative „Neue Förderstruktur für Jugendliche mit besonderem Förderbedarf" im Rahmen des Programms „Kompetenzen fördern – Berufliche Qualifizierung für Zielgruppen mit besonderem Förderbedarf (BQF-Programm)" (vgl. BMBF 2005) entwickelt und modellhaft erprobt. Die neue, personenorientierte Maßnahmenstruktur wurde in ein integriertes Fördersystem überführt. Dessen Struktur umfasst nun zielgruppenübergreifende und binnendifferenzierte sowie kooperative und betriebsnahe Qualifizierungsangebote und pädagogisch-didaktische Konzepte für individuelle und biografisch orientierte Förderung. Die Neuorientierungen flossen in das Neue Fachkonzept der Agentur für Arbeit von 2004 (BA 2004) sowie in die Novellierung des Berufsbildungsgesetzes von 2005 (BMBF 2005) ein und wurden im Rahmen der Arbeitsförderung nach SGB III sowie in den Gesetzen für moderne Dienstleistungen am Arbeitsmarkt mit dem Leitbild „Fördern und Fordern" rechtlich verankert.

Ist der Wandel von der Maßnahmeorientierung zugunsten einer Personenorientierung aus didaktischer Perspektive zwar zu begrüßen, zeichnen sich aus berufspädagogischer Sicht doch auch Probleme ab. Kritisch anzumerken ist, dass die Neuorientierung der Berufsvorbereitenden Bildungsmaßnahme (BvB) im Rahmen des Leitbilds „Fördern und Fordern" auch zu einer erneuten „Bestenauslese" unter den Benachteiligten führen kann, die Übergangsprobleme zwischen Schule und Beruf weiter verstärkt (vgl. Eckert 2006). Diese Problematik besteht auch bzw. besonders für die Zielgruppe der jungen Mütter, die aufgrund ihrer besonders schwierigen Lebenslagen spezifisch zugeschnittene Maßnahmen der Berufswahl und Berufsvorbereitung benötigen. Im Projekt MOSAIK konnten im Zuge der Konzepterstellung, Implementierung und Evaluation von Maßnahmen der Berufsorientierung und Berufsvorbereitung spezifische Problemlagen und Handlungsansätze für junge Mütter identifiziert werden: Als Voraussetzung für eine gelingende Berufswahl hat sich dabei eine bereits im allgemein bildenden Schulsystem zu verankernde frühzeitige Orientierung auf berufliche Ausrichtungen erwiesen, die das Spannungsverhältnis zwischen individuellen beruflichen Wünschen und gesellschaftlichen Realisierungsmöglichkeiten aufnimmt. Erweist sich dabei die Unterstützung von Betriebspraktika und Betriebserkundungen als zentraler Faktor, ist für die Ermöglichung einer pluralisierten Berufswahl zugleich die Überwindung geschlechtlicher Normen in den Curricula und Lehrplänen sowie in den Wertvorstellungen des Lehr- und Ausbildungspersonals von entscheidender Bedeutung. Da junge Mütter aufgrund der oft langen Erziehungszeiten aus dem System der beruflichen Bildung ausgeschlossen sind, benötigen sie passgenaue Zeit- und Unterstützungsstrukturen, um die vorhandenen Lücken vor der Aufnahme einer Ausbildung zu schließen.

Dabei kommt der niedrigschwelligen und sozialräumlich konzipierten Berufsorientierung eine zentrale Stellung zu. Unverzichtbar für junge Mütter ist eine an Berufsvorbereitungsmaßnahmen angebundene sozialpädagogische Begleitung, die sowohl bei der Strukturierung des Tagesablaufs als auch bei der aufwendigen Organisation der Kinderbetreuung sowie Sicherung der finanziellen Rahmenbedingungen unterstützend wirkt. Um die konträren zeitlichen Strukturen von Ausbildung und Familie zu ermöglichen, sind Teilzeitkonzepte und individuelle Teilzeitregelungen in den regulären Strukturen der Berufsvorbereitung zu installieren. Darüber hinaus hat sich die frühzeitige Einbindung der Betriebe in die Maßnahme als wirksam erwiesen, zum einen um den Ernstcharakter der Maßnahme zu unterstreichen und zum anderen um Kontakte zu potenziellen Ausbildungsbetrieben herzustellen. Es hat sich herausgestellt, dass insbesondere kleine Betriebe eher dazu bereit sind, eine junge Mutter in eine Teilzeitberufsausbildung aufzunehmen, wenn sie die zukünftige Auszubildende bereits im Rahmen eines Praktikums kennen gelernt haben. Aus dieser Perspektive bietet Berufsorientierung einerseits eine sinnstiftende und qualifizierende Übergangsperspektive, zum anderen werden gute Einmündungschancen für die Ausbildung eröffnet.

5. Teilzeitberufsausbildung

Rechtliche Regelungen und Konzepte

Für eine erfolgreiche Einmündung in nachhaltige Erwerbsperspektiven ist der Abschluss einer beruflichen Ausbildung von zentraler Bedeutung. Dabei ist der Übergang an der zweiten Schwelle nach wie vor mit einer dualen Berufsausbildung am besten zu bewältigen. Der enge Kontakt zum Betrieb während einer dualen Berufsausbildung und die Chance am Ende der Ausbildung vom Betrieb übernommen zu werden, ist bei einer dualen Berufsausbildung nach wie vor eher gewährleistet. Auch für junge Mütter ist eine Ausbildung im dualen System attraktiv, aufgrund der disparaten Zeitstrukturen zwischen Betrieb und Familien jedoch kaum realisierbar. Vor diesem Hintergrund wurden seit den 1990er Jahren in bundesweiten Modellprojekten in Hessen, Bremen, Nordrhein-Westfalen, Baden-Württemberg, Rheinland-Pfalz, Niedersachsen und Berlin zeitflexible Ausbildungsmodelle erprobt und wissenschaftlich evaluiert sowie durch bildungspolitische Empfehlungen und Programmförderung flankiert. Förderpolitisch bedeutsam war das BQF-Programm „Kompetenzen fördern. Förderansätze für Jugendliche mit besonderem Förderbedarf" des Bundesministerium für Bildung und Forschung (BMBF 2005). In der Transferphase wurden vielfältige Erfahrungen und Handlungsansätze ausgewertet und bundesweit transferiert: u. a. durch das Projekt MOSAIK-Transfer (vgl. BIBB / MOSAIK-Transfer / LiLA (Hrsg.) 2007) sowie durch den Fachaustausch des Netzwerkes Teilzeitberufsausbildung in Nordrhein-Westfalen (vgl. Albert et al. (Hrsg.) 2008, S. 82 ff.). Weichenstellend für die Implementierung zeitmodifizierter Ansätze in das Regelsystem der beruflichen Bildung sind diejenigen bildungspolitischen und ordnungsrechtlichen

Neuerungen, die die seit Ende der 1990er Jahre erprobten Ansätze für zeitmodifizierte Ausbildungen aufgenommen haben. Nachdem im März 2001 mit dem „Eckwertepapier des Bund-Länder-Ausschusses zur Reform der beruflichen Bildung" bereits Empfehlungen für zeitmodifizierte Ausbildungen ausgesprochen wurden, erhielt die Teilzeitberufsausbildung mit der jüngsten Novellierung des Berufsbildungsgesetzes mit Wirkung vom 01.04.2005 eine gesetzliche Grundlage (BMBF 2005). Im § 8 Abs. 1 BBiG heißt es: „ (…) bei berechtigtem Interesse kann sich der Antrag auch auf die Verkürzung der täglichen und wöchentlichen Ausbildungszeit richten". Ein berechtigtes Interesse liegt vor bei „ (…) Betreuung eines eigenen Kindes sowie (…) Pflege eines nahen Angehörigen" (DIHK 2005). Auch der wissenschaftliche Beirat für Familienfragen beim Bundesministerium für Familie, Senioren, Frauen und Jugend hat in einem Gutachten das Thema der bisher strukturell erschwerten Vereinbarkeit von Ausbildung und Elternschaft aufgegriffen und eine Reihe politischer Handlungsempfehlungen an die Akteure des Berufsbildungssystems formuliert (vgl. BMFSFJ 2004).

Mit diesen Regelungen werden historisch erstmals ordnungsrechtliche Verankerungen aufgenommen, die lebensweltliche und familiäre Verpflichtungen an der Schnittstelle zur beruflichen Bildung berücksichtigen. Damit sind wesentliche politische und ordnungsrechtliche Voraussetzungen für die Vereinbarkeit von qualifizierter Ausbildung und Kinderbetreuung geschaffen. Zugleich geben Forschungsergebnisse und Wirkungsanalysen relevante Aufschlüsse über subjektive Perspektiven junger Mütter, über Erfahrungen von Betrieben, Berufsschulen und Bildungsträgern sowie über strukturelle und pädagogische Voraussetzungen und Hemmnisse für eine erfolgreiche Implementierung in das Berufsbildungssystem. Aus der Perspektive der Teilnehmerinnen wie auch aus Sicht von Betrieben, Kammern und Schulen werden eine Reihe förderlicher Faktoren wie auch Problemlagen benannt.

Die Deutungen junger Mütter fallen zwar aufgrund der unterschiedlichen sozialen und demografischen Lebenslagen hinsichtlich Alter, Bildungsstand, Ausbildungs- und Einkommenssituation sowie Grad der Vernetzung im sozialen Umfeld unterschiedlich aus. Jedoch kristallisieren sich durch die Erfahrung der biografischen Statuspassage der jungen Mutterschaft auch gemeinsame Deutungen heraus. So wird aus Sicht der jungen Mütter zum einen die strukturelle und emotionale Ambivalenz deutlich, die in der Ausbildung bewältigt werden muss, wie etwa hinsichtlich der Zeitknappheit und der widerstreitenden Empfindungen bezüglich der Verbundenheit mit dem Kind. Zum anderen stellt sich die

Berufsausbildung und der damit ausgebildete Zugewinn an Kompetenz und Selbstbewusstsein als zentraler stabilisierender Faktor heraus (vgl. Zybell 2003).
Von Seiten der Betriebe, Kammern, Schulen und Bildungsträger (vgl. Anslinger 2008, Friese 2008, Nader et al. 2003) werden jungen Müttern ebenfalls positive Aspekte wie eine hohe Motivation, ein hohes Maß an Sozial- und Organisationskompetenz sowie gute Prüfungsergebnisse bescheinigt. Jedoch existieren auch Bedenken gegen die Abweichung von der Ausbildungsnorm und Unsicherheiten bezüglich der Umsetzung der neuen ordnungsrechtlichen Regelungen in den Ausbildungsalltag. Dabei werden auch Problemlagen wie höhere Ausfallzeiten durch Krankheit des Kindes sowie zeitweise Überforderungen aufgrund der Doppelbelastung der Auszubildenden thematisiert. Umso deutlicher werden der Stellenwert der sozialpädagogischen Betreuung und die Bereitstellung von hochwertigen Kinderbetreuungsangeboten. Die Erfahrungen zeigen, dass junge Frauen mit Kindern in der Berufsausbildung Unterstützung bei der Alltagsgestaltung und im Zeitmanagement benötigen.

Implementierung von Teilzeitberufsausbildung
Hinsichtlich der Implementierung von Teilzeitausbildung in das Regelsystem der beruflichen Bildung bestehen gleichwohl noch vielschichtige Problemlagen (vgl. Friese 2008a, LIFE 2008, Albert et al. (Hrsg.) 2008), die sich bezogen auf Betriebsformen, Betriebsgrößen, Berufsfelder und regionale Standorte unterschiedlich darstellen. Im Rahmen einer Befragung von Wirtschaftsunternehmen in den Bundesländern Bremen, Hessen und Nordrhein-Westfalen (vgl. Anslinger 2008) wurde deutlich, dass die Motivlagen von Betrieben, jungen Müttern eine Teilzeitberufsausbildung zu ermöglichen, höchst unterschiedlich sind, wobei sich eigene biografische Erfahrungen und subjektive Eindrücke des Ausbildungspersonals als entscheidungsrelevant erweisen. Wirksam für Entscheidungsprozesse sind darüber hinaus nicht in erster Linie Kalküle hinsichtlich der Umsetzung von familien- und bildungspolitischen Instrumenten des Gender Mainstreaming sowie moralisch-ethische und soziale Leitbilder von Betrieben. Bereits vorhandene frauenpolitische Instrumente im Rahmen von Diversity Management können sich zwar als förderliche Faktoren zur Einstellung von jungen Müttern erweisen, stoßen aber an ihre Grenzen hinsichtlich der Übertragung und Implementierung im Bereich der Ausbildung. Entscheidend für die Einstellung von jungen Müttern sind vielmehr betriebswirtschaftliche Maßstäbe, die im Rahmen von Testverfahren und Assessment nach dem Prinzip der „Bestenauslese" verfahren. Wird jungen Müttern eine Teilzeitausbildung zugestanden,

werden dabei zugleich höhere Maßstäbe und Leistungsprofile angelegt, da die gleichen Ausbildungsinhalte in kürzerer Zeit vermittelt werden müssen (vgl. ebd., S. 364 ff). Die Anstrengungen und Leistungen der jungen Mütter, die diese hohen Anforderungen bewältigen, bringt eine Ausbilderin pointiert auf den Punkt: „Denn eigentlich hat 'ne junge Mutter mehr geleistet als jede andere Auszubildende" (ebd., S. 298).

Erschwerend für eine erfolgreiche Umsetzung von zeitmodifizierter Ausbildung und Berufsvorbreitung wirken zudem die schwierigen finanziellen Rahmenbedingungen sowohl auf Seiten der Betriebe als auch auf Seiten der Auszubildenden. Für Praktika, Vorbereitung und Ausbildung in Teilzeit konnten bislang vor allem kleine und mittlere Unternehmen gewonnen werden. Betriebe, die in Teilzeit ausbilden, übernehmen eine wichtige soziale Verantwortung und können erhöhte Kosten durch Informations-, Beratungs- und Koordinationsbedarf, u. a. für die Bereitstellung einer sozialpädagogischen Begleitung, haben. Können Aufwandsentschädigungen insbesondere für Klein- und Mittelbetriebe ein wirksamer Anreiz sein, stellt sich die Frage der Sicherung des Lebensunterhalts insbesondere für junge Mütter und ihre Kinder als unverzichtbare Voraussetzung zur Durchführung einer Teilzeitberufsausbildung dar.

Mit den gesetzlichen Neuregelungen der Grundsicherung im Rahmen von Hartz IV haben sich die Finanzierungsmöglichkeiten beruflicher Vollausbildungen im Arbeitslosengeld-II-Bezug verschlechtert. Die bestehenden Ausbildungsprojekte sind für ihre Finanzierung auf komplizierte Mischfinanzierungen angewiesen. Während der Lebensunterhalt häufig über Hilfe zum Lebensunterhalt abgedeckt wird, werden die trägerbezogenen Ausbildungskosten für Lehrkräfte, Stützunterricht, sozialpädagogische Begleitung, Praktikums- und Ausbildungsplatzakquisition häufig aus ESF-Mitteln und zum Teil aus Landesmitteln, eher selten durch die Arbeitsagenturen aufgebracht. Eine bildungspolitische Forderung besteht darin, die Finanzierung der Auszubildenden möglichst aus einer Hand zu gestalten und so ausreichend auszustatten, dass die Teilnehmerinnen eine Planungssicherheit bekommen. Auszuschließen ist, dass junge Mütter durch Ausbildung unter das Existenzminimum fallen. Voraussetzung ist eine zeitnahe Bewilligung der Geldleistungen.

Datenanalysen und Befragungen von Kammerorganisationen in Nordrhein-Westfalen, Bremen und Berlin (vgl. Albert et al. 2008, Friese 2008, Life e.V. (Hrsg.) 2009) zeigen, dass die Implementierung von Teilzeitberufsausbildung zudem erheblich durch fehlende Informationen zur regionalen Umsetzung in Kammern, Betrieben, Arbeitsagenturen sowie

Bildungsträgern erschwert wird. Probleme existieren hinsichtlich Kommunikation und Zusammenarbeit der Akteure und Institutionen sowie hinsichtlich der Heterogenität der Kammerentscheidungen zur Ausgestaltung der Ausbildungsverträge. Daraus resultieren Forschungs- und Handlungsbedarfe zur Erhebung von Erfahrungen und Informationsdefiziten vor Ort wie auch zu verbindlichen Regelungen und Transferinstrumenten in regionaler und bundesweiter Perspektive. Auch steht die Konzipierung von Weiterbildungsmaßnahmen und Schulungen für das pädagogische Personal noch aus. Um die neuen ordnungsrechtlichen Gestaltungsspielräume wirksam in das System der Berufsausbildung zu implementieren, ist eine intensivere Zusammenarbeit von Betrieben mit den zuständigen Stellen sowie eine Unterstützung bei der Suche nach geeigneten Ausbildungsstellen für die Teilzeitberufsausbildung zu gewährleisten.

Netzwerkbildung

Die Implementierung einer bedarfsgerechten Teilzeitberufsausbildung im Regelsystem der beruflichen Bildung können nicht nur einzelne Träger oder informelle Netzwerke leisten. Für eine nachhaltige Perspektive ist es unerlässlich, Netzwerke und Kooperationen zu stiften, Zielvereinbarungen für regional bezogene Stufenprogramme zu formulieren und Anbindungen auf der Entscheidungsebene der kommunalen Sozialpolitik sowie der beruflichen Netzwerke zu entwickeln. Diese Perspektiven können an diejenigen Konzepte regionaler Netzwerkbildung angebunden werden, die in der beruflichen Bildung gegenwärtig eine zunehmende Relevanz erhalten. Vor dem Hintergrund der Forderung nach der Pluralisierung von Lernorten und Intensivierung der Lernortkooperation haben sich dabei verstärkt regionale Berufsbildungsnetzwerke (vgl. Wilbers 2004) herausgebildet, die Personen und Institutionen unter spezifischen Themenstellungen und Interessenslagen verbinden, den Zugang zu beruflich relevanten Erfahrungen, Informationen und Kompetenzen erschließen, zwischen Experten und Bildungsabnehmern vermitteln und Personen sowie spezifische Zielgruppen auf individuellen Ausbildungswegen begleiten.

Auffällig an dieser Debatte ist, dass die Frage der Netzwerkbildung im Bereich der Ausbildung vornehmlich für das duale System vorangetrieben wird. Weniger berücksichtigt in der berufspädagogischen Netzwerkbildung sind bislang spezifische gender orientierte Problemlagen, die sich mit der Ausbildungssituation von jungen Frauen befassen. Diese Vernachlässigung betrifft auch gleichstellungsorientierte Netzwerke, gewerkschaftliche Zusammenschlüsse sowie politisch und wirtschaftlich orientierte Netzwerke, in denen vornehmlich Frauen aus bildungsnahen Milieus zusammen geschlossen sind.

Demgegenüber sind junge Frauen im Alter zwischen 18 und 35 Jahren und Frauen aus bildungsfernen Schichten nur selten in Netzwerken vertreten (vgl. Hack/Liebold 2004, S. 48).

Vor diesem Hintergrund können drei Gruppen benachteiligter Frauen identifiziert werden, die durch bestehende Netzwerke nur unzureichend gefördert werden: erstens junge Frauen in Berufsvorbereitung und Ausbildung, zweitens sozial benachteiligte Frauen und Migrantinnen und drittens junge Frauen mit Kindern und Familienpflichten. Haben junge Frauen trotz besserer Schulabschlüsse generell geringere Chancen am Ausbildungs- und Arbeitsmarkt sowie insbesondere im dualen System, verstärkt sich diese Benachteiligung durch den unzureichenden Zugang zu den sich etablierenden Netzwerken der Berufsbildung. Dazu zählen beispielsweise Netzwerke zwischen Schulen, Bildungsträgern, Unternehmen und weiteren relevanten Akteuren, die durch neue Formen der Lernortkooperation, durch Ausbildungspartnerschaften und regionale Foren den Zugang zu Ausbildung und Beruf erleichtern und Anschlussperspektiven ermöglichen.

Um nachhaltige Ausbildungs- und Erwerbsperspektiven auch für junge Frauen mit schlechteren Startchancen zu eröffnen und diejenigen Zielgruppen zu erreichen, die nur selten in Netzwerkarbeit integriert sind, ist ein doppelter Perspektivwechsel erforderlich. Zum einen gilt es, junge Frauen zeitnah zum Schulabschluss, zur Berufsvorbereitung und zur Ausbildung stärker in die bestehenden Netzwerkstrukturen der beruflichen Bildung einzubinden. Zum anderen sind neue Inhalte in der Netzwerkarbeit zu etablieren, die sowohl berufliche als auch lebensweltliche Aspekte einbeziehen. Dabei sind Netzwerke nicht nur auf der Ebene von Institutionen und Professionen zu stärken. Von zentraler Bedeutung ist es auch, Personen zu befähigen, aktiv an den Vernetzungsstrukturen zu partizipieren, diese selbsttätig zu stiften und interessenorientiert auszugestalten. Hier eröffnet sich eine für die Netzwerkarbeit weitere bedeutsame Aufgabe. Diese besteht darin, nicht nur die Vernetzung professioneller Akteure voranzutreiben, sondern auch junge Frauen und Mütter mit dem Ziel der Partizipation und Stärkung von Empowerment selbst als Netzwerkerinnen zu qualifizieren.

Diesen Ansatz der doppelten Vernetzung verfolgte das Projekt MOSAIK mit dem Aufbau der Bremer „Förderkette junge Mütter" und der daran angebundenen Kooperations- und Transferstelle. Der Ansatz zielte darauf, ein wissenschaftlich fundiertes und anwendungsorientiertes Konzept zum Aufbau eines Kooperationsnetzes von Beratungs-, Bildungs- und Ausbildungsangeboten für junge Mütter zu entwickeln. Im Prozess der Implementierung entstand eine engmaschige regionale Förderkette mit fachübergreifenden

Kooperationen der Akteure und Entscheidungsträger aus den Bereichen Beratung, Berufsbildung, Jugendberufshilfe, Kinderbetreuung, Politik, Wirtschaft, Verwaltung und Wissenschaft. Die Förderkette wurde zunächst als Prototyp im Lande Bremen eingerichtet und im Zuge des Projekts MOSAIK-Transfer bundesweit übertragen.

6. Offene Fragen und Handlungsperspektiven

Die skizzierten Problemlagen junger Mütter in der beruflichen Bildung zeigen vielschichtigen Entwicklungsbedarf zur weiteren Verankerung von Strategien zur Bewältigung der Doppelanforderung Familie und Beruf. Gleichwohl bestehen außerdem noch vielfältige Handlungsbedarfe und offene Fragen, die auf den Ebenen von Forschung, Praxis und Politik weiterzuentwickeln sind. Im Bereich der Forschung existieren bislang nur einzelne Studien mit unzureichenden Kenntnissen über die demografische und biografische Situation junger Mütter und ihrer Kinder sowie zur Identifizierung ihrer spezifischen Förderbedarfe. Dringender Bedarf besteht darin, weiterführende Grundlagenforschungen mit Konzeptentwicklungen zur Integration von früher Mutterschaft in die Regelsysteme von Berufsbildung, Beratung und sozialer Arbeit zu verbinden sowie durch interdisziplinäre Sichtweisen zu fundieren.

Forschungs- und Handlungsbedarf besteht weiter auch hinsichtlich der Fundierung eines Leitbildes Work-Life-Balance, das Revisionen von Defizitansätzen, tradierten familienzentrierten Modellen und stereotypen Rollenbildern vornimmt und Potentiale der Vereinbarkeit von Ausbildung und Familienpflichten aus ökonomischer und sozialer Perspektive aufzeigt. Zwingend erforderlich für die Beratungsarbeit ist es, Ansätze einer aktivierenden Beratung zu implementieren, die auf einen qualifizierten Schulabschluss, Vermeidung von Schul- und Ausbildungsverweigerung, qualifizierte Ausbildung sowie berufliche Integration zielen. Dabei sind zeitnahe Vermittlungsangebote am Übergang Schule-Beruf sowie die Sicherung finanzieller Unterstützung von besonderer Bedeutung. Eine ganzheitliche Bildung und die Realisierung einer individuellen Förderplanung kann durch Beratung und pädagogische Umsetzung kohärenter und individualisierter Bildungswege erreicht werden. Die Erhebung regionaler Angebots- und Bedarfsanalysen ermöglicht die Erarbeitung passgenauer Konzepte für unterschiedliche Regionen und Zielgruppen.

Im Bereich der Curriculumentwicklung, Kompetenzfeststellung und didaktischen Gestaltung von schwierigen Lehr-/Lernsituationen sind biografisch orientierte Förderkonzepte zu verankern, die das Prinzip der Vereinbarkeit von Familie und Beruf als übergreifende didaktische Zieldimension in Schule, Berufsvorbereitung und Berufsausbildung berücksichtigen. Dabei sind verstärkt Ansätze für die Anerkennung und Förderung informeller Kompetenzen, Sozialkompetenzen sowie kooperative Ausbildungs- und Föderansätze aufzunehmen, die durch sozialpädagogische Unterstützungsangebote zu flankieren sind (vgl. Wallner in diesem Band).

Von Bedeutung für die Implementierung von Förderansätzen ist der bislang unzureichend erfolgte Transfer in überfachliche Netzwerke, die berufs- sozial-, schul- und sonderpädagogische Angebote berücksichtigen, fachliche Ressourcen bündeln, Wissenstransfer herstellen und nachhaltige Kooperationsformen stiften sowie institutionell absichern. In einem vitalen Netzwerk können wirksame fachliche und politische Synergien hergestellt und genutzt werden. Weiter auszubauen sind Partnerschaften zwischen Schule und regionaler Wirtschaft, allgemein bildenden und berufsbildenden Schulen, Bildungsträgern, Agenturen für Arbeit sowie ARGEN als auch fachübergreifende Kooperationen zwischen den Bereichen Bildung, Soziales, Familie, Jugendhilfe und Wirtschaft sowie die Einrichtung von Steuerungsinstrumenten und Implementierung von regionalen Kooperations- und Transferstellen.

Die Umsetzung des Leitbildes Work-Life-Balance in Ausbildung und Beruf erfordert nicht zuletzt neue organisatorische und strukturelle sowie professionspolitische Veränderungen. Die komplexe Umstrukturierung der Förderlandschaft und Förderansätze sowie die damit verbundenen Anforderungen an Qualitätsentwicklung und Qualifizierung des Personals sind bislang höchst unzureichend in Konzepte der Organisations- und Personalentwicklung der sozialen Arbeit und Beratung sowie Jugendhilfe und Berufsbildung eingeflossen. Dieses Defizit findet sich auch auf der Ebene der universitären Ausbildung im Bereich der Lehramtsausbildung sowie außerschulischen Jugendbildung. Um angemessen auf den schulischen und beruflichen Alltag vorzubereiten, müssen Studierende umfassend mit bildungswissenschaftlich-diagnostischen, curricular-gestaltenden und methodisch-didaktischen Kompetenzen ausgestattet werden.

Relevant in der akademischen Ausbildung sind Kompetenzen hinsichtlich der Gestaltung einer ganzheitlichen Förderung, die an gesellschaftlichen, individuellen und biografischen Problemlagen sowie schwierigen Lehr-Lern-Situationen ausgerichtet ist. Es ist entscheidend, auf der Basis von Diagnostik sowie Situations- und Gesellschaftsanalyse eine Kompetenzförderung mit Blick auf die risikobehafteten Statuspassagen zu leisten.

Studierende benötigen Kenntnisse zu gesellschaftlichen Transformationsprozessen, zu den spezifischen und heterogenen Problemlagen Jugendlicher, zu den lebensweltlichen und beruflichen Handlungsfeldern sowie zu Fördermöglichkeiten und gesetzlichen Rahmenbedingungen. Von besonderer Bedeutung sind Kooperations- und Kommunikationskompetenzen, die den Aufbau von Netzwerken in der interdisziplinären Zusammenarbeit der beruflichen Praxis stärken.

Die gegenwärtige Umstrukturierung der Hochschullandschaft im Rahmen des Bologna-Prozesses eröffnet Entwicklungsperspektiven, neue und unterschiedliche gesellschaftliche Themen in Studienreformen zu implementieren. Damit ist auch für die Sensibilisierung der Problematik frühe Mutterschaft ein Weg geebnet, das Leitbild Work-Life-Balance in Bildungsinhalte und Curricula nachhaltig zu verankern und in pädagogische Handlungsfelder zu transferieren.

Literaturverzeichnis

Albert, Verena / Schmidt, Niklas / Specht, Gerd (Hrsg.) (2008): Teilzeitberufsausbildung für junge Eltern ohne Berufsabschluss, Hohengehren: Schneider Verlag

Anslinger, Eva (2008): Junge Mütter im System der Berufsbildung. Potentiale und Hindernisse, Bielefeld, wbv-Verlag

Anslinger, Eva / Thiessen, Barbara (2004): „Also für mich hat sich einiges verändert ... eigentlich mein ganzes Leben": Alltag und Perspektiven junger Mütter. In: Forum Sexualaufklärung und Familienplanung, Heft 4: S. 22-26

Bildungsberichterstattung (Autorengruppe) (2008): Bildung in Deutschland 2008. Ein indikatorengestützter Bericht mit einer Analyse zu Übergängen im Anschluss an den Sekundarbereich I. Bielefeld: W. Bertelsmann Verlag

Bundesagentur für Arbeit (BA) (Hrsg.) (2004): Dienstblatt Runderlass vom 12. Januar 2004. Berufsvorbereitende Bildungsmaßnahmen. Neues Fachkonzept, Nürnberg

Bundesministerium für Bildung und Forschung (BMBF) (Hrsg.) (2005): Berufliche Qualifizierung Jugendlicher mit besonderem Förderbedarf – Benachteiligtenförderung -. Berlin

Bundesministerium für Bildung und Forschung (BMBF) (2005a): Berufsbildungsgesetz (BBiG) vom 23.3.2005 (BGBl. I, S. 931)

Bundesministerium für Bildung und Forschung (BMBF) (Hrsg.) (2009): Berufsbildungsbericht Bonn Berlin

Bundesministerium für Familie, Senioren, Frauen und Jugend (BMFSF) (Hrsg.) (2004): Elternschaft und Ausbildung. Kurzfassung eines Gutachtens des Wissenschaftlichen Beirats für Familienfragen beim Bundesministerium für Familie, Senioren, Frauen und Jugend, Berlin

Bundesministerium für Familien, Senioren, Frauen und Jugend (BMFSFJ) (Hrsg.) (1995): 5. Familienbericht. Familien und Familienpolitik im geeinten Deutschland - Zukunft des Humanvermögens. Bonn

Bundesinstitut für Berufsbildung (BIBB) / /MOSAIK-Transfer / LiLA (Hrsg.) (2007): Ausbildung in Teilzeit für junge Mütter. Bundesweiter Transfer und Berliner

Perspektiven. Dokumentation der Schulung für MultiplikatorInnen. Im Rahmen des BMBF-Programms „Kompetenzen fördern. Berufliche Qualifizierung für Zielgruppen mit besonderem Förderbedarf, Bonn

Deutsche Shell (Hrsg.) (2007): Jugend 2006. Eine pragmatische Generation unter Druck. 15. Shell-Jugendstudie. Frankfurt am Main: Fischer Taschenbuch Verlag

Deutsche Shell (Hrsg.) (2002): Jugend 2002. Zwischen pragmatischem Idealismus und robusten Materialismus.14. Shell-Jugendstudie. Frankfurt am Main: Fischer Taschenbuch Verlag

Deutscher Industrie- und Handelskammertag (DIHK) (Hrsg.) (2005): Berufsbildungsgesetz von A bis Z. Berlin/Bonn: Köllen Verlag

Eckert, Manfred (2006): Entwicklungstrends in der Benachteiligtenförderung – Widersprüche und Tendenzen aus kritischer berufspädagogischer Sicht. In: Berufsbildung in Wissenschaft und Praxis 1, S. 19-23.

Enggruber, Ruth (2003): Zur Vielfalt benachteiligter junger Menschen – ein Systematisierungsversuch. In: Berufsbildung, H. 93, S. 35-37.

Erpenbeck, John / Heyse, Volker (1999): Die Kompetenzbiographie: Strategien der Kompetenzentwicklung durch selbstgesteuertes Lernen und multimediale Kommunikation, Münster, New York, München, Berlin: Waxmann

Europäische Kommission (2005): EQUAL-Leitfaden zu Gender Mainstreaming. Amt für amtliche Veröffentlichungen der Europäischen Gemeinschaften. Luxemburg

Friese, Marianne et al. (Hrsg.) (2001): Berufliche Lebensplanung für junge Mütter. Dokumentation der Fachtagung am 17. und 18. November in Bremen. Bremen

Friese, Marianne (2002): Identifizierung, Förderung und Bewertung von Sozial- und Methodenkompetenzen in personenorientierten Dienstleistungsberufen. In: Pätzold, Günter / Walzig, Tobias (Hrsg.), Methoden- und Sozialkompetenzen – ein Schlüssel zur Wissensgesellschaft? Theorien, Konzepte, Erfahrungen. Dokumentation der Beiträge zu den 12. Hochschultagen Berufliche Bildung in Köln mit dem Rahmenthema „Berufsbildung in der Wissensgesellschaft: Globale Trends – Notwendige Fragen – Regionale Impulse". Bd. 20, Bielefeld: 69-81

Friese, Marianne (2002a): (Junge) Mütter - Bedarfe und Perspektiven für eine nachhaltige Berufsbildung, In: Friese, Marianne et al. (Hrsg.), Dokumentation der Fachtagung „Teilzeit in der Ausbildung" am 19.03.2002, Universität Bremen, Bremen, S. 15-42

Friese, Marianne (2006): Work-Life-Balance für junge Mütter. Neue Bildungsansätze und bildungspolitische Bedarfe zur Förderung von Kompetenz und Partizipation, in: Andresen, Sabine/ Rendtorff, Barbara (Hrsg.), Jahrbuch Frauen- und Geschlechterforschung in der Erziehungswissenschaft, Opladen: Verlag Barbara Budrich, S. 27-41

Friese, Marianne (2007): Berufliche Handlungskompetenz, Qualitätsentwicklung und Professionsstrategie in personenbezogenen Dienstleistungsberufen. In: Kaune, Peter, Rützel, Josef, Spöttl, Georg (Hrsg.): Hochschultage 2006 Berufliche Bildung. Berufliche Bildung, Innovation, Soziale Integration. Bielefeld: W. Bertelsmann Verlag, S. 179-196

Friese, Marianne (2008): Kompetenzentwicklung für junge Mütter. Förderansätze der beruflichen Bildung

Friese, Marianne (2008a): Die „Not der Zeit". Implementierung von Teilzeitberufsausbildung als Regelsystem der beruflichen Bildung. In: Neue Formate in der Berufsbildung. Berufsbildung, Zeitschrift für Praxis und Theorie in Betrieb und Schule, H. 112, (Heftbetreuung: Manfred Eckert/Marianne Friese), Kallmeyer'sche Verlagsbuchhandlung, Velber, S. 29-31

Gaupp, Nora/Reißig, Birgit (2006): Welche Lotsenfunktionen sind wann für wen notwendig? Bildungswege benachteiligter Jugendliche. In: Lex, Tilly et al.:

Übergangsmanagement: Jugendliche von der Schule ins Arbeitsleben lotsen. München: Verlag Deutsches Jugendinstitut

Hack, Birgit Maria/Liebold, Renate (2004): "Ich dachte, Frauen sind einfach ähnlich" - Selbstverständliche Verbundenheit und erlebte Differenz in Frauengruppen. In: Feltz, Nina / Koppke, Julia (Hrsg.): Netzwerke.Formen.Wissen. Vernetzungs- und Abgrenzungsdynamiken der Frauen- und Geschlechterforschung. Münster: LiT-Verlag, S. 47-59

LIFE e. V. (2008): Studie zur Umsetzung von Teilzeitberufsausbildung in Berlin, Berlin

Meier-Gräwe, Uta (2004): Prekäre Lebenslagen Alleinerziehender und sozialstaatliche Interventionen – Erfahrungen beim Praxistransfer kommunaler Armutsberichterstattung und praxisbezogener Armuts- und Lebenslagenforschung. In: DJI (Hrsg.): Kommunale Strategien zur Armutsprävention bei allein Erziehenden. Von Projekten zum integrierten Handlungskonzept. München

Nader, Laima / Paul, Gwendolyn / Paul-Kohlhoff, Angela (2003): An der Zeit – Zur Gleichzeitigkeit von Selbständigkeit und Begleitung aus der Sicht der Betriebe, der Berufsschulen und der Bildungsträger, Münster: LiT-Verlag

Paul-Kohlhoff, Angela / Zybell, Uta (2002): Teilzeitausbildung – eine Chance der Integration junger Mütter in die Berufsausbildung? In: Friese, Marianne et al. (Hrsg.): Berufliche Lebensplanung für junge Mütter. Dokumentation der Fachtagung am 17./18. November in Bremen. Bremen, S. 45-60

Pregitzer, Sabine / Thiessen, Barbara (2005): „Ich gehe meinen Weg mit Kind und Beruf". Neue Wege der Berufsorientierung für junge Mütter. In: Berufsbildung. Zeitschrift für Praxis und Theorie in Betrieb und Schule, 59. Jg., H. 93, Kallmeyer'sche Verlagsbuchhandlung: Velber, S. 22-23

Puhlmann, Angelika (2006): Junge Mütter in Ausbildung und Beruf. In: Granato, Mona / Degen, Ulrich (Hrsg.): Berufliche Bildung von Frauen. Bielefeld: W. Bertelsmann Verlag

Puhlmann, Angelika (2008): Ausbildung in Teilzeit: Projekterfahrungen zur Vereinbarkeit von Berufsausbildung und Familie. In: Berufsbildung in Wissenschaft und Praxis, 37. Jg., H. 3, S. 40-43

Toppe, Sabine (2007): Allein erziehende Frauen im Sozialhilfebezug: Lebenslagen und Einschränkungen für Bildungswege. In: Spöttl, Georg / Kaune, Peter / Rützel, Josef (Hrsg.): 14. Hochschultage Berufliche Bildung 2006. Dokumentation der 50 Einzelveranstaltungen. Bielefeld: W. Bertelsmann Verlag, CD-ROM, S. 35 – 50

Walkenhorst, Ursula / Nauerth, Annette / Bergmann-Tyacke, Inge / Marzinzik, Kordula (Hrsg.) (2009): Kompetenzentwicklung im Gesundheits- und Sozialbereich, Bielefeld

Wilbers, Karl (2004): Soziale Netzwerke an berufsbildenden Schulen: Analyse, Potenziale, Gestaltungsansätze. Paderborn: Eusl-Verlagsgesellschaft mbH

Zybell, Uta (2003): An der Zeit. Zur Gleichzeitigkeit von Berufsausbildung und Kindererziehung aus Sicht junger Mütter. Dortmunder Beiträge zur Sozial- und Gesellschaftspolitik, Bd. 47, Münster: LIT-Verlag

Lalitha Chamakalayil
Rückkehr zur „Mütterschule"? – Anforderungen an die Familienbildung angesichts der Situation einer vernachlässigten Zielgruppe

Für Eltern gibt es mittlerweile einen großen Markt von Angeboten, die auf der Grundlage der im SGB VIII verankerten Familienbildung versuchen, sie in ihren Findungsprozessen und Erziehungsaufgaben zu unterstützen. Junge und sehr junge Erwachsene, die Mütter oder Väter sind oder werden, werden von solchen Angeboten aber kaum angesprochen. In diesem Beitrag werden zunächst die rechtlichen Rahmenbedingungen der Familienbildung und ihre Entstehungsgeschichte kurz skizziert, bevor anschließend die Situation junger Eltern[1] mit Blick auf die für Familienbildung relevanten Entwicklungsherausforderungen betrachtet werden soll: Will pädagogische Praxis nicht zur Mütterschule der 1960er zurückkehren oder der drohenden „Pädagogisierung von Eltern" verfallen (vgl. Wiezorek 2006), muss sie sich an Anerkennung und Empowerment ausrichten und sich auch auf die Bedürfnisse junger Mütter und Väter beziehen. Entsprechend werden Hinweise zur Weiterentwicklung von familienbildnerischer Praxis gegeben, die sich aus der ungewöhnlichen Lebenssituation früher Mutterschaft/Elternschaft für die Familienbildung ergeben.

1. Familienbildung – rechtliche Rahmenbedingungen, Entstehungsgeschichte und aktuelles Potenzial

1.1. Rechtliche Verankerung

Als „Bildungsangebot, Familie leben zu lernen" (Schymroch 1989, 9) ist die Familienbildung für grundsätzlich alle Fragen, die sich im Zusammenhang mit Mutterschaft/Elternschaft und Themen wie Familie, Entwicklung und Erziehung ergeben, mit präventiver Ausrichtung zuständig und in § 16 SGB VIII (Kinder- und Jugendhilfegesetz) unter dem Titel „Allgemeine Förderung der Erziehung in der Familie" geregelt:

---

[1] Wenn in diesem Beitrag von jungen Eltern gesprochen wird, sind damit junge Menschen gemeint, die Eltern sind oder werden und nicht – wie häufig in familiensoziologischer Literatur gemeint, Eltern, die zum ersten Mal Kinder bekommen.

(1) Müttern, Vätern, anderen Erziehungsberechtigten und jungen Menschen sollen Leistungen der allgemeinen Förderung der Erziehung in der Familie angeboten werden. Sie sollen dazu beitragen, dass Mütter, Väter und andere Erziehungsberechtigte ihre Erziehungsverantwortung besser wahrnehmen können. Sie sollen auch Wege aufzeigen, wie Konfliktsituationen in der Familie gewaltfrei gelöst werden können.

(2) Leistungen zur Förderung der Erziehung in der Familie sind insbesondere

1. Angebote der Familienbildung, die auf Bedürfnisse und Interessen sowie auf Erfahrungen von Familien in unterschiedlichen Lebenslagen und Erziehungssituationen eingehen, die Familie zur Mitarbeit in Erziehungseinrichtungen und in Formen der Selbst- und Nachbarschaftshilfe besser befähigen sowie junge Menschen auf Ehe, Partnerschaft und das Zusammenleben mit Kindern vorbereiten,

2. Angebote der Beratung in allgemeinen Fragen der Erziehung und Entwicklung junger Menschen,

3. Angebote der Familienfreizeit und der Familienerholung, insbesondere in belastenden Familiensituationen, die bei Bedarf die erzieherische Betreuung der Kinder einschließen.

Münder (2006) betont im Frankfurter Kommentar, dass die Einfügung eines eigenen Abschnitts über die Förderung der Erziehung in der Familie die Bedeutung dieser Leistung unterstreicht. So würde auch das Bewusstsein geschärft, dass Gewalt „nicht nur kein Erziehungsmittel ist und auch nicht sein darf" (ebd., 267), sondern negative Auswirkungen auf die Entwicklung von Kindern und Jugendlichen hat. Weiter wird darauf verwiesen, dass den familienbezogenen Leistungen „kein eingeengtes, auf traditionelle familienrechtliche Verbindungen abstellendes Leitmuster von Familie (Ehelichkeit, vollständige Familie)" zugrunde liegt (ebd., 266), sondern stattdessen eine Bandbreite von Adressatinnen und Adressaten erreicht werden soll. Dementsprechend sind Münder zufolge, Angebote so zu strukturieren, dass Leistungen angeboten werden, die sowohl zum Erziehungsverhalten informieren und beraterisch spezifische Hilfe und Unterstützung enthalten, als auch Leistungen, die den strukturellen Rahmen des Erziehungshandelns verbessern (vgl. ebd.).

Der Staat hat also zur Unterstützung aller Eltern, Mütter und Väter, wie auch für Familien in ihrer Gesamtheit, die Familienbildung initiiert. Es handelt sich hierbei um ein Angebot, welches alle Familien, gleich welchen Hintergrunds, nutzen können, unabhängig davon, ob eine Problemlage vorliegt oder nicht – ganz im Sinne des Präventionsgedankens des SGB

VIII (vgl. Textor 2007). Eltern sollen sich selbstgesteuert, im Austausch mit anderen Eltern und unterstützt von der professionellen Aufbereitung der Bildungsangebote mit *ihren* Themen und Anforderungen als Erziehende und Gestaltende auseinandersetzen können.

Obwohl sich inzwischen eine Bandbreite von Institutionen, z.B. selbsthilfeorientierte Vereine und Netzwerke oder andere Trägerinstitutionen der Familienbildung widmen, wird sie nach wie vor in erster Linie von Familienbildungsstätten getragen (vgl. Lösel et al 2006). Ein Blick auf deren Tradition zeigt ihren Weg von den Mütterschulen zur Familienbildungsstätte und eine – oft auch kritisch mit Blick auf Selbsterhaltung betrachtete – enorme Wandlungsfähigkeit der Institution (vgl. Schymroch 1989). Die aus gesundheitspolitischen Erwägungen entstandenen Mütterschulen wurden zur institutionellen Grundlage für eine Reihe von Familienbildungseinrichtungen, die sich gegenwärtig langsam auch für junge Mütter/Eltern und ihre Belange zu öffnen beginnen.

1.1. Von der Mütterschule zur Familienbildung heute: Entwicklungslinien und aktuelles Potential

Familienbildung hat eine wechselvolle Geschichte hinter sich: 1917 gründet Luise Lampert, in Anlehnung an Fröbels Grundgedanken und Einflüsse aus dem Kontext der sich damals vor dem Hintergrund der ersten Frauenbewegung seit Anfang des Jahrhunderts konstituierenden Sozialen Arbeit die erste Mütterschule. Die Entstehung dieser Institution ist mit der Gesundheitsfürsorge verknüpft und gründet in mehreren Anliegen: „der Reduzierung der Säuglingssterblichkeit, der Schaffung von sozialpädagogischen Berufsmöglichkeiten für Frauen, aber auch in der Konzeption, daß das Kindeswohl in einer guten Pflege und Erziehung zu sehen ist" (Schymroch 1989, 132). Luise Lampert sieht die Aufgabe der Mütterschule, im Gegensatz zu den zeitgleich entstehenden Säuglings- und Mütterberatungsstellen, in Bildungsaufgaben, die nicht einer fürsorgerischen Funktion folgen, sondern gesundheitspolitische Aspekte fokussieren. Die Schwerpunkte der angebotenen Kurse liegen bei Themen wie Schwangerschaft, Geburt, Pflege und Erziehung von Neugeborenen und kleinen Kindern (vgl. ebd.). In den Kursen der Stuttgarter Mütterschule wurden z.B. zunächst die Pflege von Säuglingen an Puppen[2] vorgenommen, bevor dann an Kleinstkindern des städtischen Kinderheims geübt wurde, um „nicht nur das

---

[2] Das ist insofern bemerkenswert, als dass in der aktuellen Praxis mit Babysimulatoren und der mit diesem Instrument verbundenen schleichenden Rückkehr der Säuglingspflege in schulische Curricula (vgl. Spies 2008), eben jene bindungsrelevanten Aspekte angesichts der technischen Möglichkeiten des Instruments und Inszenierungsmöglichkeiten des Settings (mit bedenklichem Erfolg) zu kompensieren versucht werden.

rein körperliche Pflegen des Kindes vorzuführen, sondern (auch um) in den Frauen das Gefühl wahrer Mütterlichkeit" (Kleber 1924, zit. n. Schymroch 1989, 34) zu entwickeln und zu stärken.

Nachdem sich die Mütterschulen in der Weimarer Republik allmählich ausbreiten und erweitert werden, werden sie in der NS-Zeit sowohl stark gefördert als auch ideologisch instrumentalisiert (vgl. Evangelische Familienbildungsstätte Hildesheim 2008) – wobei die Mitarbeiterinnen diesen Prozess teilweise unterstützen und die Aufwertung der Mütterschulen euphorisch betrachten (vgl. Schymroch 1989).

Eine *zweite Mütterschulbewegung* folgt – direkt nach Auflösung der Mütterschulen als nationalsozialistische Bildungsstätten – schon 1945, mit Blick auf die Notlagen vieler Frauen in der unmittelbaren Nachkriegszeit und mit nunmehr anderen Schwerpunkten wie z. B. Kursen für Nähen und Kochen. In der Zeit von 1945 bis in die 1960er Jahre hinein sind die Mütterschulen nach wie vor deutlich auf die Mütter ausgerichtet und wollen „eine Schule für Mütter und Frauen sein und keine Elternschule" (ebd.), Väter finden nur vereinzelt als Gäste Eingang, wie aus Berichten der Institutionen hervorgeht.

Ende der 1950er Jahre wird die konzeptuelle Ausrichtung hinsichtlich *vorbeugender Fürsorge*, *Hilfe zur Selbsthilfe* und *Bildung der Persönlichkeit* sehr kontrovers diskutiert (vgl. Narowski 1991, zit. n. AWO o. J.). Die Frau soll der Mittelpunkt der Familie sein und die Stärkung der Familie wird, wie von Staat und Kirche gefordert, zur zentralen Aufgabe, der sich die Mütterschulen stellen: „Da diese zentrierenden Fähigkeiten der Frau als Heimgestalterin besonders durch ihre eigene Berufsausbildung und –tätigkeit nicht mehr funktionell vermittelbar sind, wird die Mütterschule als Erziehungs- und Bildungsstätte gefordert, um auf weite Sicht ‚vorbeugende Fürsorge' leisten zu können und somit zur Sicherung von Ehe und Familie beizutragen" (Schymroch 1989, 60). Damit geht ein Frauenbild einher, welches in der Nachkriegszeit insbesondere das sogenannte *Wesen der Frau* betont: „Die zentrale Aufgabe der Frau wird als Berufung zur Hausfrau, Gattin und Mutter gesehen. Bezogen auf die Familie ist das Wesen der Frau mit bestimmten geschlechtsspezifischen Aufgaben verbunden (ebd., 62), entsprechend erweitert sich das Programm der Mütterschulen um die Bereiche Ehebildung und Erziehung.

Wegen der grundsätzlich auf Berufstätigkeit ausgerichteten Lebenssituation in der DDR nehmen die Entwicklungen in der Bildungsarbeit mit Familien unter anderen Rahmenbedingungen und politischen Akzentsetzungen eine andere Entwicklung (vgl. dazu Rollik 2007). Hier war es Aufgabe der Eltern, ihre Kinder im Sinne einer gesamtgesellschaftlichen Aufgabe zu sozialistischen Persönlichkeiten zu erziehen.

Angebote, die mit jenen der Familienbildung vergleichbar waren, waren in Volkshochschulen und in Einrichtungen des Gesundheitswesens zu finden. Es gab eine spezifische Schwangeren- und Mütterberatungsarbeit, u.a. mit Säuglingspflegekursen. Außerdem wurden Themen zur Elternschaft auch über die Arbeit der URANIA – der Gesellschaft zur Verbreitung wissenschaftlicher Kenntnisse – kommuniziert (vgl. ebd.).

In der BRD findet ab der zweiten Hälfte der 1960er Jahre bis in die 1970er Jahre hinein eine Umwandlung der Mütterschulen in Familienbildungsstätten statt. Als Resultat der mit dem gesellschaftlichen Wandel der Zeit verknüpften Veränderungen im Familien- und Frauenbild werden die Bildungsangebote verändert und nun verstärkt Väter und Kinder als Adressaten angesprochen. Auch in den folgenden Jahren verändern sich Familienbildungsstätten weiter: So entwickeln sich Schiersmann et al (1998) zufolge Eltern-Kind-Gruppen zum Kernangebot der Familienbildung, außerdem wird die Gesundheitsbildung und die Familienselbsthilfe ausgeweitet. Entwicklungsbedarf gibt es aber nach wie vor: Obwohl die Rahmenbedingungen, die seit 1990/1991 im SGB VIII festgelegt sind, viel Freiraum für differenzierte Gestaltung lassen, stellt Textor sowohl in 2001 als auch sechs Jahre später (2007) fest, dass die Angebote der Familienbildung nach wie vor kaum Ein-Eltern-Familien, Familien mit Migrationshintergrund, junge Eltern[3] oder Familien in ländlichen Gebieten ansprechen. Während sich der Markt von Angeboten wie z.B. jenen der Beratungsstellen weiterentwickelt (vgl. Bauer/Brunner 2006) und Familienbildung mit einer Bandbreite an unterschiedlichen Zugängen und Qualitäten (vgl. Lösel et al 2006) Eltern in ihren Findungsprozessen und Erziehungsaufgaben unterstützt, findet sie nicht so recht den Zugang zu ihren Zielgruppen (vgl. Carle 2009, Textor 2007 Lösel et al 2006, Smolka 2002): Als Bilanz lässt sich festhalten, dass Familienbildung

> ➢ nur einen kleinen Teil von Eltern, vor allem jenen der Mittelschicht in Städten, erreicht;
> ➢ Kontakte zu Eltern, die (meist) durch Geburtsvorbereitungskurse mit Familienbildung in Kontakt kommen, nicht halten kann;
> ➢ vor allem von Müttern genutzt wird, während Väter die Angebote kaum wahrnehmen;
> ➢ Familien mit Migrationshintergrund nur selten oder ausnahmsweise erreicht

---

[3] Nach Lösel et al (2006) lag das Alter der TeilnehmerInnen im Mittel bei 32.85 Jahren ($SD = 5.38$ Jahre), bei den Maßnahmen zur Geburtsvor- und -nachbereitung waren TeilnehmerInnen am jüngsten ($M = 27.95$ ($SD = 4.90$) Jahre), in Paarbeziehungsangeboten ($M = 37.28$ ($SD = 6.58$) Jahre) und Elterngruppen ($M = 36.19$ ($SD = 5.75$) Jahre) am ältesten.

> meist von Eltern jüngerer Kinder genutzt wird und Eltern von Jugendlichen viel seltener vertreten sind.

Die Belange und Bedürfnisse junger und sehr junger (werdender) Eltern scheinen ebenfalls noch nicht durchgehend mit einbezogen zu werden – wobei hier zwar angesichts der geringen Schwangerschaftsquoten seltener von einem Mehrbedarf an Angeboten auszugehen ist, sondern vielmehr das Problem der Passgenauigkeit besteht – das, der Studie von Lösel et al (2006) zufolge, zumindest teilweise von den Institutionen als Entwicklungsherausforderung erkannt wird. So haben sich beispielsweise in Nordrhein-Westfalen einige der (wenigen) Familienbildungsstätten mit entsprechenden zielgruppenbezogenen Angeboten über ein Internetportal zu einem Netzwerk zusammengeschlossen: Unter der Adresse „www.teenagermuetter.de" finden sich hier neben Beratungsangeboten auch Links zu Einrichtungen der Familienbildung mit einem auf Altersgruppe und Elternschaft bezogenen Angebot in den vernetzten Städten.

Familienbildung hat sich insgesamt in den letzten Jahren einigen der aus den oben genannten Punkten ableitbaren Herausforderung gestellt (vgl. Textor 2007) und erfüllt gegenwärtig eine wichtige Funktion als präventive Maßnahme, da der Fokus nicht auf Problemlagen bezogen ist, sondern als offenes Programm konzipiert ist. Neue Ansätze, die einem Anreizsysteme folgen und auf Kooperationen und zugehenden Konzepten basieren, zeigen, wie Carle und Metzen (2006) für das „Bremer Elternnetz – Fit für Familie" belegen, dass alle Eltern „unabhängig von Bildungsnähe, Problembelastetheit, sozialer Schichtung oder sprachlich-ethnischer Integration (…) für Elternbildung bzw. Familienförderung interessierbar" (ebd., 3) sind. Ein Sachverhalt, der insbesondere im Zusammenhang mit der ungewöhnlichen Lebenssituation, die sich aus früher Mutterschaft/Elternschaft ergibt, relevant wird. Für diese besondere Zielgruppe gilt es, passgenaue Angebote der Familienbildung zu gestalten: Gelegenheiten, um mit anderen (jungen) Eltern in Kontakt zu kommen, um sich auszutauschen und zu organisieren und um interessengeleitet (und altersadäquat) Informationen zu Erziehungs- und Partnerschaftsfragen einholen zu können. Den Empfehlungen von Textor (2007) zufolge sollten aber nicht nur „frühe" Eltern sondern Jugendliche insgesamt als Zielgruppe zur Weiterentwicklung von Familienbildung berücksichtigt werden – eine durchaus viel versprechende Zielgruppe, die bei entsprechender Angebotsgestaltung grundsätzlich großes Interesse an Themen wie Partnerschaft, Erziehung und Haushaltsführung hat, also den Themen der Kernbereichen der Familienbildung durchaus zugänglich sein müsste: „Sowohl die Vorbereitung auf

Partnerschaft als auch die Auseinandersetzung mit Rollenbildern und partnerschaftlicher Sexualität könnte hier verankert werden" (Spies 2008, 310).

Inwieweit Familienbildung spezifische Ansatzpunkte zur Weiterentwicklung ihrer Angebote einbeziehen kann, soll im Folgenden anhand der Herausforderungen, denen sich Eltern ausgesetzt sehen, dargestellt werden, wobei ein besonderes Augenmerk auf die Arbeit mit jungen Erwachsenen im Zusammenhang mit früher Mutterschaft/Elternschaft gerichtet wird.

2. Elternschaft heute: eine Herausforderung (nicht nur) für junge Mütter und junge Väter

Eltern stehen aktuell zweifellos unter Druck. Es gibt viele und unterschiedlichste Diskurse um Elternschaft, die von enger Kontrolle bis zu kompetitiver Elternschaft reichen. Dabei lässt sich eine zunehmende Verunsicherung bezüglich der „richtigen" Erziehungsmethoden und Grundsätze beobachten: „Der Boom von Elternratgebern, die Aufmerksamkeit, die umstrittene Sendungen wie die Super Nanny und Ähnliches nach wie vor erfahren, die kontinuierliche Zunahme des Interesses an Elternbildungsangeboten wie Elternkursen, Elterntrainings etc. spricht dafür, dass Eltern Orientierung suchen in einer Erziehungslandschaft, die Erziehung zu einer zutiefst widersprüchlichen Angelegenheit werden lässt" (Bauer/Brunner 2006, 7). Dies ist nicht verwunderlich, sehen sich Frauen und Männer, die Eltern werden und sind, doch einer Häufung von ihnen neuen oder mit neuen Aspekten versehenen Entwicklungsaufgaben gegenüber: Sie wollen und sollen (oder müssen) Verantwortung für ein Kind übernehmen, Beruf und Elternaufgaben miteinander vereinbaren und sich auf neue Beziehungsdynamiken in der Partnerschaft einstellen. Insbesondere aber gilt es, eine eigene Linie auf dem Weg, „hinreichend gute" Eltern zu sein, zu finden. Dazu gehört auch, sich mit traditional und medial transportierten Bildern auseinanderzusetzen, die stark von Normalisierungstendenzen und Stereotypisierungen geprägt sind: So verlangen gesellschaftlich bzw. sozial akzeptierte Familienbilder nach einer stabilen, finanziell abgesicherten Partnerschaft und/oder Ehe, in welcher das Kind oder die Kinder ein Optimum an Zuwendung und Förderung bekommen. Das sind Ansprüche, die Eltern nicht immer erfüllen können, aber auch nicht müssen, von denen sie sich aber auch nicht ohne weiteres abgrenzen können.

Gerade junge und sehr junge Eltern, und hierbei vor allem die Mütter, sind stark mit dem medial und sozial normierten Vorwurf der Inkompetenz konfrontiert. Während bei erwachsenen, älteren Eltern davon ausgegangen wird, dass diese in Fragen der Erziehung ressourcenorientiert bei Optimierung und Verbesserung unterstützt werden können (und manchmal auch sollten)[4], wird – jedenfalls in gängigen Deutungsschemata über jugendliche Elternschaft – eher von Bedürftigkeit und Defiziten ausgegangen. Entsprechend werden im folgenden Abschnitt die spezifischen Rahmenbedingungen der Bewältigung von Entwicklungsaufgaben junger Eltern betrachtet.

2.1. Junge Mütter/junge Väter/junge Eltern: Bewältigung paralleler Entwicklungsaufgaben unter dem stigmatisierenden Blick der Öffentlichkeit

Junge Eltern haben es besonders schwer – nicht nur müssen sie Verantwortung für ihre Familie tragen und die Entwicklung ihres Kindes/ihrer Kinder im Blick haben – auch sind sie dazu gezwungen, ihre eigenen, altersgemäßen Entwicklungsaufgaben in rasantem Tempo zu bewältigen – und zwar parallel, während Gleichaltrige dies ohne zusätzlichen Druck, sozusagen ‚nacheinander' tun können (vgl. Stauber i. d. B.). Gleichzeitig müssen sie sich mit den an sie herangetragenen Bildern und Stereotypen auseinandersetzen:

Junge schwangere Frauen sind sichtbare Verkörperungen von stattgefundener Sexualität und entsprechend starken Zuschreibungen, wenn nicht gar Moralvorstellungen, z.B. ob ihrer sozialen Herkunft, lustgesteuert zu handeln o.ä. ausgesetzt: Lessa (2006) schreibt: "Teen mothers represent one of the most marginalized and moralized identities of single mothers. They have been constituted as a particularly acute social problem, and youth, understood as such, have been especially denigrated and moralized through various social stereotypes" (ebd., 287). Auch Harlow (2009) beschreibt: "The 'immorality' of young motherhood comes in part from the social disapproval of teenage sexual activity. Even though social mores have changed significantly over recent times, the adult population continues to experience some discomfort in relation to the sexual activity of young people" (ebd., 220). Sie weist darauf hin, dass bei jungen Erwachsenen vermutet wird, dass ihnen Fertigkeiten im Aushandeln sexueller Beziehungen fehlen und betont nach wie vor herrschende Doppelstandards, da sexuelle Aktivität von Jungen immer noch wohlwollender interpretiert wird als die von Mädchen.

Junge Mütter, wie Julia und Katharina aus dem Einleitungskapitel dieses Bands, sind also qua Alter einem stark kontrollierenden Blick der Öffentlichkeit wie auch ihrer näheren Umgebung ausgesetzt, eine Situation, die auch in der internationalen Fachliteratur

---

[4] Angebote und Selbstbeschreibung von Familienbildung z.B. verfolgen diesen Ansatz, s.u. ausführlicher.

geschildert wird: „as young mothers they are positioned discursively as inappropriate mothers and a social ‚problem'" (McDermott/Graham/Hamilton 2004, 26). Wie die Zusammenschau von McDermott et al (2004) zeigt, sind jungen Frauen mit Beginn der Schwangerschaft einer Bandbreite von Verurteilungen und Feindseligkeiten an sozialen Orten wie Schule, sozialen und Gesundheitsinstitutionen, der Nachbarschaft wie auch in ihren Familien ausgesetzt – und dies obwohl Schwangerschaft „generally culturally valued as a site of reproduction of new members of society" (Bailey 1999, zit. n. McDermott et al, 2004) wahrgenommen wird. Jungen Frauen beschreiben in Interviews, wie Schwangerschaft, sonst ein gefeiertes Ereignis, in ihrem Fall problematisiert wird: Debra, eine der interviewten jungen Frauen in der Studie von Aarvold und Buswell (1999) konstatiert: „Not one person said ‚Congratulations' to me" (ebd., 4). Diese öffentliche Beschämung ist Problematischerweise zentrales Handlungselement von – auch im Kontext von Familienbildung multiplizierten und inszenierten – Projekten mit Babysimulatoren. Spies (2008, 133) beschreibt, wie „im heimlichen Lehrplan der Simulationsprojekte die Vermittlung der „Schande" bzw. des „Versagens" enthalten ist (ebd., 134) und die Arbeit mit den computergesteuerten Puppen von den Mädchen als „kollektive Stigmatisierungserfahrung" wahrgenommen wird, „über die sie ungern sprechen möchten" (ebd., 131). Die Brisanz dieser Stigmatisierungserfahrung erhöht sich durch die in verschiedenen Studien (vgl. Letherby et al 2001, Speak et al 1995, zit. n. McDermott et al 2004, Aarvold/Buswell 1999), aufgezeigte Tatsache, dass junge Mütter als Bewältigungsstrategie im Umgang mit den geschilderten Ressentiments Gesundheits- und soziale Beratungskontexte meiden.

Zusätzlich besteht die Gefahr, dass diese Bilder und Stigmatisierungen bei jungen Eltern durchaus zu Verfestigungen von Selbststigmatisierungsprozessen führen können, wenn diese kontinuierlich an sie herangetragen werden. Kirkman, Harrison, Hillier und Pyett (2001, 291, zit. n. Spies 2008) schreiben hierzu: „Our interviews with young mothers demonstrated both their awareness of the canonical narrative, in which they are condemned, and their contrasting autobiographical narratives, in which they are represented as good mothers who have acquired mothering skills which they will continue to develop". Innerhalb dieser Rahmenbedingungen ein positives eigenes Selbstbild zu entwickeln, kommt einer kaum zu bewältigenden Aufgabe gleich, deren Vergleich mit einem Spagat eine Verharmlosung wäre.

Dabei bringen junge Mütter viele Ressourcen mit: In zahlreichen Studien ist inzwischen aufgezeigt worden, dass „es einem überraschend großem Teil der jugendlichen Mütter und

Paare gelingt, einzelne Aspekte ihres Lebens für sich und ihre Kinder positiv und zukunftsorientiert zu gestalten" (Friedrich/Remberg 2005, 353). Auch internationale Studien belegen dies (vgl. Phoenix 1991, Carter/Coleman 2006) und verweisen wie z. B. SmithBattle (2006) auf folgenden Sachverhalt: "What may be surprising is that many disadvantaged teens reorganize their lives and priorities around the identity and practices of mothering (…). As a result, teens reduce risky or unhealthy practices and limit their involvement with risky peers or gangs (..) Many teens recommit to school, realizing that a high school degree is a prerequisite to college and job opportunities" (ebd., 131). Wiggins et al (2007) zeigen, dass die jungen Mütter, die ihre Herausforderungen erfolgreich bewältigten, sich durch folgende Punkte charakterisieren ließen: Sie erfuhren Unterstützung durch ihre Familien, hatten eine positive Partnerbeziehung, eine Arbeit, die ihnen gefiel und ihnen wurde Zeit zur Entwicklung gegeben: „The effects of the passage of time, commented on by women during the interviews, often enabled teenage mothers to turn their lives around in a positive way" (ebd., 5).

Obwohl die Mehrheit dieser jungen Frauen ihrer Mutterrolle durchaus gerecht wird, muss bei einem umfassenden pädagogischen Angebot auch auf die vorhandenen biografischen Aufschichtungen geschaut werden: Harden et al (2006) beschreiben Prozesse des sozialen Ausschlusses, die oft mit früher Mutterschaft einhergehen. Sie stellen für Großbritannien fest: "When young people have grown up in unhappy and poor material circumstances, do not enjoy school, and are despondent about their future they are more likely to 'gamble the odds' when they have sex or to choose to try for a baby" (ebd., 66). Diese Aussagen lassen sich sicherlich nicht ohne empirische Verifizierung auf Deutschland übertragen, zeigen aber, dass stets die Ausgangslage der jungen Frauen zu bedenken ist. Auch Fleßner (2008) betont, dass junge Mutterschaft mit Blick „auf die komplexe individuelle Biographie der jungen Frau und ggf. des dazugehörigen Partners" (ebd., 229) zu betrachten ist.

Zusammenfassend lässt sich also konstatieren, dass junge Mutterschaft nicht zwangsläufig problematisiert werden muss und durchaus erfolgreich und befriedigend verlaufen kann. Oft erhalten die jungen Mütter neue Motivation mit Bezug auf Lebensgestaltung und -planung und fühlen sich in ihrer Rolle wohl. Junge Mutterschaft muss keinesfalls scheitern, und obwohl sich durch frühe Elternschaft oft potentielle Risiken auftun, bringen junge Männer und Frauen viele Ressourcen mit, an denen pädagogische Arbeit – und ganz speziell jene noch zu konzipierenden Familienbildungsangebote – ansetzen kann. Denn „die Mehrheit der jugendlichen Mütter und Paare (kann), trotz großer individueller Motivation und Anstrengungen, die eine oder andere Entwicklungsaufgabe, meist mehrere, ohne fachliche Unterstützung oder die eines sozialen Netzes nicht oder nicht adäquat bewältigen" (Friedrich/Remberg 2005, 354). Familienbildung kann und muss also Lern- und Bildungssettings konzipieren, die sozialem Ausschluss und Stigmatisierung entgegenwirken können. Hier ist es notwendig, auch altersgruppenunabhängig, Programme, Ansätze, Konzeptionen und Angebote dahingehend zu überprüfen, ob diese nicht mit eben diese Stigmatisierungen und Ausgrenzungen reproduzieren (s. u.: Handlungsbedarf).

Im Zusammenhang mit Möglichkeiten und Grenzen der Familienbildung sind insbesondere die spezifisch für junge Eltern relevanten Aspekte der *Prozesse der Loslösung von der Herkunftsfamilie* und der *Veränderungen im sozialen Umfeld durch Schwangerschaft* wichtig für die Ausgestaltung von Lern- und Bildungssettings. Diese müssten Themen und Inhalte von zielgruppenspezifischer Elternbildung aufgreifen und die oben erwähnte Gleichzeitigkeit der Entwicklungsaufgaben berücksichtigen, sich also von Angeboten für gleichaltrige Nicht-Eltern und jenen für ältere Eltern unterscheiden.

2.1.1. Prozesse des Loslösens von der Herkunftsfamilie

Für junge Menschen ergeben sich in der Adoleszenz vielfältige und teilweise auch neue Herausforderungen, zu denen auch der Prozess des Ablösens vom Elternhaus gehört. Eltern und Kinder sind in dieser Entwicklungsphase vor eine neuartige Situation gestellt, die Anpassungsleistung auf beiden Seiten erfordert. Diese Herausforderung muss nicht unbedingt zu Krisen und großen Turbulenzen führen, trotz gegenteiliger Stereotype, die insbesondere medial, aber auch von professioneller Seite, mit Bezug auf Jugendliche transportiert werden (vgl. Graham 2004). Bilder von Adoleszenz sind extrem stark von Mythen und Essentialisierungen geprägt und verlangen eine sehr differenziertere Betrachtung von Jugend: So betont Graham: „a tranquil majority pass through their teens coping positively with the challenges it presents" (ebd., 48).

Insbesondere der Auszug aus dem Elternhaus ist für die meisten jungen Erwachsenen wie auch für ihre Eltern eine bedeutende Statuspassage, die einen wichtigen Schritt innerhalb der familialen Ablösungsprozesse darstellt. Papastefanou (2004) plädiert für die Nutzung des Begriffs "Abgrenzung innerhalb der Beziehung" (ebd.,1), da mit diesem Prozess nicht das Abreißen einer Verbindung gemeint ist und der Prozess erst mit der Gründung eines eigenen Hausstands abgeschlossen ist. Hier ergibt sich eine ungewöhnliche Situation für junge Eltern, denn durch die Geburt eines Kindes findet faktisch (und auch in vielen Fällen praktisch) eine Gründung des eigenen Hausstands statt, bzw. werden die

Abgrenzungsbemühungen zu den Eltern stark akzentuiert, sofern die junge Familie weiterhin innerhalb der ‚alten' Familie lebt. Die Loslösung vom Elternhaus kann einerseits durch Mutterschaft vorangebracht werden, wenn sich für junge Frauen die Möglichkeit bietet, durch Auszug und Gründung eines eigenen Haushalts diesen Prozess zu beschleunigen (vgl. Fleßner 2008). Andererseits kann aber auch die Anbindung an das eigene Elternhaus für junge Eltern positive Effekte bedeuten, wenn materielle und andere Ressourcen für das Kind zur Verfügung gestellt werden: Geld, Unterkunft im Elternhaus, Kinderkleidung und Equipment, Nahrung und Kinderbetreuung (vgl. Graham/McDermott 2005).

Entsprechend können Unabhängigkeitsbestrebungen aber auch ein Risiko bergen: „dependence on kind could be a source of tension, particularly as the young women's confidence in their mothering ability increased" (ebd., 30). Die Beziehung zur Familie kann fragil oder einseitig abhängig sein, da ein Bruch mit der Familie materielle und soziale Nachteile mit sich bringen würde. Dieses wird insbesondere relevant, wenn junge Mütter und junge Großmütter in Fragen der Erziehung divergieren, oder bei jungen Frauen Bedenken um wichtige Bindungsfragen entstehen – die Entlastung durch die Mutter also ambivalent auch als Konkurrenz zur Bindung zum Kind wahrgenommen wird. Aufgabe familienbildnerischer Begleitung können bzw. müssten dementsprechend konzeptionelle Ausrichtungen zur Bindungsförderung sein, die zugleich kindliche Förderung[5] und Entwicklungsförderung der jugendlichen Mutter bedeuten würde[6]. Auch die Unterstützung von Müttern und Töchtern hinsichtlich der denkbaren Rollenkonfusionen kann Gegenstand von Familienbildung sein um „mögliche bereits bestehende oder latent angelegte Verstrickungen in Abhängigkeitskonstellationen erkennbar und bearbeitbar zu machen" (Fleßner 2008, 233). Insgesamt also gibt es neben den allgemeingültigen Themen der Familienbildung eine Reihe weiterer Ansatzpunkte, um junge Menschen bei der Gründung einer eigenen Familie oder der Verwirklichung von Mehrgenerationenfamilien zu unterstützen.

Es zeigt sich, dass junge Mütter sich in einem ganz spezifischen Spannungsfeld mit vielen Herausforderungen befinden, wenn sie ihre Elternschaft mit eigenen Unabhängigkeitsbestrebungen in Einklang bringen müssen. Wege für gelingende

---

[5] Schleiffer (2005) betrachtet Lernvermeidungen von Kindern und Jugendlichen aus systemtheoretischer Sicht unter der Maßgabe von Bindung und zeigt die langfristigen Folgen von Bindungsstörungen und die Bedeutung von sicherer Bindung für Lernsituationen.

[6] In diesem Zusammenhang sind die von Dörr und Homfeldt (2008) formulierten Anstöße mit einzubeziehen, die für die pädagogische Arbeit auch auf die Bedeutung des Themas Bindung für die pränatale Phase verweisen.

biografische Bewältigungen durch Unterstützung von sozialem Nahraum, wie von Friese in diesem Band dargelegt, sind hier von besonderer Relevanz.

2.1.2. Veränderungen im sozialen Umfeld

Kontakte zu Bekannten und Freundschaftsbeziehungen sind für alle Eltern wichtig. Mutterschaft/Elternschaft wirkt hier durchaus als Zäsur – nicht nur für junge Eltern. Die meisten Eltern beobachten Veränderungen in ihrem Freundes- und Bekanntenkreis, die sich aufgrund der neuen Lebenssituation und veränderten Prioritäten ergeben. Sie können aber davon ausgehen, dass sich ein größerer Teil der in ihrem Umfeld befindlichen gleichaltrigen Menschen zumindest mit Gedanken und Plänen zu Elternschaft auseinandersetzt, wenn sie nicht schon Kinder haben. Hier unterscheidet sich die Situation junger Mütter und Väter: Ihre Peers befinden sich meist noch in einem anderen Lebensabschnitt, setzen sich primär mit anderen Entwicklungsaufgaben auseinander. Während bei einer Anzahl junger Mütter Kontakte zum alten Bekanntenkreis stabil bleiben, haben andere, z.B. durch veränderte zeitliche Gestaltungsspielräume, oft keinen Kontakt zu früheren Peers, suchen sich aber auf der Basis dieser Erfahrung einen neuen Bekanntenkreis mit Menschen in einer ähnlichen Lebenssituation, „die ihre Erfahrungen und Bedürfnisse nach Austausch, z.B. über Erziehungsfragen teilen. Aber auch Kontakte zu Menschen mit anderen Meinungen und neuen Interessensgebieten spielen für die jungen Mütter eine Rolle" (Friedrich/Remberg 2005, 153). Einige Mütter der Studie sind dagegen weitgehend isoliert und haben kaum Peerkontakte, da ihnen der Aufbau von neuen Freundschaftsbeziehungen nicht gelingt: „Sie beharren in einer gleichsam trotzigen Reaktion darauf, solche Kontakte nicht nur nicht zu brauchen, sondern auch gar nicht anzustreben, da sie die Erfahrungen mit Unverständnis gemacht haben und auf Desinteresse an ihrer Situation als junge Mutter gestoßen sind. (…) Ihre Isolation kompensieren sie mit dem – aus dieser Sicht wichtigeren – Status als Mutter, der ihnen über die Verantwortung für ein Kind das Gefühl des Erwachsenseins vermittelt" (ebd., 154). Hier wäre die Rolle der oben geschilderten Stigmatisierungserfahrungen und Selbststigmatisierungen mitzubedenken, die eine Kontaktaufnahme und ein offenes Zugehen auf Andere nicht erleichtern. Auch Umzüge an neue Wohnorte und ein daraus resultierender Mangel an neuen Bekannten werden als Gründe für Isolation genannt. Ebenso kann ein übertriebenes Verantwortungsbewusstsein für das Kind dazu führen, dass Möglichkeiten der kurzfristigen Betreuung nicht ausgeschöpft werden und folglich Peerkontakte nicht gepflegt werden können (vgl. ebd.). Dabei ist gerade ein Austausch mit Peers wichtig: die Entwicklung von

Mitgefühl und Verantwortungsbereitschaft wie auch der Erwerb sozialer Kompetenzen steht im Zusammenhang mit freundschaftlichen Beziehungen mit Gleichaltrigen (vgl. Krüger/Grunert 2008) – Eigenschaften, die sowohl für das Kind als auch für die jungen Eltern von Bedeutung sind. Hier kann Familienbildung mit gezielten, niedrigschwelligen Angeboten helfen, Wege aus dieser Isolation, sei es als junge Mutter oder als Paar, zu finden und helfen, Kontakt zu Menschen in ähnlichen Lebenssituationen herzustellen. So stellt z. B. die Evaluation eines Eltern-Kind Programms durch Bäcker-Braun und Pettinger (2001) zufolge, die Kontaktfunktion für die TeilnehmerInnen die neu am Wohnort waren, eine wichtige Funktion zur örtlichen Integration dar.

Familienbildung sollte also bei der Komplexität dieser Veränderungen und Entwicklungsaufgaben ansetzen und mit Blick auf Ressourcen und Lebenswelt helfen, eine herausforderungsvolle Situation zu bewältigen und Entwicklungen begünstigen. Dies gilt insbesondere, wenn eine Bandbreite von möglichen Familienmodellen mit einbezogen wird und unter Familie sowohl Ein-Eltern-Familien, als auch (junge) Paare mit (gemeinsamen) Kindern, soziale Elternschaft wie auch andere Lebensformen, in denen Menschen mit Kindern zusammenleben und sich als Familie begreifen, verstanden wird.

Was kann also Familienbildung als Teil der Jugendhilfe[7] an Unterstützung für junge Eltern bieten? Wie sollten Maßnahmen und Programme gestaltet sein, um für junge Mütter und junge Väter passgenau zu sein? Und wo sind Grenzen?

3. Hinweise zur familienbildnerischen Arbeit mit junge Eltern – Handlungsbedarf

Zentrale Aufgabenbereiche der Familienbildung liegen laut Pettinger und Rollik (2005) in der Förderung von Beziehungs- und Erziehungskompetenzen. Der Deutsche Verein für öffentliche und private Fürsorge (2007) ergänzt diese Auflistung um Alltagskompetenz, Mitgestaltungs- und Partizipationskompetenz zur Mitarbeit in Formen der Selbst- und Nachbarschaftshilfe, außerdem um Medienkompetenz, Gesundheitskompetenz und Kompetenz einer adäquaten Freizeit- und Erholungsgestaltung. Diese Ziele werden mit einer Bandbreite an unterschiedlich ausgestalteten Angeboten von verschiedenen Institutionen der Familienbildung verfolgt[8].

Obwohl es für die Entwicklung passgenauer Konzepte hilfreich ist, diese Bereiche unter der Prämisse der vorhandenen Ressourcen und der zu stärkenden Kompetenzen zu betrachten, sollte der Konstruktionscharakter dieser Kompetenzen nicht außer acht gelassen werden:

---

[7] Vergleiche auch Wallner in diesem Band zur Jugendhilfe und früher Mutterschaft
[8] Sowohl Textor (2007) als auch Lösel et al (2006) geben hierzu eine Übersicht.

Zu groß ist die Gefahr, durch essentialisierende Festschreibungen neuerlich Stigmatisierungen und Ausgrenzungen zu produzieren bzw. zu verfestigen. Die aktuelle Diskussion um sogenannte „Elternkompetenzen" verdeutlicht dies. Hier wird versucht, Standards einer normativ „richtigen" Elternschaft festzulegen[9]: „elterliche Kompetenzen (sind) keine feststehenden Sachverhalte, sondern grundsätzlich und immer soziale Konstruktionen: Wenn wir Kompetenzen benennen – oder sie jemandem absprechen, nehmen wir also sehr konkrete soziale Zuschreibungen vor und schaffen dadurch eine soziale Realität, die von unserer Beobachterperspektive abhängig ist. (…) Ob das Verhalten von Eltern kompetent ist oder eher ein Versagen darstellt, lässt sich also nicht ohne die Einbeziehung des jeweils gegebenen gesellschaftlichen Rahmens beurteilen" (Levold 2002, 4). Kompetenzen sind immer von dem jeweiligen konkreten sozialen Kontext abhängig und finden stets in einer spezifischen Interaktion statt- werden also entsprechend beeinflusst (vgl. ebd.). In der Anerkennung dieser Konstruktionen und ihrer Kontextabhängigkeit steckt viel Potential für die Arbeit der Familienbildung; insbesondere für junge Eltern kann ein solches Verständnis der Settinggestaltung eine entlastende Funktion erfüllen und deren konstanter Konfrontation mit gesellschaftlichen und medialen Stigmatisierungen eine andere Perspektive entgegensetzen, während ein normatives Konzept von Elternkompetenzen genau diese Stigmatisierungen durch Versagensgefühle zu reproduzieren droht.

Es ist zwar vielversprechend, dass Familienbildung Jugendliche nunmehr verstärkt in den Blick nimmt und mit einer „stärkeren Vernetzung von Bildung, Beratung und Begleitung" auf den Alltag von Familien vorbereiten möchte (Pettinger/Rollik 2005, 40), das allein aber genügt nicht: Pädagogisches Handeln muss auch hier zumindest an den Differenzlinien Geschlecht, soziale Schichtzugehörigkeit und Ethnizität reflektiert werden. Dies ist notwendig, damit die Bandbreite an Projekten, die vom Babysitterführerscheinen bis zu Programmen zur gesunden Ernährung oder Elternschaftssimulationen (vgl. kritisch dazu Spies 2008) reichen, eben keine Rückkehr zur normativen Mütterschule der 1960er Jahre bedeuten – Tendenzen, die sich in der von Spies (2008) für die Arbeit mit Simulatoren analysierten Daten allerdings schon deutlich zeigen, wenn der Straf- und Beschämungsdiskurs im Kontext von weiblicher Sexualität und möglicher früher

---

[9] Ähnliches gilt auch für den Einzug stark modularisierter und teilweise markenrechtlich geschützter Elterntrainings in die pädagogische Arbeit, vgl. z.B. Tschöpe-Scheffler (2005) für einen Vergleich unterschiedlicher methodischer und theoretischer Zugänge sogenannter Elterntrainings.

Mutterschaft und eine überwiegende Orientierung an sozial benachteiligten, autochthonen jungen Frauen als Zielgruppe solche Elternpraktika bestimmen.

Stattdessen könn(t)en Familienbildungsangebote genau an diesen Marginalisierungstendenzen und -erfahrungen ansetzen, sich auch in Auseinandersetzung mit öffentlicher Moral (vgl. Wallner in diesem Band) begeben und selbstwertstärkend einen geschlechtersensiblen, diversitätsbewussten und vor allem entdramatisierenden Umgang mit Sexualität, Mutterschaft/Elternschaft und Familiengründung und ein wertschätzender Austausch mit Jugendlichen anstreben[10]. Somit könnten mit der Arbeit der Familienbildung Zugänge zum Hilfesystem geöffnet – und nicht wie in der Arbeit mit Babysimulatoren (vgl. Spies 2008) durch Stigmatisierungs- und Beschämungserfahrungen verschlossen werden – insbesondere dann, wenn eine frühe Mutterschaft/Elternschaft zur biografischen Realität wird. Hier kann Familienbildung jungen Frauen in der Konstruktion und Erhaltung ihrer neuen Identität als Mütter unterstützen. Wenn Mutterschaft als eine Quelle positiver Identität, Selbstwert und sozialer Legitimation (vgl. McDermott et al 2004) verstanden wird, werden die Mütter in ihren „resilient mothering practices" (ebd., 4) gefördert – woraus sich wiederum günstige Effekte auch für die Entwicklung des Kindes erwarten lassen.

Das Ziel sollte nicht notwendigerweise eine besondernde Praxis der Arbeit mit minderjährigen Müttern und Vätern sein – dies ist schon alleine aufgrund der in den Beiträgen von Spies und Thiessen in diesem Band beschriebenen geringen Fallzahlen nur bedingt praktikabel. Vielmehr ist eine Angebotsstruktur nötig, die sich mit der Lebenssituation von jungen Eltern – sowohl einige Jahre vor wie auch nach Erreichen der Volljährigkeit – innovativ auseinandersetzt. Gerade der Bereich der Netzwerkbildung und Kontaktherstellung und -vertiefung zwischen Menschen in ähnlichen Lebenssituationen zählt zu einer Kernkompetenz von Familienbildung – entsprechend müssen für junge Eltern neben bewährten auch neue Wege erarbeitet werden. Ein Potential läge z.B. in der Nutzung neuer Medien (Internetforen, Blogs) zur Schaffung von interaktiven Netzwerken, um dem Thema der möglichen sozialen Vereinsamung und Isolation zu begegnen – hier besteht die Möglichkeit, mit passgenauen Angeboten junge Eltern auch für das weitere Angebot von Familienbildung zu interessieren.

Voraussetzung für pädagogische Arbeit ist also konsequente Niedrigschwelligkeit, die an der realen Lebenswelt der jungen Schwangeren und ihrer Partner ansetzt, sich dann bis auf

---

[10] Bei diese Themen und Ansätzen kann Familienbildung an den Themen und der Fachlichkeit von Mädchenarbeit ansetzen.

deren Eltern ausdehnt und schließlich für die jungen Väter und Mütter nach Bedarf nutzbar ist: Familienbildung kann, basierend auf ihrer Fachlichkeit, alle Generationen (sowohl die (werdenden) jungen Mütter/Väter/Eltern als auch die (zukünftigen) Großmütter/Großväter/Großeltern als auch das Kind oder die Kinder) bei dem Prozess der Loslösung vom Elternhaus begleiten und unterstützen, sowie Bindungs- und Unterstützungsfragen thematisieren und Austausch ermöglichen.

Vielversprechende Ansätze finden sich z. B. dort, wo in den Konzeptionen junge Mütter ausdrücklich als Zielgruppe mitgedacht werden, oder in niedrigschwelligen, aufsuchenden Familienbildungsangeboten, wie sie in Hebammenprogrammen oder familienstützenden Diensten in der Praxis umgesetzt und weiterentwickelt werden[11]. Diese Ansätze wirken entdramatisierend und reduzieren den Druck, dem sich junge Eltern, insbesondere auch durch Stigmatisierungen, ausgesetzt sehen. Hier finden junge Mütter und Väter altersunabhängig, passgenau auf sie zugeschnitten und unbürokratisch Unterstützung in der Förderung von Beziehungen und Bindung zu ihrem Kind/ihren Kindern. Normalisierung von Elternschaft bedarf einer professionellen pädagogischen Praxis, in der die Haltungen und Deutungsweisen adäquat anerkennend und wertschätzend sind.

Entsprechend besteht vor allem mit Bezug auf Professionalisierung Handlungsbedarf (vgl. Textor 2001, 2007, Lösel et al 2006). Pettinger und Rollik (2005) beschreiben, dass das Qualifikationsniveau der Mitarbeiterinnen und Mitarbeiter auf allen Arbeitsebenen in den letzten Jahren gestiegen ist, aber dennoch Optimierungsbedarf besteht: In der Familienbildung Tätige „bringen eine Vielfalt unterschiedlicher fachlicher Kompetenzen in die Praxis ein; ihren Aufgaben und Funktionen im Bereich der Familienbildung entsprechend ist jedoch meist eine zusätzliche Qualifizierung für die jeweilige spezielle Tätigkeit erforderlich" (ebd., 169). Auch die Integration und der Einbezug der ehrenamtlich arbeitenden Kräfte ist hier zu berücksichtigen, denn Familienbildung ist in großem Maße auch auf die Selbstorganisation Interessierter angewiesen – und also für deren praxisbegleitende Fortbildung und Weiterentwicklung zuständig.

Wiezorek (2006) schlägt einen entsprechend anerkennungstheoretisch begründetes Verständnis vor: „Der Reflexion der eigenen Wertvorstellungen, der eigenen Normalitätsannahmen über ‚gute' Familie oder die ‚guten' Eltern-Kind-Beziehungen muss gerade vor dem Hintergrund der Pluralisierung von Lebensformen und dem Abschied des einen Normalmodells von Familie stärker als bisher Beachtung geschenkt werden" (ebd.,

---

[11] Beispiele sind der Familienhebammendienst und der Familienstützende Dienst der Stadt Delmenhorst (www.bausteine.uni-oldenburg.de)

58f.). So kann die Zusammenarbeit mit Eltern auch auf Empowerment ausgerichtet werden: im Kontext veränderter familiärer Bedingungen, zu denen auch junge Elternschaft gehört, wird bedarfsgerechte Familienbildung dann erfolgreich sein, wenn sie so gestaltet ist, dass „Befürchtungen einer Bevormundung oder gar Entmündigung nicht entstehen" (Rupp/Smolka 2006, 194) und auch junge Eltern bei der Erarbeitung einer gleichgewichtigen Erziehungspartnerschaft (vgl. Textor 2007) mit all denen, die in der Erziehung von Kindern involviert sind, unterstützt werden.

Literaturverzeichnis

Aarvold, J./Buswell, C. (1999): Very young motherhood: whose problem? Youth and Policy. (64). 1-14.
AWO Arbeiterwohlfahrt Bundesverband e.V. (o.J.). Geschichte der Familienbildung. Zugriff am 02.11.2009. Verfügbar unter http://familienbildung.info/index_grundlagen.htm
Bäcker-Braun, K./Pettinger, R. (2001): Das Eltern-Kind-Programm – ein wirkungsvoller Beitrag zur Lebensbegleitung junger Familien. Evaluation des Eltern-Kind-Programms der Erzdiözese München und Freising. Bamberg.
Bauer, P./Brunner, E. J. (2006): Elternpädagogik. Von der Elternarbeit zur Erziehungspartnerschaft. Eine Einführung. In: Bauer, P./Brunner, E. J. (Hrsg.): Elternpädagogik. Von der Elternarbeit zur Erziehungspartnerschaft. Freiburg. S. 7-19.
Carle, U. (2009): Zum aktuellen Stand der Familienbildung in Deutschland. Zugriff am 02.11.2009. Verfügbar unter http://www.familienbildung.uni-bremen.de/aktuelles/ca2009_07familienbildung_DE.pdf.
Carle, U./Metzen, H. (2006): Abwarten oder Rausgehen. Familienförderung und Elternbildung vor dem anstehenden und (un-)gewollten Perspektivenwechsel. Beeindruckendes von einem lehrreichen Außenseiter-Blick über einen sehr sehr hohen Zaun. Norderstedt.
Carter, S./Coleman, L. (2006): "Planned" teenage pregnancy. Perspectives of young parents from disadvantaged backgrounds. Bristol.
Deutscher Verein für öffentliche und private Fürsorge (DV) (Hrsg.) (2007): Bestandsaufnahme und Empfehlungen des Deutschen Vereins zur Weiterentwicklung der Familienbildung. Berlin. Zugriff am 02.11.2009. Verfügbar unter http://www.deutscher-verein.de/05-empfehlungen/empfehlungen2007/pdf/Weiterentwicklung_der_Familienbildung.
Dörr, M./Homfeld, H. G. (2008): Ungeborenes Leben. In: A. Hanses/H. G. Homfeldt (Hrsg.): Lebensalter und Soziale Arbeit - eine Einführung. Bd. 1. Baltmannsweiler. S. 222 – 246.
Evangelische Familienbildungsstätte Hildesheim (2008): Von der Mütterschule zur Familien-Bildungsstätte. Zugriff am 02.11.2009. Verfügbar unter http://www.familiehildesheim.de/Von-der-Muetterschule-zur-Fami.21.0.html.
Fleßner, H. (2008): Frühe Schwangerschaften. In: Scheithauer, H./Hayer, T./Niebank, K. (Hrsg.): Problemverhalten und Gewalt im Jugendalter. Erscheinungsformen, Entstehungsbedingungen, Prävention und Intervention. Stuttgart. S. 225-238.
Friedrich, M./Remberg, A. (2005): Wenn Teenager Eltern werden... Lebenssituationen jugendlicher Schwangerer und Mütter sowie jugendlicher Paare mit Kind. Eine

qualitative Studie im Auftrag der Bundeszentrale für gesundheitliche Aufklärung (BZgA). Köln.
Graham, H./McDermott, E. (2005): Qualitative Research and the Evidence Base of Policy: Insights from Studies of Teenage Mothers in the UK. Journal of Social Policy. Volume 35 (1). 21-37.
Graham, P. (2004): EOA: The End of Adolescence. Oxford.
Halpern, R. (1997): Good practice with multiply vulnerable young families: challenges and principles. Children and Youth Services Review, Volume 19 (4). 253-275.
Harden, A./Brunton, G./Fletcher, A./Oakley, A./Burchett, H./Backhans, M. (2006): Young people, pregnancy and social exclusion: A systematic synthesis of research evidence to identify effective, appropriate and promising approaches for prevention and support. London: EPPI-Centre, Social Science Research Unit, Institute of Education, University of London.
Harlow, E. (2009): Eliciting Narratives of Teenage Pregnancy in the UK: Reflexively Exploring some of the Methodological Challenges. Qualitative Social Work. (8). 211-228.
Krüger, H.-H./Grunert, C. (2008): Peergroups. In: T. Coelen/H.-U. Otto (Hrsg.): Grundbegriffe Ganztagsbildung. Das Handbuch. Wiesbaden. S. 382-391.
Lessa, I. (2006): Discursive Struggles Within Social Welfare: Restaging Teen Motherhood. British Journal of Social Work. Volume 36 (2). 283-298.
Levold, T. (2002): Elternkompetenzen - zwischen Anspruch und Überforderung. systeme. 16. Jahrgang (1). 2-12.
Lösel, F./Schmucker, M./Plankensteiner, B./Weiss, M./ Zucker, A. (2006): Bestandsaufnahme und Evaluation von Angeboten im Elternbildungsbereich. Abschlussbericht. Erlangen. Zugriff am 02.11.2009. Verfügbar unter www.bmfsfj.de/doku/elternbildungsbereich.
McDermott, E./Graham, H./ Hamilton, V. (2004): Experiences of being a teenage mother in the UK: A report of a systematic review of qualitative studies. ESRC Centre for Evidence-based Public Health Policy, Social and Public Health Sciences Unit, Glasgow.
Münder, J. (2006): Frankfurter Kommentar zum SGB VIII. Kinder- und Jugendhilfe. 5., vollständig überarbeitete Auflage. Weinheim.
Papastefanou, C. (2004): Jugendliche und ihre Eltern - Freund oder Feind? Vom Mythos der Generationenkluft. Zugriff am 02.11.2009. Verfügbar unter www.familienhandbuch.de/cmain/f_Aktuelles/a_Haeufige_Probleme/s_521.html.
Pettinger, R./Rollik, H. (2005): Familienbildung als Angebot der Jugendhilfe. Rechtliche Grundlagen, familiale Problemlagen, Innovationen. Berlin: Bundesministerium für Familie, Senioren, Frauen und Jugend. Zugriff am 02.11.2009. Verfügbar unter www.bmfsfj.de/Publikationen/familienbildung/root.html.
Phoenix, A. (1991): Young Mothers? Cambridge.
Rollik, H. (2007): Die Rolle der Familienbildung in Deutschland – vom Rückblick zum Ausblick. Vortrag auf der Fachtagung "Familienbildung – Luxusgut oder Kernbereich präventiver Jugendhilfe" der Friedrich-Ebert-Stiftung in Zusammenarbeit mit dem DRK Landesverband Sachsen-Anhalt am 2. Mai 2007. Zugriff am 02.11.2009. Verfügbar unter http://heribertrollik.de/media/LJA$20HALLE.pdf.
Rupp, M./Smolka, A. (2006): Empowerment statt Pädagogisierung – Die Bedeutung niedrigschwelliger Konzepte für die Familienbildung. In: Bauer, P./Brunner, E. J. (Hrsg.): Elternpädagogik. Von der Elternarbeit zur Erziehungspartnerschaft. Freiburg. S. 193-214.
Schiersmann, C./Thiel, H.-U./Fuchs, K./Pfizenmaier, E. (1998): Innovationen in Einrichtungen der Familienbildung. Eine bundesweite empirische Institutionenanalyse. Opladen.

Schleiffer, R. (2005): Über Lernvermeidung - Eine funktionale Analyse „lernbehinderter" Kommunikation. Zeitschrift für Sozialpädagogik. 3. Jahrgang (4). 338-359.

Schymroch, H. (1989): Von der Mütterschule zur Familienbildungsstätte. Entstehung und Entwicklung in Deutschland. Freiburg i.Br.

SmithBattle, L. (2006). Helping teen mothers succeed. Journal of School Nursing (22). 130-135.

Smolka, A. (2002): Beratungsbedarf und Informationsstrategien im Erziehungsalltag. Ergebnisse einer Elternbefragung zum Thema Familienbildung. Bamberg.

Spies, A. (2008): Zwischen Kinderwunsch und Kinderschutz – Babysimulatoren in der pädagogischen Praxis. Wiesbaden.

Textor, M. (2001). Familienbildung als Aufgabe der Jugendhilfe. In: Fthenakis, W.E./Textor, M. (Hrsg.): Online-Familienhandbuch. Zugriff am 02.11.2009. Verfügbar unter www.familienhandbuch.de/cms/Familienbildung-Jugendhilfe.pdf.

Textor, M. (2007): Familienbildung. In Ecarius, J. (Hrsg.): Handbuch Familie. Wiesbaden. S. 366-386.

Tschöpe-Scheffler, S. (2005): Konzepte der Elternbildung – eine kritische Übersicht. Opladen.

Wiezorek, C. (2006): Elternpädagogik jenseits der Pädagogisierung – Überlegungen zum pädagogischen Elternbezug aus anerkennungstheoretischer Perspektive. In: Bauer, P./Brunner, E. J. (Hrsg.): Elternpädagogik. Von der Elternarbeit zur Erziehungspartnerschaft. Freiburg. S. 42 – 60.

Wiggins, M./Oakley, A./Sawtell, M./Austerberry, H./Clemens, F./ Elbourne, D. (2007): Teenage parenthood and social exclusion: A multi-method study. Teenage Pregnancy research programme research briefing. Number 7, January 2007.

www.teenagermütter.de [letzter Zugriff 9.12.009]

Anke Spies
Biografische Optionen und pädagogische Rahmungen von Ausgrenzungen und Anerkennungen – Interdisziplinäre Lösungssuche zwischen Babysimulator und Schülerfirma

Seit einigen Jahren werden (vornehmlich) Mädchen über meist mehrtägige Projekte mit computergesteuerten Babysimulatoren[1] konfrontiert. Mit dem Ziel, biografische Verläufe an soziale Erwartungen und Vorstellungen anzupassen, rekurrieren die Verantwortlichen auf die Vorstellung der ‚Normalbiografie', der zufolge der Übergang in Erwerbstätigkeit erfolgreich abgeschlossen sein soll, bevor ein Übergang in Elternschaft akzeptiert werden kann.

Das aus den USA importierte Gerät trifft mit seiner Programmatik der Abschreckung auf eine ungewöhnliche Kooperationsbereitschaft und Einigkeit zwischen sozial-, schul- und sonderpädagogischen Fach- und Lehrkräften. Die interdisziplinäre Zusammenarbeit gründet meist in der Initiative von Trägern der Jugendhilfe, die vor allem von Schulen niedrigqualifizierender Bildungsgänge gerne angenommen, aber auch aktiv angefragt werden. Das vielfach beschriebene Konfliktpotenzial der Kooperation zwischen Jugendhilfe und Schule rückt dabei angesichts der gemeinsamen Absicht, (vermeintlich) *zu früh*e Schwangerschaften verhindern zu wollen, in den Hintergrund bzw. verschwindet sogar gänzlich – allerdings auf Kosten der AdressatInnen, deren Selbstkonzepte und Handlungskompetenzen von der Inszenierung durchaus konsequenzenreich erschüttert werden können.

---

[1] Die in sieben ethnische Besonderungsvarianten erhältlichen Simulatoren signalisieren durch Weinen/Schreien Hunger, sowie hygienischen oder emotionalen Vorsorgungsbedarf, der nur mit passendem ID-Chip gedeckt werden kann. Jüngere Modelle äußern sich auch über Husten oder „Glucksen". Andere Ausdrucksformen stehen nicht zur Verfügung. Ein per Steuergerät variabel einstellbares Computerprogramm regelt das Weinen – also die Häufigkeiten des Versorgungsbedarfs – bzw. den „Schwierigkeitsgrad" des simulierten „Babys". Die Versorgungsleistungen und der sachgerechte Umgang werden wiederum vom Computerprogramm aufgezeichnet und anschließend mit absoluten und prozentualen Angaben per Steuergerät abgelesen werden. Die Anzahl von Genickbrüchen, Schütteltraumata und die erreichten Prozentwerte von 100 der nötigen Versorgungsleistung insgesamt können dann rückgemeldet werden.

Der folgende Beitrag skizziert zunächst die Ausgangslage der institutionellen Kooperationen auf der Datenbasis einer bundesweiten Studie[2] zur Praxis der pädagogischen Arbeit mit dem Babysimulator. Die Untersuchung belegt, dass Ansatz und Einsatz der Simulatoren vielfach die AdressatInnen aus dem Blick verliert und deren individuelle und kollektive Verunsicherung riskiert wird – ohne dabei die Kluft zwischen dem Anspruch sozialer Normen und der Wirklichkeit sozialer Ausgrenzungsprozesse zu berücksichtigen. Vielmehr vernachlässigen die Inszenierungsvarianten (aktive Elternschaftssimulation und deren passive Beobachtung bzw. Beteiligung) die biografischen und sozialen Bedingungen der i. d. R. sozial-, bildungs- und/oder marktbenachteiligten AdressatInnen und setzen (antizipierte) Kindeswohlgefährdung und Stigmatisierungen als Argumente für (mittelschichtsorientierte) lebensplanerische Aktivitäten ein.

Als Vorschlag für eine weniger biografisch stigmatisierende aber dafür institutionell anspruchsvolle Kooperationsarbeit im Sinne eines Bildungssettings rund um Fragen von Fertilität, biografischer Orientierung und gewünschter oder aktueller Elternschaft wird abschließend ein ‚Umriss' für eine ressourcenstärkende – biografische Wünsche und Gegebenheiten anerkennende bzw. wertschätzende – Schülerfirma entwickelt. Ein Modell, dessen Voraussetzung die multiprofessionelle Zusammenarbeit von Jugendhilfe und Schule in ihrer gesamten Kompetenz fordern bzw. nutzen und zugleich den AdressatInnenbedarfen und –ressourcen sowie den fachlichen Präventionswünschen entgegengekommen würde.

1. Babysimulatoren in der institutionellen Kooperation zwischen Jugendhilfe und Schule

Mit den Babysimulationspuppen und ihrem Einsatz etabliert sich – ungeachtet der unterschiedlichen Handlungsrationalitäten der beteiligten pädagogischen Disziplinen – sowohl innerschulisch als auch außerschulisch ein unzweifelhaft kontraproduktives Lernsetting, das, statt auf Stärkung, Ermutigung, Sicherheit und Zuversicht in eigene Kompetenzen zu setzen, zu Entmutigung, Verunsicherung, Angst und Selbstbildschwächung führen kann. Je enger am US-amerikanischen Programm[3] gearbeitet

---

[2] Datengrundlage der unabhängigen bundesweiten Studie: Quantitative Befragung von MultiplikatorInnen (N=90, Rücklaufquote 42%), qualitative Befragung von PraktikerInnen (problemzentrierte Interviews; N=27) und 7 Gruppendiskussionen mit AdressatInnen unterschiedlicher Bildungsgänge (kurz vor und ein halbes Jahr nach ihrer Simulationserfahrung) sowie drei problemzentrierte Interviews mit fortbildungsverantwortlichen Fachkräften (vgl. Spies 2008a).

[3] Für Deutschland wurde das Programm modifiziert, indem die Abstinence-Only-Botschaft herausgenommen wurde und Abschreckung nicht ausdrücklich als Ziel betont wird.

wird, desto nachdrücklicher werden den Jugendlichen in systematisch angelegten Überforderungssettings ihre (vermeintlich) absehbare Kindeswohlgefährdung mit Versagensbelegen der Computerauswertung und die qua Alter zu erwartenden Stigmatisierungen bei früher Elternschaft demonstriert. Insgesamt wollen die Konfrontationen die Einsicht vermitteln, die Familiengründung keinesfalls vor dem Abschluss einer Berufsausbildung anzustreben und das Sexualverhalten dementsprechend abzustimmen.

Dem Simulator scheint eine pädagogische 'Kooperationsbewegung' zu folgen, die strukturelle Hürden wie z. B. Organisationslogiken, regionale Bedingungen oder Finanzierungen zu überwinden weiß und mit hohem persönlichen Einsatz tätig ist. Mehr noch: Für den Einsatz der Puppen wird seitens der kooperierenden Schulen ein erheblicher organisatorischer, logistischer und finanzieller Aufwand bewältigt, damit Anbieter der Jugendhilfe (z.B. Beratungsstellen) tätig werden oder die Simulatoren als Maßnahmen der Schulprogrammgestaltung z.B. in Verantwortung von Schulsozialarbeit eingesetzt werden können. Besonders Schulen niedrigqualifizierender Bildungsgänge öffnen sich und ihren Unterricht ohne nennenswerte Berührungsängste oder Vorbehalte in unterschiedlichen Kooperationsformaten zum Gemeinwesen und bieten sich als kontinuierliche Partner für Simulationsprojekte an. Die überproportionale Verteilung des Instruments in ländlichen Regionen ist ebenso auffällig wie die Vielfalt der Finanzierungswege: So übernehmen durchaus auch Träger der Jugendhilfe die Kosten für schulische Projekte, ebenso wie Schulen in der Lage sind, kostenintensive Finanzierungen aufzubringen oder einzelne Fachkräfte mit privat finanzierten Simulatoren, aber im Auftrag ihrer Träger, arbeiten (vgl. Spies 2008a).

Wenngleich mit überwiegender Mehrheit weibliche Fachkräfte in der Simulationsarbeit tätig sind, so sind es weibliche und männliche EntscheidungsträgerInnen, die der Projektpraxis den Weg zu den AdressatInnen ebnen – das Anliegen ist weniger entlang der Differenzlinie Geschlecht, sondern vielmehr entlang der Differenzlinie soziale Schicht zu verorten. Allen gemeinsam ist die Sorge um eine ‚gefühlte' dramatische Entwicklung der Häufigkeiten früher Schwangerschaften. Ungeachtet der tatsächlich extrem geringen Fallzahlen (vgl. Spies in diesem Band) gründen die Kooperationen auf Seiten der Schule(n) und Lehrkräfte entweder auf deren Erschrecken, sobald sie mit der Schwangerschaft einer Schülerin konfrontiert sind, oder auf der Sorge darum, dass dies möglicherweise geschehen könnte. Sofern diese Schulen keine eigenen Simulatoren anschaffen, nehmen sie Angebote der Sozialen Arbeit an. Letztere wendet sich i.d.R. systematisch und von der medialen

Berichterstattung gestützt, aktiv werbend an Schulen und gewinnt dort zunächst einzelne oder leitende FürsprecherInnen, die bereit sind, zugunsten der kollektiven Simulationserfahrung andere Lernsettings und Traditionen des Projektlernens aufzugeben. Bundesweit sind etwa zwei Drittel der AnbieterInnen über Institutionen der Jugendhilfe beschäftigt (vgl. Spies 2008a, 159 ff.). Die Kooperationsbeziehungen zwischen Schule und Jugendhilfe zeigen, dass sich – zugunsten des Programms und seiner Verbreitung – im Kontext früher Elternschaft in der Jugendhilfe eine tendenzielle Abkehr vom Einzelfall hin zum themenzentrierten Gruppenangebot abzeichnet und Schule ausgesprochen flexibel bereit ist, den AdressatInnenzugang zur Verfügung zu stellen.

Die vorstrukturierte, programmatisch-didaktische Rahmung der Herstellervorgaben wird auf der Suche nach einem methodischen Zugang – zum als Problem erklärten Sachverhalt (vgl. dazu Wallner und Stauber in diesem Band) – gerne adaptiert, manchmal modifiziert, jedoch kaum kritisiert. Mit dem Versprechen, über den Einsatz des Mediums, die Situation von jungen Menschen in benachteiligenden Lebenslagen auch insgesamt zu verbessern, etabliert sich mit dem Simulator und seinen Einsatzvarianten sowohl für schulische AkteurInnen als auch für VertreterInnen der Jugendhilfe die Verheißung einer vermeintlich realitätsgetreuen, aber de facto stark vereinfachenden, technischen Vorwegnahme hochkomplexer sozialer Strukturprobleme, die vielfach das fachlich reflektierte Abwägen überlagert.

Zielgruppe

Der von ProgrammanwenderInnen durchgängig als sozial und individuell überfordert dargestellten Zielgruppe wird zur Korrektur ihrer „symbolischen Überzeugung" (in Anlehnung an Ziehe 2005b) ihrer – u.a. wegen geringer Chancen auf dem Erwerbsarbeitsmarkt (vgl. Spies 2005) – auf Familiengründungsoptionen beruhenden Zukunftsgewissheit ein technischer Segregationsapparat gegenübergestellt, der über Erlebnis- und Ergriffenheitsmomente zur Anpassung an gesellschaftliche Mittelschichtsnormen überzeugen soll. Als ‚Lerneffekte' deklarierte Verunsicherungen werden mit ebenfalls programmatischen Instrumentarien wie z. B. der Auswertung von Computeraufzeichnungen zu Versorgungsleistung bzw. Versagenshäufigkeiten, Fragebögen sowie (in manchen Projekten sogar benoteten) Tagebuchkontrollen zu Einstellungsänderungen und Selbsteinschätzung quantifizierbar und nachprüfbar zu machen versucht. Das Simulationsangebot richtet sich vordergründig an alle Jugendlichen, aber de Facto in erster Linie an Mädchen. *Sie* nehmen das auf den ersten Blick alltagsnah erscheinende Angebot zunächst gerne an, da der „Verwertungssinn" (Ziehe 2005a, 288) des Lernens rund um Fragen der Fertilität und Familienplanung für sie unmittelbar gegeben scheint – sie sich im schulischen Kontext aber auch vielfach nicht der wenigstens passiven Teilnahmeverpflichtung verwehren können. In ihrer Neugierde auf neue, lebensnahe Lernerfahrungen lassen sie sich in der ‚symbolischen' Gewissheit, dieser Herausforderung gewachsen zu sein, auf die Simulationsübungen ein, werden dann allerdings vielfach mit Erfahrungen des Scheiterns sowie mit Stigmatisierungen und Re-Traumatisierungen konfrontiert, die nur in Ausnahmefällen von den Verantwortlichen aufgenommen und reflektiert werden.

Während die AdressatInnen zentrale Schlüsselthemen wie komplexe Armutslebensbedingungen, Kompetenzklärungen, Partnerschaft und Zukunftsverunsicherung bearbeiten möchten (vgl. Spies 2008a, 101 ff.), müssen diese Interessen hinter die Programmatik des technischen Gerätes zurücktreten. So wird z. B. Armut als Argument gegen die Umsetzung von Kinderwünschen zwar rechnerisch belegt, aber nicht strukturell oder mit Blick auf die Kosten von Verhütungsmitteln inhaltlich thematisiert. Gleiches gilt für Berufsausbildung und Erwerbstätigkeit, die aber immer, ungeachtet der strukturellen Zugangsschwierigkeiten der Zielgruppenjugendlichen zum Arbeitsmarkt (vgl. auch Friese in diesem Band), als übergeordnetes biografisches Orientierungsziel und ‚Zugangsberechtigung' zur Elternschaft vermittelt werden sollen. Dort, wo Planbarkeit suggeriert und Planung als individuell zu erbringende Lebensleistung vermittelt wird, werden die tatsächlichen Bedingungen und Schwierigkeiten des Berufsübergangs, infolgedessen sich Jugendliche aus niedrigqualifizierenden Bildungsgängen kaum noch Planungsfreiheiten zugestehen (vgl. May 2007), ausgeblendet.

Zugunsten der Gewissheiten von MultiplikatorInnen werden die Überzeugungen der Mädchen bezüglich ihrer *vor* der Simulation als sicher angenommenen Kompetenzen und moralischen Selbsteinschätzungen über die aktive und passive Teilnahme in Zweifel gezogen, während biografisch offene Themen mit direktem Bezug zu aktuellen Entwicklungsaufgaben vernachlässigt werden. Die AdressatInnen sind folglich auf unterschiedliche Bewältigungsstrategien angewiesen: Sie müssen sich einerseits systematisch von der Zielgruppe abgrenzen und andererseits den sozialen Erwartungen entsprechen. Die öffentliche Missbilligung adoleszenter Mütter erfahren sie durch entsprechende Erlebnisse mit den Puppen. Dagegen werden Jungen sowohl bei ablehnenden Haltungen als auch bei empathischer Beteiligung mit Verweis auf unterschiedliche Männlichkeitsbilder jeweils bestätigt (vgl. Spies 2008a, 244 ff.). Die Simulationsprojekte verfestigen also die Grenzziehungen entlang der Differenzlinie Geschlecht.

Herausforderungen
Zugunsten der symbolischen Überzeugungen der MultiplikatorInnen und InitiatorInnen, die sich – in bester Absicht – sicher sind, präventiv und mit großer Breitenwirkung im Sinne des Kinderschutzes und der Zukunftssicherung ihrer AdressatInnen tätig zu sein, werden aus deren ebenfalls ‚symbolischen' Selbstvergewisserungs- und Suchbewegungen Kumulationen von Gegenwarts- und Zukunftsverunsicherungen, wenn der Simulator ihnen per Ausdruck ‚beweist', dass sie der Aufgabe nicht gewachsen sein können. Sie geraten also einmal mehr in den „Strudel der Marginalisierung" (Münchmeier 2005, 36), reagieren mit erweiterter[4] Verunsicherung, Resignation und Selbststigmatisierung und gehen letztlich in Distanz zum Hilfesystem (vgl. Spies 2008a, 130 ff.) – während ihnen, unter dem Label der vermeintlichen Verbesserung, ihre soziale Lage ethnisierend oder als individuell zu verantworten kommuniziert wird. Durch derartige Stigmatisierungseffekte werden Zugänge zum Hilfesystem blockiert, wenn Schwangerschaft als Konsequenz alters- und entwicklungsgemäßer sexueller Aktivität mit persönlichen Versagensetikettierungen in Vergangenheit (Verhütungsverhalten), Gegenwart (Verweigerung sozialer Normen) und Zukunft (Kindeswohlgefährdung) belegt ist.

Dabei treffen die Themen auf Lernbereitschaft, denn Mädchen und auch Jungen sind motiviert, sich ebenso wie mit ihren beruflichen Perspektiven (vgl. Spies 2008b), intensiv mit ihren privaten Lebensentwürfen und den Optionen, die sich aus der biologischen Möglichkeit ergeben, oder auch mit Orientierungsfragen bezüglich ‚guter' Elternschaft auseinanderzusetzen. Ein Interesse, das durchaus die Chance böte, die von Ziehe (2005a) beschriebenen drei Schlüsselschwierigkeiten schulischer Lernkultur zu mildern und sowohl „Verwertungssinn" als auch „Strukturierungsdefizite" und „Motivationskonflikte" (vgl. ebd.) zu bearbeiten. Biografisch bildungsrelevant wäre hier aber – entgegen der gängigen Praxis – weniger eine vorläufig abschreckende Trainingsmaßnahme der Kinderpflege, sondern vielmehr die Gestaltung entlang der drei von Ziehe identifizierten Komponenten

---

[4] Zu den von Prager/Wieland (2005) nachgewiesenen, Handlungsoptionen schmälernden Zukunftsverunsicherungen und den von Pfahl (2006) belegten Selbststigmatisierungsprozessen Jugendlicher, die am Übergang von Schule in Erwerbstätigkeit zu scheitern drohen, kommt sozusagen als ‚Doppelung' nun der Versagensbeweis im Privaten hinzu.

„Zugänge zu anderen Welten", „Erfahrung von Strukturiertheit" und „Lockerung motivationaler Selbstfestlegungen" (Ziehe 2005a, 288 ff). Letztere thematisiert die „Neigung, in vermeidender und defensiver Weise die eigene Nichtmotiviertheit zu registrieren und die eigenen widerstrebenden Motive als gegeben hinzunehmen" (ebd., 289). Prager und Wieland (2005) weisen als Gründe für solche Resignationshaltungen eine massive Verunsicherung hinsichtlich beruflicher Zukunftsperspektiven nach, die – wiederum nach Ziehes Analyse – einer Erhöhung der „Auswahlmöglichkeiten des Ichs" (Ziehe 2005a, 289) bedürfen. Übersetzt in Angebote, Maßnahmen und Modelle zu beruflicher Orientierungshilfe und lebensplanerischer Unterstützung heißt das, die Integration dieser Themen zu reflektieren und tragbare Modelle zu entwickeln (vgl. Friese in diesem Band), die den insgesamt in ihrer gesellschaftlichen Anschlussgewissheit verunsicherten Jugendlichen (vgl. Münchmeier 2005) auch eine „semiotische Heimat" (Ziehe 2005b) im Sinne eines „symbolischen Zuhauses" geben können, die schließlich *stabilisierender* statt verunsichernder Bildungsanlass und Bildungsgegenstand wären.

Ziehes Analyse der auch jugendkulturell[5] zu erörternden „Schlüsselschwierigkeiten" von Schule als Sozialisationsinstitution, als Bildungsinstitution und als öffentliche Institution, deren Strukturen und Wissensformen aber aus Sicht der SchülerInnen „jegliche Evidenz" (Ziehe 2005a, 282) fehlt, lenkt den Blick auf die Evidenz der Simulationen, die in den Aussagen der MultiplikatorInnen eine erstaunliche Offenheit und Zugänglichkeit der Jugendlichen ermöglichen. Sie haben offenbar einen Kommunikationsbedarf, der – wiederum entgegen der gängigen Überforderungspraxis – durchaus zur Vermittlung von Selbstvertrauen und zum Ausgleich von intrinsischen Motivationslücken aktivierend angesprochen werden könnte. Dafür wären aber zunächst die konzeptionellen Risiken wie Überforderung, Re-Traumatisierung und Marginalisierungsverfestigungen auszuschließen und die bisherige Simulationspraxis als Erprobungsphase zu betrachten, innerhalb derer zwar auch erstaunliche Effekte – wie z. B. jener der institutionellen Überwindung disziplinärer Hürden angesichts eines gemeinsamen interdisziplinären Interesses – erzielt werden können, die aber letztlich keine geeignete Rahmung für das hochkomplexe Thema bieten.

---

[5] Ziehes Erklärung des Peerbezugs verweist außerdem auf die Ausbaunotwendigkeit von Peerteaching-Strategien (vgl. Goy 2005) – die mit der aktuell gängigen Praxis der Simulationen nicht oder sogar kontraproduktiv bedient zu werden scheinen.

2. Die antizipierte Überforderung – Lernarrangements

Versteht man die gängigen Babysimulationsprojekte in schulischen Kontexten als kooperative *Suchbewegungen* nach angemessenen Lösungen zur Verbesserung der Lebenssituation von adoleszenten Mädchen in benachteiligten Lebenslagen, so sind Kooperationsbereitschaft und der unzweifelhaft vorhandene, enorme Wille von Fachkräften der Sozialen Arbeit und von Lehrkräften, die Idee der Wahlfreiheit von Lebensplanung und biografischen Optionen zu kommunizieren und die Situation der potenziellen Kinder zu verbessern, als wertvolle Ressource zur Weiterentwicklung der Kooperation zwischen Jugendhilfe und Schule zu betrachten. Die Risiken der gängigen Simulationspraxis können in diesem Zusammenhang wichtige Orientierungspunkte für künftige Konzeptionen der kooperativen Gestaltung von unterstützenden, lebensweltbezogenen Lern- und Protektionsmodellen sein.

Die absichtsvolle Überforderung als geplantes Lernarrangement (zur Reflexion eines von außen antizipierten Versagens) birgt sämtliche Risiken von „Stress-Aufschaukelprozessen" – also Störungen im emotionalen und kognitiven Lernen (vgl. Bundschuh 2003, 228 ff.). Während Überforderung aber bislang als ungewollte und insofern abzubauende bzw. zu vermeidende, unerwünschte ‚Nebenwirkung' von nicht passgenauen Lernarrangements beschrieben[6] wird und keinesfalls als strategische Komponente zur Optimierung von Lernprozessen begriffen wurde, wird mit der Simulationspraxis nunmehr ‚Einsicht in Scheiternswahrscheinlichkeit durch Überforderungserfahrung' zum gewollten Lernsetting des Kinderschutzes erklärt. – Ein ganz besonders fataler Irrtum, denn schließlich befördern Überforderungen negative emotionale Einstellungen zum Lerninhalt, also zu den Bedürfnissen eines Säuglings. Wenn für (emotionale) Überforderungen generell gilt, dass sich als Reaktionen „Aggressionsbereitschaft, Angstgefühle, Unsicherheit, Unzufriedenheit, Unausgeglichenheit, Gefühlsschwankungen, Nervosität, Gereiztheit, Depressionen, Apathie, Hypochondrie, Lustlosigkeit, innere(r) Leere (und) Gefühl(e) des Ausgebranntseins" (Bundschuh 2003, 230) zeigen, so birgt jedes dieser Reaktionsmuster schon für sich genommen ein erhebliches Gefährdungspotenzial für das Kindeswohl. Für den Simulator belegen die Daten der Gruppendiskussionen mit AdressatInnen an verschiedenen Beispielen, dass derartige emotionale Überforderungsreaktionen durch die

---

[6] Die Emotions- und Lernforschung ist bislang ein eher randständiges Gebiet, das nur wenig empirische Befunde zu Überforderungsreaktionen bereit hält (vgl. Bundschuh 2003, 234).

Simulationserfahrung hervorgerufen werden können und hervorgerufen wurden (vgl. Spies 2008a, 130ff.).

Da nun aber die über programmatische Schwierigkeitsgrade gesteuerte Provokation zur Misshandlung durchaus auch zum zentralen Bestandteil von Simulationen werden kann, muss damit gerechnet werden, dass die Erfahrung einer emotionalen und vegetativen Überforderung im Simulationssetting (ggf. in Kombination mit kognitiven Überforderungen) zu langfristigen Störungen führen kann. Mehr noch: „Aufmerksamkeits- und Konzentrationsstörungen, Gedächtnis- und Leistungsstörungen, Tagträume, Rigidität, Realitätsflucht, Wahrnehmungsstörungen und -verzerrungen" (Bundschuh 2003, 230) als Ausdruck kognitiver Überforderung sind für die Praxis der Simulationsprojekte um so gravierender, als dass diese Reaktionen vielfach ohnehin der Grund dafür sind, dass die Hauptzielgruppe den niedrigqualifizierenden Bildungsgängen und Maßnahmen für Jugendliche mit Schwierigkeiten im Lernen und Verhalten zugeordnet wurde.

In der biografischen Summe ist absehbar, dass die emotionale Überfrachtung und Überforderung außerdem vermehrt Abgrenzungsreaktionen gegenüber dem Hilfesystem hervorrufen wird, während zuvor vermittelte, negative Selbstbilder Persönlichkeitsstörungen befördert und unbewältigte Belastungsanforderungen als reaktives Syndrom zu selbst- und fremdschädigenden Verhaltensweisen führen können (vgl. Berger 2004, 29). Hier bleibt für die bereits simulationserfahrenen Jugendlichen zu hoffen, dass sie in ihren kognitiven und emotionalen Kompetenzen unterschätzt werden, und also das Wohl ihrer künftigen Kinder nicht tatsächlich derart gefährdet ist.

Insofern ist es mehr als verwunderlich, dass sowohl Fortbildung als auch Multiplikation die Tragweite der Überforderungssettings nicht zu reflektieren scheinen und in einzelnen Aussagen sogar billigend in Kauf nehmen bzw. sehr wohl auch gezielt die emotionalen Konsequenzen für die erhoffte Transferleistung einkalkulieren. Sofern die Vor- und Nachbereitung überhaupt die Reflexion von Überforderung beinhaltet, ist diese Reflexion i. d. R. eng an die technischen Aufzeichnungen des Geräts und die – zwangsläufig als individuelle Leistung konnotierte – Einsicht in noch zu erwerbende Fertigkeiten gebunden und damit keinesfalls ein geeigneter Zugang, um Überforderungssituationen besprechbar zu machen: Einsicht in die Überforderung und zutiefst widersprüchliche Handlungsanweisungen in Überforderungsfällen (vgl. Spies 2008a, 139 ff.) sind auch nicht geeignet, um produktive Umgangsweisen mit eigener Überforderung zu thematisieren, wenn schon die Inszenierung der Überforderung für AdressatInnen und MultiplikatorInnen selbst eine Überforderung wird, die letztlich über Technik und Versagensbetonung der AdressatInnen, nicht aber mit konzeptionellen Konsequenzen zu lösen versucht wird.

Die Auseinandersetzung mit der biografischen Option künftiger Elternschaft und gegenwärtigen Überlegungen zur Familienplanung ist angesichts des unzweifelhaft gegebenen Interesses der Zielgruppe an den Projektinhalten der Simulationspraxis zwar als individueller Lernzugang mit Bezug zur Lebenswirklichkeit der SchülerInnen grundsätzlich als motivationsfördernd zu betrachten. Aber ohne die Möglichkeit zu signifikant positiven Leistungserfahrungen wird sie zu einer bis dato nicht abschätzbaren Gefahrenquelle, die sich durchaus auch im künftigen Umgang mit tatsächlichen Kindern niederschlagen kann und insofern eher als Faktor der Kindeswohlgefährdung, denn als Beitrag zu dessen Sicherung zu betrachten ist: „Wenn bereits erfolgsgewohnte Erwachsene auf eintretende Misserfolge mit Minderwertigkeitsgefühlen und Stresssymptomen reagieren, geradezu hilflos wirken und nicht in der Lage sind, sie zu bewältigen, führen Misserfolge und Frustrationen bei sensiblen Schülern in einem viel höheren Maße zu einem sich aufschaukelnden Teufelskreis, den wir als Lern- und Leistungsstörung verbunden mit Gefühlen wie Ängsten, Minderwertigkeit, Resignation, Ohnmacht bis hin zur Apathie beschreiben können" (Bundschuh 2003, 236). Eine derart weitreichende emotionale Konsequenz von Überforderungserfahrungen ist weder durch die kognitive Reflexion im Einzelgespräch, noch durch eine allgemeine Thematisierung im Gruppenkontext aufzufangen. Vielmehr geben die Gruppendiskussionen, die mit zeitlichem Abstand nach der Simulationserfahrung durchgeführt wurden, Hinweise darauf, dass die Teilnehmerinnen in ihren Diskussionsbeiträgen die beschriebenen Symptome für kognitive und emotionale Überforderung zeigen, obwohl sie sich *vor* der Simulationserfahrung durchaus der Aufgabe gewachsen fühlten.

Da es fraglich ist, inwiefern ein Programm, dessen zentrales Ziel die Einsicht in Kompetenzdefizite ist, zu positiv verstärkender Anerkennung, Selbstvertrauensstärkung und der Vermittlung von Wohlbefinden führen kann, gilt es also nach Lernsettings Ausschau zu halten, die Überforderungserfahrungen konsequent vermeiden und zur Vermittlung von positiven Lernemotionen in der Lage sind. Diese sollen zugleich den Lerninhalt des Kinderschutzes positiv transportieren können, ohne über kollektive Defizitzuschreibungen, disziplinierende Erziehungsmaßnahmen und Kontrollmechanismen der moralischen Verurteilung (vgl. Thiessen und Wallner in diesem Band) das Wort zu reden sowie Lebenswege flankieren und begleiten, statt pädagogisch legitimiert abzuwerten. Für den Simulator aber gilt: In der Überzeugung, mit einem vermeintlichen Patentrezept ‚sehr viel Gutes' zu tun, wird der Simulator vielmehr auch zum Instrument der Geburtensteuerung, indem frühe Schwangerschaft und Abtreibung als schichtspezifisches Individualversagen kommuniziert und der Strafdiskurs weiblicher Sexualität im Kontext von Kindeswohlgefährdungen (wieder)belebt wird. Fertilität, Kinderwünsche und das darin liegende weibliche Potenzial werden durch die Mahnung vor (expansiver) Sexualität skandalisiert und sanktioniert. Die Konfrontation mit der, in diesem Zusammenhang unweigerlich folgend, unterstellten Kindeswohlbedrohung führt zurück zur Schande der „gefallenen Mädchen" (vgl. Wallner in diesem Band) und lenkt gleichsam den Blick hin auf Kindeswohlgefährdungen, und weg von den strukturellen Bedingungen und Problemkumulationen auf eine qua Alter und Bildungsstand zu lösende Individualaufgabe der Jugendlichen zum Ende ihrer Schullaufbahn – auch und gerade, wenn sie sich mit der biografischen Situation bzw. Option früher Mutterschaft auseinandersetzen.

3. Marginalisierungen

Strukturelle Marginalisierungsbedingungen treten in den Simulationskontexten hinter ein Bild von gesellschaftlich *un*erwünschter Elternschaft zurück. Jugendliche werden mit ihrer antizipierten Chancenlosigkeit konfrontiert, ohne eine nachhaltige Bearbeitungsmöglichkeit und Zugänge zu biografischen Ressourcen zu finden. Ihre individuelle Lebensplanung wird zum problematischen, gesellschaftlich unerwünschten Risikoverhalten erklärt oder qua kultureller Zuschreibungen ethnisiert (vgl. Spies 2008a, 253 ff.). Eine Konfrontationsstrategie, die über die Kooperationseinigkeit zwischen Sozialer Arbeit und Bildungsinstitutionen das „Präventionsdilemma" zu umgehen weiß, nach dem von hoher Teilnahmebereitschaft bei wenig gefährdeten Gruppen und umgekehrt proportionaler Ablehnung und fehlender Motivation bei Risikogruppen ausgegangen wird (vgl. Bauer 2005). Es scheint, als würde über die Orientierung an den Möglichkeiten von Technik und Schockeffekten[7] Parteilichkeit als fachliches Prinzip durch Konfrontation ersetzt und die Einmischung in Bewertungen familialer Lebensformen und Lebensstile durch die Unangreifbarkeit des Kinderschutzpostulats unhinterfragt zur neuen „Denkanleitung" pädagogischer Arbeit. Die so transportierte soziale Verurteilung ist mit einer Verfestigung von ohnehin vorhandenen Scham- und Selbstabwertungsgefühlen verbunden und führt als

---

[7] Insbesondere die Puppen mit „Drogenschädigung", „Alkoholschädigung" und jene mit gläsernem Kopf zur Demonstration von „Schütteltraumata" sind auf Schockeffekte angelegt.

Folge der Marginalisierung schließlich zu einem isolierenden Zuwachs an Tabuisierung von Hilfebedarfen (vgl. Spies 2008a, 285).

Es liegt nahe, in der Konfrontation der Mädchen in niedrigqualifizierenden Bildungsgängen eine Form der Vermittlung gesellschaftlich unerwünschter Fertilität zu vermuten: Den Mädchen wird die bis dahin durchaus attraktive, weil in ihrem Umfeld in der Regel sozial (auch) anerkannte Option Mutterschaft strittig gemacht, denn hier wird diese Generation der sozial benachteiligten Bevölkerungsschicht (verdeckt) auch „im Raster von Quantität und Qualität, Ressource und Bedrohung diskutiert, (mit der) Folge einer doppelt differenzierten Fertilität" (Etzemüller 2007, 41), die über eine erfolgreiche (aber de facto hochproblematische) Einmündung in den Erwerbsarbeitsmarkt die Berechtigung zur Familiengründung erwerben soll.

Da die Bedürfnisse des künftigen Kindes, nicht aber der aktuellen Jugendlichen im Mittelpunkt der Simulationspraxis stehen, ist außerdem die Reaktivierung der Säuglingspflege als Unterrichtsthema und als gesundheitsfürsorgerischer Bestandteil des Kinderschutzes gegeben, wenn Themen des Kinderschutzes als Transferlernstoff verstanden werden, die quasi das ‚Risiko' der Selbstreflexion einschließen, keineswegs aber an Schutzindikatoren ausgerichtet sind. Denn es ist unklar, welche Folgen diese Konfrontationen für jugendphasentypische Identitätsbildungsprozesse haben, wenn Nachdenklichkeit über die vielleicht schädigenden Bedingungen des *eigenen* Aufwachsens in psychosoziale Krisen führen (vgl. Spies 2008a).

Es ist nahe liegend, dass ein Beratungs- und Hilfesystem angesichts des heimlichen Lehrplans der Simulationen und der über die Schulkooperationen so eindeutig kommunizierten Maßstäbe für normativ gewünschte Lebenswege mit einem Vertrauensverlust rechnen muss, da es – gemeinsam mit Schule – Einstellungen kontrollierend prüft und insofern nicht länger parteilicher Ansprechpartner für die Unterstützung der eigenen Lebensweggestaltung und der Auseinandersetzung mit biografischen Optionen und Gegebenheiten sein kann. Statt der Flankierung von individuellen Lebenswegen wird nunmehr ein Menschenbild vertreten, das suggeriert, man müsse Jugendliche aus benachteiligten sozialen Schichten über vermeintlich ´richtige` Elternschafts- und Erziehungspostulate aufklären, indem sowohl deren eigene Erziehungserfahrungen als auch ihre Versorgungskompetenzen abgewertet werden. Unter dem Label der frühen Elternbildung (vgl. Chamakalayil in diesem Band) und dem Lernziel „Verantwortung" werden vor allem junge Frauen und Mütter offen marginalisiert. Dadurch sind wiederum Beeinträchtigungen in Selbstorganisation und Wahrnehmung der persönlichen Fähigkeitsstruktur zu erwarten – und die Folge der Simulation mag sodann diametral entgegen der beabsichtigten Wirkung liegen.

4. „Girls Work" – Lernarrangement Schülerfirma

Eine multiperspektivische Lern-, Integrations- und Hilfegelegenheit an der Schnittstelle zwischen Schule(n) und Jugendhilfe könnte möglicherweise über eine *Schülerfirma* installiert werden. Sie müsste als Lern- und Bildungssetting angelegt werden, das ressourcen- und resilienzorientiert zur Erweiterung der Handlungskompetenzen benachteiligter Jugendlicher bzw. als Orientierungshilfe für junge Frauen mit frühem Kinderwunsch dient. Im Sinne des Empowerment-Ansatzes wäre hierfür ein Modell der interdisziplinären Kooperation zu entwickeln, das darauf zielt, junge Menschen für eigenverantwortliches Lebensmanagement auszurüsten und ihnen Möglichkeitsräume erschließbar zu machen, in denen sie sich die Erfahrung der eigenen Stärke aneignen und Muster solidarischer Vernetzung erproben können.

Wie von Geyer (2005, 9 ff.) beschrieben, würden Handlungs- und Methodenkompetenz sowie soziale und personale Kompetenzen und Nachhaltigkeitsbildung als Qualifikationsmaßstäbe den Zielrahmen der Schülerfirma bilden. Dafür wäre eine schul- und jugendhilfekompatible Kooperationsgrundkonzeption zu entwickeln, die die folgenden Grundprinzipien einschließt und die vier Ebenen (Individualebene, Gruppenebene, institutionelle Ebene, (lokal)politische Ebene) der Empowerment-Praxis berücksichtigt:

a) Jugendliche sollen zur Entdeckung der eigenen Stärken ermutigt werden, um Selbstwert und Kompetenzen zu entwickeln. Ihnen sind Erfahrungen zu vermitteln, um alltägliche Lebenssituationen in eigener Regie bewältigen zu können. Damit wären sie in der Lage, Vertrauen in die Fähigkeit zur Selbstbestimmung und Lebenssouveränität aufzubauen und Ressourcen zu erkennen, die sie nutzen können, um in neuer Weise Handlungsfähigkeit, Selbstwert und soziale Anerkennung zu erfahren. Dieses entspräche ihrem Bedarf an Peer-Bezügen und böte neue Lerngelegenheiten, um selbstorganisiert solidarische Netzwerke zu gestalten und die Erfahrung zu machen, dass sie sich einmischen, ihre Umwelt mitgestalten und an Entscheidungen teilhaben können.

b) Familien können niedrigschwellige Zugänge zu Bildungsangeboten ermöglicht werden (vgl. Rupp/Smolka 2006), um die Kluft zwischen Bildungsinstitution und Eltern zu überbrücken (vgl. Bauer 2006).

c) Schulprogramme und berufsorientierende Lernfelder werden in die institutionelle Kooperation zwischen Jugendhilfe und Schule eingebunden, da die gemeinsame Gestaltung und Verantwortung des Settings erforderlich ist, damit Schule sich weit(er)hin zum Gemeinwesen öffnet.

d) Erträge können mit Blick auf Sozialraum und sozialpolitische Strukturen erbracht werden und z. B. sowohl an schulische Infrastruktur[8], als auch an Stadtteil- und Kommunikationszentren anschließen.

Im Sinne des Kinderschutzanliegens könnte entlang dieser Maximen und unter Berücksichtigung der Zugangsprobleme bei Vernachlässigung kleiner Kinder (vgl. Machann/Rosemeier 1998) in Anlehnung an das Modellprojekt „Lieber alle Säuglinge und Kleinkinder vor Vernachlässigung bewahren" des DKSB-Landesverband NRW e. V., eine multiprofessionell und interdisziplinär unterstützte Schülerfirma entwickelt werden, innerhalb derer die Simulationspuppe (allerdings ohne die aktuell gängigen Projektvorgaben) möglicherweise auch als Trainings- oder Demonstrationsinstrument eingesetzt werden könnte. Eine solche Schülerfirma[9] würde zunächst an den von Wihstutz (2007) als „Girls Work" ausführlich beschriebenen, meist (unsichtbaren) Haus- und Sorgearbeiten von Mädchen sowie ihren Netzwerkkompetenzen ansetzen und zugleich die Option Mutterschaft ernst nehmen, aber ebenso offen für Jungen sein, die hier ebenfalls ein expandierendes Berufsspektrum erproben können. Ein Bausteinsystem mit unterschiedlichen Komponenten ist hier denkbar:

- Second-Hand-Verkauf von (Kinder)Kleidung und -Zubehör
- Müttercafé in Verbindung mit
    o Stillgruppe und
    o Krabbel- und Spielbetreuung als offener Spieltreff für Kinder unter 6 Jahren
- Babysitteragentur
- Hausaufgabenhilfe
- Mittagstisch
- Kultur- und Infomarketing

---

[8] Ähnlich wie dies aktuell an nordrhein-westfälischen Schulen erprobt wird, um dem Schutzauftrag bei Kindeswohlgefährdung nachzukommen: Hier werden korrespondierend zum § 8a SGB VIII in § 42 (6) des Schulgesetzes die Fach- und Lehrkräfte der offenen Ganztagsgrundschulen verpflichtet, *gemeinsam* den Kinderschutz zu verbessern. Das gilt insbesondere dann, wenn Hinweise auf Vernachlässigung und Misshandlung von Kindern erkennbar sind. Es versteht sich von selbst, dass Lern- und Lebenssituationen frühzeitig erkennen, hinterfragen und beurteilen zu können.

[9] Die Firma ist auch als Alternative zu den für Mädchen durchaus zu negativen Motivationseffekten führenden gängigen Angebote des außerschulischen Lernens in Betrieben (vgl. Niehaus 2006) zu denken.

- Eventgestaltung
- u. a.

Diese als Auswahl gelisteten Elemente entsprechen den positiven Erfahrungen im nordrhein-westfälischen Modellprojekt, das über Verkaufs- und Einkaufsmöglichkeiten, offene Kommunikationsangebote in Verbindung mit Kinderbetreuung, niedrigschwellige, sozialraumbezogene Zugänge zum Hilfesystem der Vernachlässigungs- und Misshandlungsprävention und den entsprechenden Beratungsangeboten eröffnen konnte – die über die fachliche Begleitung präsent waren, aber nicht im Vordergrund standen (vgl. Huxoll/Hohenstein 2001).

Eine solche Schülerfirma bietet neben betriebswirtschaftlichen Grundlagen eine handlungsorientierte Möglichkeit der Gesundheitsbildung zum Thema Ernährung und einen Einblick in Tätigkeiten der zugehörigen Berufsfelder. Außerdem kann sie jenen jungen Menschen, die sich in ihrer beruflichen Orientierung dem sozialen Bereich zuwenden – und das sind in erster Linie Mädchen, die dies u. a. auch mit Blick auf eigene Kinderwünsche tun (vgl. Spies 2005) – eine Chance bieten, das Berufsfeld (im Kontrast zu kaufmännischen Tätigkeiten und Dienstleistungen) kennen zu lernen. Die Firma ist auch als Alternative zu den für Mädchen durchaus zu negativen Motivationseffekten führenden, gängigen Angeboten des außerschulischen Lernens in Betrieben (vgl. Niehaus 2006) zu denken.

Im Zusammenhang mit der Schülerfirma sind außerdem Angebote der Familienbildung denkbar, die als Kultur- oder Informationsveranstaltungen organisiert und durchgeführt werden. Ein Eventbaustein könnte sowohl kulturelle Erfahrungsräume und weitere Berufsfelder erschließen als auch die in berufspädagogischen (vgl. Niemeyer 2004) und lernpsychologischen Studien (vgl. Moschner 2003) als förderlich belegten, situierten Lernmöglichkeiten mit praktischer Konsequenz und intrinsischem Motivationsgewinn schaffen.

Möglichst viel Steuerung und Gestaltung muss bei einem solchen Projekt in den Händen der Jugendlichen liegen, damit sich nicht auch hier ein heimlicher Lehr- und Kontrollplan – und die Gefahr ist zweifellos gegeben – einschleichen kann. Zugleich hat die (sozial)pädagogische Begleitung einer solchen Schülerfirma einen Spagat zu bewältigen: Sie hätte nicht nur inhaltliche und wirtschaftliche Hilfefunktionen, sondern wäre auch dafür zuständig, über beraterische Unterstützungsfunktionen, Informationen und Zugänge zum Hilfesystem (z. B. über sachgerechte Informationen zur Sozialpädagogischen Familienhilfe oder zu den gemeinsamen Wohnformen für Mütter/Väter und ihre Kinder ebenso wie zum Recht auf Beratung in Trennungs- und Scheidungssituationen) zu vermitteln. Außerdem müsste sie die Bedingungsgefüge, die zu Kindeswohlgefährdungen führen können (vgl. Bender/Lösel 2005), im einzelnen Bedarfsfall bearbeiten können. Und dies ebenso in Bezug auf psychosoziale Belastungen der Jugendlichen reflektieren, die ja möglicherweise mit eigenen Kränkungen, Verletzungen, Traumatisierungen, Konflikten und Sozialisationsbedingungen konfrontiert werden, wenn sie für ihre Aufgaben innerhalb ihrer Firma ‚geschult' und unterstützt werden – also, wenn sie z. B. in der notwendigen, begleiteten Reflexion ihrer praktischen Erfahrungen mit Belastungen und Aggressionen umgehen müssen und die strukturelle Begrenztheit aufgrund von Marktbenachteiligung ihren Blick weg vom vermeintlich individuellen Versagen, hin zu sozialer Ungerechtigkeit und sozialer Selektion lenkt.

Um eine solche – an erfolgreiche Projekte schulischer Entwicklungen anschließende – Schüler(innen)firma tatsächlich auch als biografische Stütze in Fragen der Lebensplanung und zugleich als ‚Türöffner' für den Erwerbsarbeitsmarkt nutzen zu können, benötigen die Jugendlichen neben der Anleitung zur wirtschaftlichen Umsetzung vor allem verlässliche Personen, die Coaching- oder Mentoringfunktionen übernehmen, dauerhafte AnsprechpartnerInnen sind und sie in der Entwicklung von Selbsthilfestrategien unterstützen, ihnen Anregungen, Starthilfen und klare Orientierungen geben. Das müssen fachlich versierte Personen sein, die zu einem wertschätzenden, prozessorientierten, individuellen und flexiblen Beraten, Handeln, Stützen und Managen in der Lage sind, damit ein solches Lernsetting die intrinsische Motivation fördern, zu Selbstwertvergewisserung und Kompetenzerwerb beitragen, den Beratungsbedarf decken und letztlich zu individuell verwertbaren, biografisch relevanten, also nachhaltig „nützlichen" Erfahrungen verhelfen kann, die – ohne dass die gesellschaftlich vorgegebene Reihenfolge von Ausbildung und Familiengründung eine Rolle spielt – die Bedürfnisse und Alltagsorganisationsfragen von Mutter und Kind im Schwangerschafts- und Mutterschaftsfall berücksichtigen und auch die (künftigen) Väter adäquat einbeziehen.

Dafür müssten die kooperierenden Institutionen zunächst klären
- ➢ inwieweit sie Gender- und Schichtaspekte und Ethnizität als relevante Aspekte berücksichtigt haben,
- ➢ welchen Markt die Schülerfirma mit welchen „Produkten" bedienen will und kann,
- ➢ welchen Beitrag welche Institution leisten kann,
- ➢ welche vertraglichen Kooperationsabsicherungen dafür nötig sind,

> welche politische und wirtschaftliche Unterstützung von außen zu erwarten bzw. einzuwerben ist.

Es stellt sich natürlich die Frage, ob nicht eine solche Schülerfirma und auch die beteiligten Institutionen angesichts der hier skizzierten Komplexität in ihrem Gefüge und in ihrem Anspruch von innen und außen überfrachtet würden und man angesichts der, ohnehin nur schwer zu bewältigenden Herausforderungen in der Organisationsentwicklung zu Kindeswohlgefährdung (vgl. u. a. Merchel 2007) und der Schulprogrammentwicklung (vgl. u. a. Holtappels 2004, Helsper 1998) nicht besser auf die Erprobung eines solch anspruchsvollen Modells verzichten sollte. Gegen einen solchen Verzicht sprechen aber Innovationsbedarf zum Abbau sozialer Benachteiligungen im Bildungssystem, sowie der Handlungsdruck, Lerngelegenheiten zu Familienbildung und Gesundheitsförderung sowie der Zugänge zum Hilfesystem an geeigneter Stelle zu platzieren und Lebensmodelle von Alleinerziehenden und von jungen Familien vor dem Berufseinstieg strukturell und unter Berücksichtigung der Pluralisierung von Familienformen zu unterstützen.

Mit der Schülerfirma böte sich die Möglichkeit, die Deutungsebene der biografischen Option früher Mutterschaft als Problemverhalten zu verlassen, über die zu erwartenden Peer-Education-Effekte zur Integration in soziale Netzwerke beizutragen, zugleich Anlaufpunkte für Adoleszenzkonflikte zu bieten und sozial emotionale Kompetenzen und Selbsthilfefertigkeiten zu stärken. Hier entstünde vielmehr eine rahmende Plattform, um in unterschiedlichen Kontexten Zweifel zu bearbeiten, statt selbige (wie in der Simulatorenpraxis) zu schüren, und um über die Kompetenzorientierung das Unabhängigkeitsstreben junger Menschen ernst zu nehmen. Die Schülerfirma könnte zudem im Gesamtkontext der Bemühungen zum Abbau der Barrieren im Hilfesystem (vgl. Singe 2007) nützlich sein.

Hier sollten sich die für frühe Elternschaft dokumentierten Reifezuwächse ebenso wie Verantwortungsfähigkeit und Organisationsgeschick beweisen (können). Diejenigen (Mädchen), die wegen der Verantwortung, die sie innerhalb ihrer Familien für kleinere Geschwister übernehmen – und aus diesem Grund vielleicht in ihrer eigenen Bildungsbiografie behindert werden – würden Entlastung finden. Die Verantwortungsübernahme in der Schülerfirma böte außerdem ein Lernfeld, um mit geringem Budget zu wirtschaften und eine tatsächliche Schwangerschaft würde zu einem zwar kritischen, aber bewältigbaren Lebensereignis, das keineswegs in die persönliche Katastrophe (vgl. Plies/Nickel/Schmidt 1999), sondern lediglich in einen neuen

Lebenskontext führen würde, weil das „kritische Lebensereignis" für „entwicklungsgemäßen Wandel (...) potentiell zu persönlichem ‚Wachstum' beitragen" wird (Filipp 1981, 8). Eine entsprechend entemotionalisierte, wertneutrale Betrachtung früher Mutterschaft könnte weiterhin dazu beitragen, sie als weibliche Bewältigungsstrategie (vgl. Böhnisch/Funk 2002) und als geschlechts- und milieuspezifische Handlungsweise (vgl. Dörr 2002) angesichts struktureller Bedingungen und individueller Wünsche *anzuerkennen*. Gängige Defizitdeutungen als Coping- bzw. Vermeidungsstrategie würden damit obsolet und die notwendige Unterstützung von positiven Haltungen junger Mütter (vgl. Fiechtner-Stolz/Bracker 2006) erleichtert. In der Konsequenz müsste sich auch ihr Dunkelzifferanteil an der schulischen „Dropoutrate" verringern, denn wenn Mädchen die Schule abbrechen, sind die Gründe dafür meist „Schwangerschaft, Unterstützung von Familienmitgliedern, psychotische Erkrankungen, Mobbing – (weswegen) sie seltener als Dropouts registriert werden" (vgl. Stamm 2007, 23). Während gerade jene jungen Frauen über ihre Mutterschaft oder Familienarbeit vielfache Nachteile erfahren, gibt es an anderer Stelle systematische Überlegungen, Familienkompetenzen als Innovationspotenzial für die betriebliche Personalentwicklung beschreibbar und nutzbar zu machen (vgl. Gerzer-Sass 2004) – ein sozialpolitisches Ungleichgewicht, das auf die unsichtbare Arbeit, die Mädchen leisten, ihre Motive und Erträge aus i. d. R. unbezahlter Hausarbeit oder verantwortungsvollen, pflegerischen Tätigkeiten hinweist (vgl. Wihstutz 2007).

Die hier skizzierte Schülerfirma ist auch als Beitrag zur Gestaltung von Übergängen jenseits des Normalarbeitsverhältnisses zu verstehen, will aber auch, ähnlich wie andere Schülerfirmen, in erster Linie kreative Handlungsspielräume (vgl. Walther/Stauber 2002) und erwerbsbiografische Gestaltungskompetenzen zu eröffnen versuchen. Insofern wäre die – nur als Kooperationsprojekt zwischen Jugendhilfe und Schule denkbare – Firma auch eine Stärkungsstrategie, die zur Minimierung von biografischen Risiken beitragen könnte. Als Teil einer gesundheitsfördernden (Schul)Sozialarbeit in Kooperation mit Schule (vgl. Bauer 2005) würden z.B. Öffnungsmöglichkeiten von Schule erweitert, ohne dass selbige Sorge haben muss, vereinnahmt zu werden (vgl. Hänsel/Schwager 2000). Ein Modell, das – im Idealfall – auch anschlussfähig wäre an erfolgreiche Konzepte wie jene der Familienhebammen, an stadtteilintegrative Hilfen (vgl. Gehrmann u. a. 2007) oder niedrigschwellige, interkulturelle und integrative Elternkontaktangebote, die z. B. bereits über gemeinsame Frühstückstreffangebote ihre Zielgruppe gut erreichen. Zugleich bietet sich hier für die pädagogisch Verantwortlichen ein ‚Übungsfeld', in dem schulformunabhängig die überfällige „multiprofessionelle Kooperation" (Otto 2008, 46), die ihrerseits vielleicht – besonders angesichts des notwendigen Umdenkens hinsichtlich der Zielgruppe und der erwünschten Effekte – die größte Herausforderung und zugleich dringendste Entwicklungsoption für einen „institutionalisierten Begleitschutz" (Otto 2006, 382) ist.

Literaturverzeichnis

Bauer, Petra (2006): Schule und Familie – Reflexion zur Gestaltung einer schwierigen Partnerschaft. In: Bauer, Petra/Brunner, Johannes (Hrsg.): Elternpädagogik. Von Elternarbeit zur Erziehungspartnerschaft. Freiburg im Breisgau. S. 107-128

Bauer, Ullrich (2005): Das Präventionsdilemma. Potenziale schulischer Kompetenzförderung im Spiegel sozialer Polarisierung. Wiesbaden

Bender, Doris/Lösel, Friedrich (2005): Misshandlung von Kindern: Risikofaktoren und Schutzfaktoren. In: Deegener, Günther/Körner, Wilhelm (Hrsg.): Kindesmisshandlung und Vernachlässigung. Ein Handbuch. Göttingen. S. 317 – 346

Böhnisch, Lothar/Funk, Heide (2002): Soziale Arbeit und Geschlecht. Theoretische und praktische Orientierung. Weinheim, München

Bundschuh, Konrad (2003): Emotionalität, Lernen und Verhalten. Ein heilpädagogisches Lehrbuch. Bad Heilbrunn

Dörr, Margret (2002): Gesundheit und Soziale Differenz: Die Gender-Perspektive. In: Homfeldt, Hans Günther/Laaser, Ulrich/Prümel-Philippsen, Uwe/Robertz-Grossmann, Beate (Hrsg.): Studienbuch Gesundheit. Soziale Differenz – Strategien – Wissenschaftliche Disziplinen. Neuwied. S. 65 – 84

Etzemüller, Thomas (2007): Ein ewigwährender Untergang. Der apokalyptische Bevölkerungsdiskurs im 20. Jahrhundert. Bielefeld

Fiechtner-Stolz, Irene/Bracker, Maren (2006): Lebenswelten minderjähriger Mütter. In: Cloos, Peter/Thole, Werner (Hrsg.): Ethnografische Zugänge. Professions- und adressatInnenbezogene Forschung im Kontext von Pädagogik. Wiesbaden. S. 117 – 138

Filipp, Sigrun-Heide (1981): Ein allgemeines Modell für die Analyse kritischer Lebensereignisse. In: dies. (Hrsg.): Kritische Lebensereignisse. München, Wien, Baltimore. S. 3 - 52

Gehrmann, Gerd/Müller, Klaus D./Säuberlich, Uwe (2007): Prävention verhindert Krisen. In: Sozialmagazin. 32. Jg., Heft 4/2007. S. 58 – 61

Gerzer-Sass, Annemarie (2004): Familienkompetenzen als Potential einer innovativen Personalpolitik. In: Hungerland, Beatrice/Overwien, Bernd (Hrsg.): Kompetenzentwicklung im Wandel. Auf dem Weg zu einer informellen Lernkultur? Wiesbaden. S. 87 – 108

Geyer, R. (2005): Schulunternehmen – eine andere Form des Unterrichts. Rinteln

Goy, Antje (2005): Peerteaching - Doppelt gelernt hält besser. In: Sozialmagazin 30. Jg., Heft 4/2005. S. 24 - 33

Hänsel, Dagmar/Schwager, Hans J. (2000): Hilfesysteme bei gesundheitlichen Belastungen von Schülern. Schule im Netz medizinischer, sozialer und sonderpädagogischer Institutionen. Weinheim, München

Helsper, Werner/Böhme, Jeanette/Kramer, Rolf T./Lingkost, Angelika (1998): Entwürfe zu einer Theorie der Schulkultur und des Schulmythos – strukturtheoretische, mikropolitische und rekonstruktive Perspektiven. In: Keuffer, Josef/Krüger, Heinz-Hermann/Reinhard, Sybille/Weise, Elke/Wentzel, Hartmut (Hrsg.): Schulkultur als Gestaltungsaufgabe. Weinheim. S. 29 - 75

Holtappels, Heinz Günter (2004): Schule und Sozialpädagogik – Chancen, Formen und Probleme der Kooperation. In: Helsper, W./Böhme,J. (Hrsg.): Handbuch der Schulforschung. Wiesbaden. S. 465 – 482

Huxoll, Martina/Hohenstein, Heide (2001): Lieber alle Säuglinge und Kleinkinder vor Vernachlässigung bewahren – Ein Praxis-Projekt zur Prävention von Vernachlässigung. In: Kindesmisshandlung und –vernachlässigung. Interdisziplinäre Zeitschrift der Deutschen Gesellschaft gegen Kindesmisshandlung und –vernachlässigung e. V.. 4. Jg. Heft 1/2001. S. 46 – 63

Machann, Günter/Rosemeier, Claus-Peter (1998): Zugangsprobleme bei Vernachlässigung kleiner Kinder. In: Kindesmißhandlung und – vernachlässigung. Interdisziplinäre Zeitschrift der Deutschen Gesellschaft gegen Kindesmisshandlung und – vernachlässigung e. V. Heft 1. S. 18 – 31

May, Michael (2007): Jugendberufshilfe – oder der immer wieder neue Versuch, strukturellen und institutionellen Diskriminierungen pädagogisch zu begegnen. In: Neue Praxis. Zeitschrift für Sozialarbeit, Sozialpädagogik und Sozialpolitik. 37. Jg., Heft 4/2007. S. 420 – 435

Merchel, Joachim (2007): Mängel des Kinderschutzes in der Jugendhilfe. Zwischen individuellem Fehlverhalten und Organisationsversagen. In: Sozialmagazin. Die Zeitschrift für Soziale Arbeit. 32. Jg. Heft 2/2007. S. 11 – 18

Moschner, Barbara (2003): Wissenserwerbsprozesse und Didaktik. In: Moscher, Barbara/Kiper, Hanna/Kattmann, Ulrich/Eichler, Wolfgang (Hrsg.): PISA 2000 als Herausforderung: Perspektiven für Lehren und Lernen. Hohengehren. S. 3 – 64

Münchmeier, Richard (2005): Entstrukturierung der Jugendphase – Chancen und Risiken für den Berufseinstieg. In: Deutsche Kinder- und Jugendstiftung (Hrsg.): Jung. Talentiert. Chancenreich? Beschäftigungsfähigkeit von Jugendlichen fördern. Opladen. S. 29 – 45

Niehaus, Mathilde (2006): Externe Evaluation des Modellversuches „Hand-Werk-Lernen": Einschätzung nachschulischer Akteure. http://www.hrf.uni-koeln.de/de/arbeitreha/content/ [Zugriff 14.08.2007]

Niemeyer, Beatrix (2004): Re-Integration: verfügbar unter http://www.biat.uni-flensburg.de/biat.www/Projekte/Re-Integration/reccomm-deutsch.pdf. [Zugriff 24.08.2007]

Otto, Ulrich (2008): „Ich kann was, was Du nicht kannst!" – Warum die Kooperation mit anderen Professionen so wichtig ist und so schwierig ist – und vielleicht zukunftsentscheidend für die Soziale Arbeit. In: Sozialmagazin, 33. Jg. 1/2008, S. 45-47

Otto, Ulrich (2006): Die „Standards for School Social Work Services" der NASW im Licht der deutschen Diskussion über schulbezogene Soziale Arbeit. In: Zeitschrift für Sozialpädagogik 4. Jg. 2006, H. 4, S. 360-382.

Pfahl, Lisa (2006): Schulische Separation und prekäre berufliche Integration: Berufseinstiege und biographische Selbstthematisierung von Sonderschulabgänger/innen. In: Spies, Anke/Tredop, Dietmar (Hrsg.): „Risikobiografien" Benachteiligte Jugendliche zwischen Ausgrenzung und Förderprojekten. Wiesbaden. S. 141 – 156

Plies, Kerstin/Nickel, Bettina/Schmidt, Peter (1999): Zwischen Lust und Frust. Jugendsexualität in den 90er Jahren. Ergebnisse einer repräsentativen Studie in Ost- und Westdeutschland. Opladen

Prager, Jens U./Wieland, Clemens (2005): Jugend und Beruf. Repräsentativumfrage zur Selbstwahrnehmung der Jugend in Deutschland: http://www.bertelsmann-stiftung.de/bst/de/media/Studie_Jugend_und_Beruf.pdf [Letzter Zugriff 24.08.2007]

Rupp, Marina/Smolka, Adelheid (2006): Empowerment statt Pädagogisierung – Die Bedeutung niedrigschwelliger Konzepte für die Familienbildung. In Bauer, Petra/Brunner, Ewald Johannes (Hrsg.): Elternpädagogik. Von Elternarbeit zur Erziehungspartnerschaft. Freiburg im Breisgau. S. 193 – 214

Singe, Georg (2007): Hilfe, wenn die Eltern überfordert sind. Das Projekt "Kinder brauchen eine Familie" als systematisches Modell niedrigschwelliger Arbeit. In: Neue Praxis. Zeitschrift für Sozialarbeit, Sozialpädagogik und Sozialpolitik. 37. Jg., Heft 1/2007. S. 96 – 100

Spies, Anke (2008a): Zwischen Kinderwunsch und Kinderschutz. Babysimulatoren in der pädagogischen Praxis. Wiesbaden

Spies, Anke (2008b): Beruf und Arbeit. In: Otto, Hans-Uwe / Coelen, Thomas (Hrsg.): Grundbegriffe der Ganztagsbildung. Das Handbuch. Wiesbaden (i. D.)

Spies, Anke (2005): Kinder statt Beruf? Zukunftsoptionen benachteiligter Mädchen am Übergang von der Schule in den Beruf. In: Unsere Jugend. 57. Jahrgang. Heft 12/2005. S. 522-532

Stamm, Margrit (2007): Die Zukunft verlieren? Schulabbrecher in unserem Bildungssystem. In: Zeitschrift für Sozialpädagogik (ZfSp). 5. Jg. Heft 1/2007. S. 15 – 36

Walther, Andreas/Stauber, Barbara (2002): Yo-yo's at work – ein europäisch-vergleichender Blick auf Handlungsspielräume junger Frauen und Männer. In: Neue Praxis. Zeitschrift für Sozialarbeit, Sozialpädagogik und Sozialpolitik. 32. Jg., Heft 3/2002. S. 268 – 285

Wihstutz, Anne (2007): The significance of care and domestic work to children: A German Portrayal. In: Hungerland, B./Liebel, M./Milne, B./Wihstutz, A. (editors): „Working to be someone" Child focussed research and practice with working children. Jessica Kingsley Publishing House, London, Philadelphia, S. 77 – 86

Ziehe, Thomas (2005a): Die Eigenwelten der Jugendlichen und die Anerkennungskrise der Schule. In: Horster, Detlef, D./Oelkers, Jürgen (Hrsg.): Pädagogik und Ethik. Wiesbaden. S. 277 – 291

Ziehe, Thomas (2005b): „PostEnttraditionalisierung". In: Kursiv. Journal für politische Bildung. 4/2005. Schwalbach. S. 64 – 74

Einstweilen: Eine vorläufige Collage zum Abschluss

Die in diesem Band gesammelten Beiträge umreißen die Bandbreite der Aufgaben, die sich angesichts der ungewöhnlichen Lebenssituation früher Mutterschaft für den theoretischen Diskurs und für die praktische pädagogische/soziale Arbeit stellen. Gemeinsam geben die unterschiedlichen Perspektiven ein Bild der Aufgaben, die alle zusammen nicht nur eine sozialpädagogische, sondern gleichfalls eine berufspädagogische und bildungsplanerische *gemeinsame* Herausforderung sind.

Für die Soziale Arbeit ist offensichtlich ein Umdenken nötig, das:

- ➢ die Differenzierungsnotwendigkeiten hinsichtlich der Vielfalt der Lebenslagen junger Mütter berücksichtigt, die Barbara Thiessen zusammen gefasst hat,
- ➢ die sozialpädagogische Perspektive, die Barbara Stauber ausführlich erörtert, in aller Konsequenz für die Praxis zur gültigen Orientierungsmaxime erklärt, und
- ➢ sich trotz geringer Zahlen bzw. *wegen* der geringen Zahlen subjektbezogen und wertschätzend anerkennend für zuständig erklärt und fühlt.
- ➢ Claudia Wallner hat dargelegt, dass die in den Rechtsgrundlagen vorgesehenen Möglichkeiten und Maßstäbe noch längst nicht flächendeckend und regelhaft, sondern höchstens modellhaft (und mit Lücken) in der Ausgestaltung praktischer Jugendhilfe ausgeschöpft werden, und
- ➢ ebenso wie die von Marianne Friese erörterten Notwendigkeiten der Umstrukturierung im Bildungs- und Ausbildungssystem, generell Eingang in die Strukturierung von pädagogischen Angeboten und praktischer Unterstützung finden müssen.

Dafür ist das von Claudia Wallner umrissene, historische Erbe zum Umgang der Jugendhilfe mit schwangeren Mädchen und jungen Müttern aufzuarbeiten, das auch bedeutet, sich zunächst:

- ➢ konsequent gegen aktuelle mediale Inszenierungen und Dramatisierungen abzugrenzen,
- ➢ und in ein langes, unrühmliches Kapitel sozialer Arbeit hineinzuschauen – statt die restriktiven, schädlichen, ausgrenzenden und menschenverachtenden Haltungen medial und praktisch zu reproduzieren.

Das ist keine geringe Aufgabe, denn angesichts der historischen Gewordenheit ist hier ein insgesamt recht dunkles Kapitel von Jugendhilfe und Sozialer Arbeit aufzuarbeiten, das letztlich lange vor der Sozialen Arbeit beginnt: Das „Gretchen" in Goethes Faust, auf das Barbara Thiessen verweist, gründet auf dem Schicksal von Susanna Brand, die 1772 in Frankfurt hingerichtet wurde. Sie fällt letztlich der damaligen „moral panic" zum Opfer, deretwegen sie ihr Kind tötet und selbst getötet wird, wie Ruth Berger (2007) in ihrer belletristischen Fallrekonstruktion „Gretchen" darlegt. Ein biografischer Verlauf, den man im ausgehenden 18 Jahrhundert, u.a. durch die sich im medizinischen Kontext entwickelnden Gebärhäuser für unverheiratete Schwangere zu lösen versuchte.

So ist die gegenwärtig zu beobachtende, vor allem medial gesteuerte Tendenz, mit früher Schwangerschaft zugleich sittlichen Verfall oder moralische Verfehlung zu assoziieren, einerseits ein historisches Erbe – oder besser gesagt eine historische Bürde – die aber bis hinein in aktuelle wissenschaftliche Deutungskontexte reicht, wenn aus verhaltenspsychologischer Perspektive, Schwangerschaft in der Adoleszenz noch immer oder schon wieder als negativ abweichendes, deviantes Verhalten kategorisiert wird. Solcher Aberkennung der subjektiven, autonomen Handlungs- und Lebensentwürfe darf Soziale Arbeit nicht das Wort reden, sondern muss anerkennend, unterstützend und wo nötig auch helfend ein Angebot für junge Frauen, ihre Kinder und auch ihre Familien machen und sich beratend statt verurteilend den jungen Frauen zur Seite stellen. Das ist vor allem eine Frage der professionellen Haltung, wie nicht erst die innovativen Modelle der Gegenwart, sondern auch die – zugegeben – sehr vereinzelten, historischen Ansätze zeigen. Hier sei an das von Bertha Pappenheim in ihrem Isenburger Heim zu Beginn des vergangenen Jahrhunderts erfolgreich praktizierte Modell für jüdische Mädchen erinnert, das sie außerdem theoretisch unterlegt hat, empirisch überprüfen ließ und in ihr Ausbildungskonzept einbaute. Schon damals war bekannt, wie eng die Fragen beruflicher Perspektiven und erreichbarer Bildungszugänge zur individuellen Entwicklung der jungen Frauen mit der frühkindlichen Bildung und Förderung ihrer Kinder und damit indirekt auch mit präventivem Kinderschutz zusammenhängen.

Und so gilt auch heute, dass beides gemeinsam eine Frage der produktiven Gestaltung von Bildungssettings ist, die von einer zielgruppenorientierten, wertschätzenden und anerkennenden Programmatik getragen sein müssen, sofern sie den tatsächlich doppelten Kinderschutzauftrag ausgewogen umsetzen wollen. Dafür gilt es, innovative Formen der Familienbildung, wie Lalitha Chamakalayil sie erläutert zu entwickeln, interdisziplinäre Settings, wie z.B. jenes der Schülerinnenfirma, die Anke Spies als Kooperationsmodell von

Schule und Sozialer Arbeit skizziert, zu entwerfen, zu diskutieren und zu erproben. Ebenso wichtig wie die Erprobung, ist aber auch die selbstkritische Überprüfung und Weiterentwicklung jeglicher Praxis, soll sie nicht den Fallstricken der „moral Panic" erliegen und Stigmatisierungsprozesse verfestigen statt sie aufzulösen.

Wir sind überzeugt, dass für einen solchen Prozess sowohl ein gewisses Maß an Toleranz gegenüber eigenen Fehlern als auch ein sehr großes Maß an Neugier, gegenüber den noch unbedachten Fragen und Facetten nötig ist, damit sich der Diskurs tatsächlich als hilfreich für die Situation der jungen Frauen und ihrer Kinder entwickeln kann. Sicher wird es hilfreich sein, hierfür künftig die Mechanismen von Kooperationen (institutionellen und fachlich-teildisziplinären) differenziert zu beschreiben und die Väter der Kinder ebenso in den Blick zu nehmen, wie auch die Befunde der Bindungs- und der Armutsforschung. Neben den Fragen nach normierenden Familien- und Elternleitbildern, wahlweise neutralisierenden oder dramatisierenden Geschlechtertypisierungen und der anspruchsvollen Reflexion der intersektionalen Faktorentrias *Gender-Race-Class* ist auch das (eigenständige) Thema Schwangerschaftsabbrüche noch sehr genau zu beleuchten. Hier wie dort handelt es sich immer auch um (professionalisierungsrelevante) Fragestellungen mit hohen emotionalen Deutungsanteilen, die demnach ebenfalls einen angemessenen Platz im Diskurs erhalten müssen – sollen sie diesen nicht (immer wieder) in Richtung der „moral panic" verzerren.

Die Beiträge des Sammelbandes zeigen sämtlich, dass die eindimensionale, risikoorientierte Betrachtung von einer interdisziplinären, mehrdimensionalen Analyse und Praxis der Anerkennung abgelöst werden muss. So ist z.B. die Bindung zwischen Mutter und Kind nicht losgelöst von der beruflichen Perspektive der Mutter zu betrachten, der Unterstützungsberatungsbedarf nicht per se vorauszusetzen und die interdisziplinäre Zusammenarbeit in der Praxis auch auf den Befunden der internationalen Forschung aufzubauen.

Autorinnen

Chamakalayil, Lalitha, Dipl. Psychologin, wissenschaftliche Mitarbeiterin und Doktorandin am Institut für Pädagogik, Carl von Ossietzky Universität Oldenburg. Arbeitsschwerpunkte: Gender und Grundschule, „Delmenhorster Präventionsbausteine", „Babysimulatoren", Bullying. Kontakt: lalitha.chamakalayil@uni-oldenburg.de

Friese, Marianne, Univ.-Prof. Dr. phil., Professorin für Erziehungswissenschaft mit dem Schwerpunkt Berufspädagogik am Fachbereich Sozial- und Kulturwissenschaften der Justus-Liebig-Universität Giessen. Arbeitsschwerpunkte: Berufliche und vorberufliche Bildung, Berufsbildungsgeschichte, Personenbezogene Dienstleistungsberufe, Kompetenz- und Qualitätsentwicklung sowie Professionalisierung, Benachteiligtenförderung, Beruf und Geschlecht, Work-Life-Balance, Modellversuchsforschung und Theorie-Praxis-Transfer.. Kontakt: Marianne.Friese@erziehung.uni-giessen.de

Spies, Anke, Prof. Dr. phil., Institut für Pädagogik, Universität Oldenburg. Forschungs- und Arbeitsschwerpunkte: Benachteiligtenförderung, Übergänge, biografische Risiken Schulsozialarbeit, Kooperation Schule-Jugendhilfe, Jugendsozialarbeit, Kinderschutz. Kontakt: anke.spies@uni-oldenburg.de

Stauber, Barbara, Prof. Dr., Universität Tübingen, Institut für Erziehungswissenschaft, Lehrstuhl für Sozialpädagogik, sowie Tübinger Genderforschungsinstitut tifs und IRIS – Institut für regionale Innovation und Sozialforschung. Arbeitssschwerpunkte: Jugend(Kultur)- und Genderforschung sowie subjektorientierte Übergangsforschung im europäischen Vergleich. Kontakt: barbara.stauber@uni-tuebingen.de

Thiessen, Barbara, Dr. phil., Dipl. Sozialpädagogin und Supervisorin, Grundsatzreferentin für Familienpolitik und familienbezogene Leistungssysteme am Deutschen Jugendinstitut e.V., München. Arbeitsschwerpunkte: Familie und Familienpolitik im sozialen Wandel, Soziale Ungleichheitslagen und Migration aus der Perspektive von Familien, Leitbilder von

Elternschaft, Professionalisierung in personenbezogenen Dienstleistungen, Genderdynamiken in intersektioneller Perspektive, Kontakt: thiessen@dji.de

Wallner, Claudia, Dr. phil. Diplom-Pädagogin. Freiberufliche Dozentin, Autorin und Praxisforscherin zur Mädchenarbeit, Lebenslagen von Mädchen und Frauen, Gender und Gender Mainstreaming, Bildungs- und Armutsfragen aus Geschlechterperspektive. Mitbegründerin der Bundesarbeitsgemeinschaft Mädchenpolitik. Kontakt: www.claudia-wallner.de